MARYVONNE ROBINEAU

SUR LES SENTIERS DES CARPATES

Cheminement d'une famille au pas des ânes, au cœur de la Roumanie

Les éditions du Vieux Crayon

Ouvrage précédent de Maryvonne et Bruno Robineau :

Et leur vie, c'est la terre -
Huit ans de nomadisme autour du monde
Ed. Opéra
Huit ans de voyage, sac au dos, en vivant et travaillant dans des familles

Vous pouvez vous le procurer en librairie, ou chez les auteurs pour un envoi rapide. Voir bon de commande en fin d'ouvrage.

Remerciements à :
Annie, Jacques, Joseph, Martine et Monique
pour leur relecture attentive

L'ensemble des photographies reproduites sont de Bruno Robineau

ISBN 2-9516797-1-8

Aux familles Faur, Pop et Rad
et à tous ceux qui nous ont fait la grâce
de leur hospitalité
en Maramureş
et ailleurs en Roumanie

A nos enfants, Vincent et Sarah,
Pour que vivent en eux la passion de la rencontre
et l'amour de la différence

LES RÉGIONS DE ROUMANIE

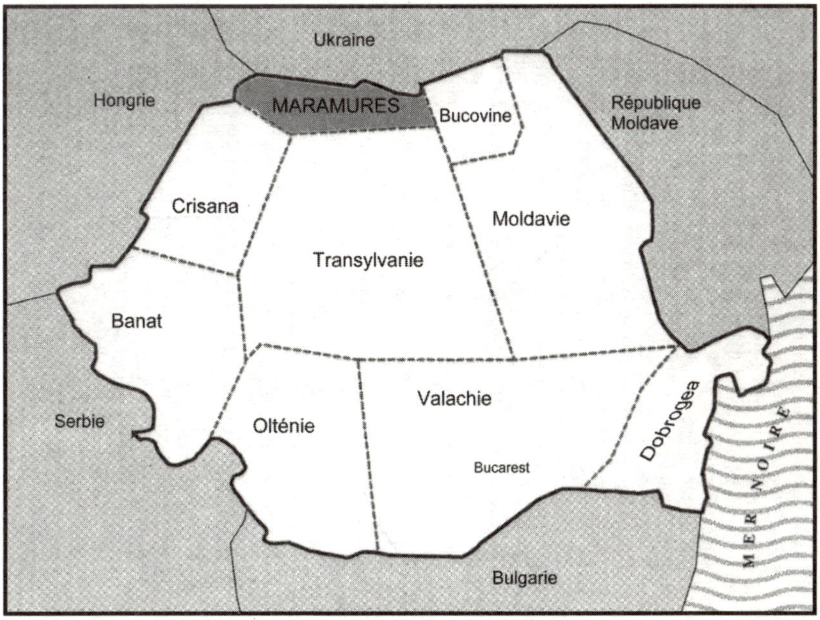

1 - UN RÊVE À CONSTRUIRE

Quatre sacs bleus, pour rêver. Le bleu, c'est celui de l'autre voyage, du nirvana ou du paradis selon la tradition à laquelle on appartient. Le bleu, c'est la couleur préférée de Bruno, son emblème, sa couleur identitaire, qui lui est comme un miroir.
Quatre sacs bleus, pour vivre une aventure. A nous la route, la clé des champs, des sentiers et des montagnes, des rencontres et des amitiés.
Quatre sacs bleus, pour vivre le rêve de découvrir le Maramureş en famille, traçant notre petit chemin dans les fabuleux paysages des Carpates.
Quatre sacs bleus que nous apprêtons car c'est demain le jour du grand départ.

Depuis quelque temps déjà, l'esprit du voyage avait pris sa place à la maison, devenant le cinquième membre de la famille, et se faisant de plus en plus présent, au fur et à mesure que s'organisaient les préparatifs et qu'approchait la date du départ.
Cela avait commencé un an auparavant, quand nous était venue l'envie de vivre une autre aventure. Pas la grande Aventure de nos huit ans de tour du monde ; nous savons bien que nous ne pourrons revivre une telle histoire. Il serait d'ailleurs bien illusoire et vain de vouloir la reproduire une seconde fois, et ce serait sans doute courir au-devant d'une grande désillusion. Il est bien préférable de laisser les choses en l'état dans notre tête et notre cœur, avec leur part de rêves et de souvenirs, peut-être enjolivés par le temps qui passe.

Sans l'esprit d'errance, sans l'esprit d'aventure, on s'engonce dans le quotidien ; absorbés que nous sommes par les tâches courantes, nous restons au ras du sol, sans aucune perspective. L'ennui gagne. Afin de ne pas se laisser happer dans nos cocons sécurisants, il faut se lancer de nouveaux projets, de nouveaux défis. L'aventure, la vie, ce qui nous fait vibrer véritablement, est à reconquérir sans cesse. Partir, voilà un mot qui toujours nous émerveille. Il est porteur de tous les possibles. Alors, nous rêvons de grand large, de vastes horizons, de rencontres. Soudain, l'aventure devient un besoin impérieux, impétueux. Elle nous enveloppe d'un nouveau souffle, nous ensemence d'un nouveau regard sur les autres. C'est alors qu'on est revivifié. Il faut oser partir pour goûter à des joies d'une autre nature.

Afin que l'aventure advienne et continue d'être, il faut l'adapter, la modeler à notre mesure, à l'évolution de notre famille. Il est un temps pour chaque chose. De deux, nous sommes devenus quatre. Alors cette fois-ci, ce sera une aventure plus modeste en terme de durée et de distance, mais enrichie par la présence de nos deux bambins. Une aventure en famille quand les enfants sont encore petits, s'émerveillent de tout et nous émerveillent quand ils découvrent le monde, avec leurs yeux d'innocence qui ne connaissent que trois printemps pour Sarah, et sept pour Vincent ; quand nous pouvons profiter les uns des autres en toute tendresse. Y a t'il aussi en nous, plus ou moins secret, le désir de les initier très jeunes à cette passionnante aventure qu'est la découverte de nouveaux horizons, le désir de leur transmettre, par l'exemple et l'expérience, ces valeurs que sont l'ouverture aux autres cultures, l'observation du monde à travers le regard des autres ? La rencontre élargit et agrandit en profondeur notre identité tout en bousculant notre ethnocentrisme, source de tant de malentendus. Elle nous rend plus présents à nous-mêmes et plus conscients de nos propres actes et de leurs conséquences.

Notre rêve ? Nous offrir le luxe de prendre notre temps. Le temps, le plus précieux des biens, le plus essentiel. Difficile pourtant de le trouver dans ce monde où nous vivons, où tout s'accélère. Pour être dans le mouvement, être "branché", on se doit d'être super-informé, il faut surfer, se disperser. C'est le leitmotiv, toujours plus vite, toujours plus loin pour se donner l'impression d'exister. Dans notre société où tout s'achète et tout se vend, le temps reste une denrée qu'aucune entreprise n'a encore réussi à commercialiser ; alors, on n'a pas le temps, on court après le temps, on essaie de ne pas perdre son temps car le temps presse, le temps manque. Nous sommes happés dans une galopade insensée, pris dans un tourbillon de bruits et d'images, taraudés par l'urgence qui guide nos vies.

Nous-mêmes ne jouissons plus de cette inestimable liberté quand le temps nous était illimité, comme lors de notre grand voyage. Nous ne pouvons plus être nomades comme nous le fûmes pendant huit ans. Années merveilleuses où nos seules contraintes étaient dictées par l'exigence des visas à obtenir, d'une mousson à éviter ou d'un trop grand froid à bannir. Je n'aimais pas les hivers coupants, quand la froidure attaque comme une blessure ; les chutes du thermomètre nous faisaient mettre le cap vers des horizons plus cléments. Nous passions les frontières au gré de nos envies, pour nous offrir d'autres soleils.

Alors, ce temps dont nous ne disposons plus à volonté pour des escapades vagabondes, nous allons l'allonger, l'étirer en nous donnant le luxe de la lenteur, pour en saisir toute sa dimension, sa profondeur, son épaisseur. Nous allons utiliser le plus vieux mode de transport qui soit : marcher, tout simplement. Nous déplacer lentement pour mieux appréhender les choses et les gens. Sentir la force de l'éternité devant la grandeur d'un paysage qu'on vient de traverser, non en supersonique, mais dans l'étonnante banalité d'un pas ajouté à un autre pas. C'est le retour à l'évidence, quand l'effort qu'on a choisi devient source de connaissance, quand votre corps réapprend que patience et beauté vont de pair.

Se faire pèlerins, communier avec la terre-mère, vivre de silence et de lenteur… Bruno est déjà ailleurs, dans son rêve, et part dans de grandes envolées lyriques et philosophiques.
« C'est bien joli tout cela, mais comment fais-tu avec les enfants ? »
Je joue les trouble-fête, car chez moi le rêve fait vite place à la réalité pratique. De son nuage rose, Bruno atterrit sur terre sans ménagement, quand je lui dresse une liste de questions et d'objections : Sarah ne peut pas randonner sur de longues distances jour après jour ; d'ailleurs, elle n'aime pas marcher ! Se déplacer en famille suppose des bagages trop lourds pour que nous les portions nous-mêmes ;

Vincent sera en cours préparatoire l'année prochaine : pas question de lui faire rater son année d'apprentissage de la lecture…
Mais très vite, nous trouvons une solution. L'évidence s'impose : il nous faut des ânes pour porter Sarah et les bagages. Nous avons de suite éliminé les chevaux, car si Bruno aime monter à cheval, j'ai peur de ces animaux que je juge trop grands pour moi, et je crains pour la sécurité des enfants, peu habitués à les côtoyer. Les ânes, par contre, nous paraissent beaucoup mieux adaptés à nos petits, par leur taille et ce qu'on dit de leur gentillesse. Nous sommes déjà tout émus à la pensée de nos bambins câlinant leurs compagnons aux longues oreilles. On les dit patients, résistants, adorant les enfants. Nous nous imaginons arrivant dans un village avec ânes et enfants, image d'évangile qui ne saurait inspirer la méfiance. Nous avons trouvé là la monture idéale pour une randonnée en famille.

Reste à savoir où aller ! Nous ressortons la carte du monde, celle qui avait bourlingué pendant huit ans dans nos sacs à dos, et notre imagination part au loin devant la magnificence et la diversité des paysages que nous propose notre planète Terre : immensités désertiques de l'Australie ou du Sahara, imposante grandeur du toit du monde himalayen, pureté de la terre de glace et de feu en Islande, rizières de Bali. Plus modestement, nous cherchons plus près de nous, tentés par les cheminées de fée de la Cappadoce turque, par les hauts-plateaux de l'Atlas marocain, les vertes prairies du Connemara irlandais ou, pourquoi pas, la découverte des Cévennes sur les traces de Stevenson. Sans doute l'aventure a-t-elle besoin d'un peu d'exotisme et de lointain pour mieux se révéler, mais elle peut aussi se vivre au coin de la rue, au cœur même d'une banale quotidienneté. Car elle est avant tout capacité d'émerveillement, un nouveau regard porté sur les êtres et les choses. L'aventure pourrait bien être de parcourir sa propre région à pied, avec un regard neuf, pour y découvrir un ruisseau, une rangée d'arbres, une vieille bâtisse ou une modeste chapelle, toutes choses que l'on n'a jamais vues parce qu'on est toujours passé en voiture, trop vite.

Et puis, il y a le déclic : un livre. Alors que nous fouinons dans les bibliothèques et les librairies à la recherche de ce qui va être notre nouveau lieu de vagabondage, nous tombons par hasard sur un livre de photos déjà ancien, "Terre Magique des Carpates". Les Carpates, nous

savons où les situer approximativement, quelque part en Europe de l'Est, mais la région présentée nous est totalement inconnue : le Maramureş (prononcez Maramoureche). Un drôle de nom qui chante déjà à nos oreilles, dans un petit coin de Roumanie. Un pays tout proche dont nous ignorons à peu près tout, si ce n'est sa sinistre réputation. Nous en savons ce que les médias nous en ont dit : Ceauşescu, le dictateur fou, le faux charnier de Timişoara, une révolution populaire confisquée par une classe politique opportuniste, des enfants martyrs croupissant dans des orphelinats-mouroirs, les terribles mineurs qui cognent et qui tuent.
Et là, nous découvrons un petit paradis, loin du bruit et de la fureur de l'histoire, un archipel de vallées encloses dans de douces montagnes, des vergers ombreux, des mosaïques de champs et de prairies ponctuées de meules de foin comme en faisaient nos grands-pères. Et puis aussi, des villages de bois avec d'extraordinaires portails sculptés, des hommes et des femmes au labeur ou en fête, avec leurs danses et leurs chants, leurs traditions guidées par la foi et l'esprit de communauté. Paysage bucolique où la vie est restée à l'écart du temps, sereine et tranquille, en paix avec elle-même. De suite, nous sommes éblouis par ce que nous venons de découvrir. Un vrai coup de cœur pour ce pays qui invite à l'imaginaire et à l'aventure. Nostalgie des origines, d'un éden d'avant la modernité, quand la vie était moins compliquée qu'aujourd'hui ? Peut-être. Même si nous voulons oublier que la vie d'antan n'était pas toujours teintée de rose, une vie de dur labeur où personne ne pouvait s'écarter du droit chemin tracé par la tradition. Gare au folklore ! Mais à travers ce livre et ces photos, nous sentons que le Maramureş nous appelle, nous convie à faire ce détour d'existence.

La décision est prise : nous allons découvrir le Maramureş au pas lent des ânes. Quand nous parlons de ce projet autour de nous, les réactions sont fort diverses selon que nos interlocuteurs connaissent ou non la Roumanie. Ceux qui n'y ont jamais mis les pieds, nous mettent en garde :
« Attention, là-bas ce sont des voleurs. »
Devant notre mine dubitative, l'homme appuie ses dires par l'exemple d'un chauffeur routier de ses amis qui a maintes fois traversé la Roumanie avec son camion, et s'est fait détrousser de son chargement à plusieurs reprises.

« Attention, là-bas, c'est plein de Manouches. »
Mises en garde qui, si elles reflètent une certaine réalité, ne peuvent servir à cataloguer un pays tout entier. Combien de fois nous a t'on annoncé dans un pays, ou même dans une région, qu'il faudrait nous méfier dans le pays suivant ou la prochaine région visitée ? Savaient-ils, ces braves gens qui nous avertissaient du danger que nous courrions à aller ainsi chez leurs voisins, que les habitants du pays incriminé énonçaient les mêmes propos à leur égard à des voyageurs circulant dans l'autre sens ?

« Saluez Dracula de ma part ! » La boutade revient si souvent quand nous parlons de notre prochain départ, que nous décidons de nous informer sur ce phénomène des vampires qui nous est jusqu'alors parfaitement inconnu. Peut-être faisons-nous un lien entre ces fantômes suceurs de sang et de sinistres citadelles perdues dans les Carpates, mais là s'arrête notre connaissance. Pour en avoir le cœur net, je me plonge le plus sérieusement du monde dans la lecture du roman "Dracula" de Bram Stoker, celui qui a associé la Roumanie aux vampires. Intéressée par le sujet, j'émets l'idée que nous pourrions nous pencher –avec humour- sur ce phénomène une fois sur place, mais Bruno refuse tout net d'entrer dans ce monde satanique et sanguinaire, fût-ce pour rire.

« Vous verrez comme les Roumains sont accueillants. »
Cette opinion, quasi-unanime chez tous ceux qui ont eu l'occasion de connaître la Roumanie, notamment par les parrainages des villages, nous console des autres commentaires entendus et nous rappelle à une vérité toute simple : ce qui fait l'essence d'un pays, ce ne sont pas tant ses politiciens ou l'état de son économie, que les hommes qui y habitent, avec leurs grandeurs et leurs faiblesses. Certaines personnes rencontrées déclarent sans ambages être tombées amoureuses du pays ; quelques-uns envisagent même d'y construire une résidence et plusieurs se sont mises à apprendre le roumain, effort tout à fait louable de la part de Français en général peu enclins à se préoccuper de langues étrangères, d'autant qu'on peut rencontrer là-bas nombre de Roumains francophones.

Le lieu de vagabondage et le moyen de transport étant décidés, il ne nous reste plus qu'à boucler les sacs. Pour partir en famille, l'aspect

matériel prend sans doute plus d'importance que lorsque nous n'étions que deux car il nous faut maintenant veiller à la santé et à la sécurité de nos petits. Si nous, adultes, pouvons prendre une bonne averse sur la tête ou grelotter sous la tente et ne pas en faire grand cas, je crains pour Sarah qui avec ses trois ans tout neufs et ses onze petits kilos, reste frêle et fragile. Aussi, nous faut-il les équiper correctement. Duvets, tente pour nous quatre, à la fois légère et spacieuse -autant que peut l'être une tente igloo-, capes de pluie et chaussures de marche, les voilà parés.
Ces préparatifs sont pour nous l'occasion de découvrir un monde sans doute familier à beaucoup, mais qui nous était resté inconnu jusqu'alors : le monde de l'équipement de sport, sous la forme d'une visite dans un hypermarché de ce type, temple du muscle et du loisir. Plantés devant le rayon "randonnée", nous sommes ébahis par tout l'équipement absolument nécessaire, semble t-il, pour marcher, alors que nous pensions jusqu'à présent, qu'il y suffisait d'un peu d'énergie dans les mollets et de volonté. Comment s'y retrouver entre les multiples modèles de chaussettes, de pantalons et de vestes aux formes sans doute savamment étudiées par des spécialistes, entre les différents matériaux aux noms barbares dont le vendeur s'étonne que nous ne les connaissions pas ? Et que dire du choix des chaussures qui s'alignent sur une centaine de mètres, entre celles qui montent plus ou moins hauts sur le mollet, les autres qui tiennent mieux la cheville, celles-là qui compriment moins le pied, et ces dernières qui sont plus légères ? Merveilleux articles qui, à en croire le vendeur, nous porteront sur les sentiers les plus ardus sans aucun effort, nous feront avaler sans mal les pires montées et les descentes les plus tordues.

Il ne nous faut pas oublier nos futurs compagnons à quatre pattes, que nous devons récupérer là-bas prêts à partir, c'est-à-dire équipés de bâts et de licols. Nous devons seulement prévoir les sacoches qui vont contenir tous nos bagages pour plusieurs mois et dont se chargeront nos montures. D'où les quatre magnifiques sacs bleus, réalisés en grosse toile et doublées d'un intérieur plastique, que j'ai taillés et assemblés, mais que j'ai fait coudre par un artisan.

« Où est-ce que tu vas dormir ? Qu'allez-vous manger ? Comment ferez-vous la lessive ? »

Vincent se doit de répondre aux questions de ses camarades qui ne manquent pas d'esprit pratique. Il y a déjà longtemps qu'il les a mis au courant de son départ pour la Roumanie et qu'alors « ce sera maman qui me fera l'école ». Les enfants ne sont donc aucunement surpris de me voir arriver dans leur classe, un beau matin, car future institutrice consciencieuse, je veux étudier de près comment introduire les nouveaux sons en lecture. Vincent se doit en effet de terminer correctement son année de cours préparatoire dans le domaine du français et des mathématiques, et d'entretenir les notions de lecture tout juste acquises. Le petit âne se verra donc porteur d'un sac supplémentaire contenant quelques livres, une ardoise et un cahier.

2 – PREMIERS CONTACTS ROUMAINS

Début mai. Il est 7 h du matin quand nous fermons la maison après avoir pris le temps de saluer le soleil levant, de dire au revoir à l'école de Vincent, et après nous être arrêtés quelques instants pour prier et remercier par avance des rencontres que nous allons vivre. Maman qui nous regarde partir pour plusieurs mois, se dit que cette fois-ci, nous ne lui ferons pas le coup du précédent voyage : partis pour quatre ans, nous ne sommes revenus que huit années plus tard ! Elle sait que notre travail nous attend en septembre, et que nous serons là pour la rentrée des classes : nous sommes devenus "raisonnables" !

Notre route, après un petit détour par la Savoie, nous conduit à travers l'Italie, la Suisse, l'Allemagne, l'Autriche et la Hongrie. Pas grand-chose à dire sur ces cinq pays. Car que pourrait-on dire d'un pays quand le paysage défile derrière la vitre à 120 km/h sur l'autoroute ? Sinon que jusqu'à la frontière austro-hongroise, ces voies reflètent l'opulence de leurs pays respectifs, vu le nombre de berlines luxueuses qui les sillonnent.
Des camions, venus de l'Europe entière, y foncent en tous sens : turcs, néerlandais, italiens, espagnols, grecs, polonais, allemands… Un chassé-croisé de marchandises qui tourne à la farce grotesque quand le camionneur espagnol qui emporte des tomates vers les Pays-Bas, croise son homologue hollandais allant livrer… des tomates en Espagne. L'anecdote -et la réalité qu'elle symbolise- ne serait que ridicule si elle ne portait pas en elle de terribles conséquences. Car ces va-et-vient en tous sens en Europe et dans le monde entier au nom de l'économie mondialisée, sont de ceux qui génèrent la pollution qui tue

notre planète à petit feu. Les économistes sont de fabuleux magiciens qui peuvent justifier les aberrations les plus grossières à coups de chiffres et de raisonnements logiques. Ils nous font entendre que ces allées et venues sont normales, sont même le signe du bon état de santé de nos économies, d'une croissance génératrice de bien-être. Notre vallée nantaise produit du muguet exporté aux Etats-Unis et de la salade vendue en Allemagne ? Signes évidents de progrès et d'un avenir florissant ! Comprendrons-nous avant qu'il ne soit trop tard que ce sont ces brins de muguet transportés en avion à l'autre bout du monde, ces haricots verts venus d'Afrique en plein hiver européen et ces chaussures arrivées de Chine qui contribuent à asphyxier notre planète, et nous avec ? Le ballet des camions sur l'autoroute allemande nous dit que cette prise de conscience-là n'est sans doute pas pour tout de suite car elle bouleverserait trop notre mode de vie.

L'autoroute se prolonge jusqu'à Budapest, faisant de la capitale hongroise un poste avancé du monde occidental dans l'ancien empire communiste. La Hongrie est entrée de plain-pied dans le développement économique, comme en témoigne la ceinture de zones industrielles et commerciales qui entourent désormais sa capitale, alignant leurs entrepôts géants et leurs enseignes aux couleurs criardes, toutes plus gigantesques les unes que les autres. Il n'y a plus lieu de craindre le dépaysement, l'environnement inconnu, puisque au bout de deux mille kilomètres, on retrouve le même paysage que chez soi : mêmes grands ensembles, mêmes voitures pare-chocs contre pare-chocs, mêmes hypermarchés où l'on achète les mêmes vêtements "made in China", les mêmes pizzas, la même musique et les mêmes cassettes vidéo venues de Hollywood. Les mêmes Métro, Holiday Inn et Toyota. Sans oublier l'omniprésente lettre jaune M sur fond rouge, connue du monde entier par sa "né-faste food". Banal à en pleurer.

En ce samedi après-midi pluvieux, l'immense parking d'Auchan à Budapest est plein à craquer, comme sans nul doute celui de Carrefour à Nantes ou Marseille. De continent en continent, de Paris à Johannesburg et de New York à Melbourne, on voyage désormais dans l'économie mondialisée avec ses horizons banalisés, uniformisés. Non pas que nous déniions aux autres peuples la possibilité de consommer, mais il nous semble primordial de conserver un regard critique sur notre propre mode de consommation que nous exportons

partout ; d'ailleurs nous-mêmes fréquentons le moins possible ces temples de la consommation que sont les hyper et super-marchés, privilégiant les petits commerces et les petites "supérettes" qui restent à taille humaine.
Une erreur de navigation à un échangeur autoroutier nous fait traverser le centre de Budapest, au lieu de le contourner. La capitale hongroise nous est connue pour y avoir séjourné il y a quelques années, et nous retrouvons avec plaisir les ponts somptueux sur le Danube, les beaux quartiers anciens, les rues chargées d'histoire. Mais la "modernité" est aussi passée par-là : les rues du centre-ville ont été attaquées par les tagueurs qui ont inscrit leur nouvel "art" sur l'architecture des bâtiments anciens, dont pourtant bon nombre avaient été rénovés récemment.

Au-delà de la capitale, une prolongation de l'autoroute nous emmène un peu plus loin vers l'est. Au péage de sortie, la taxe est de 600 forints, argent hongrois que nous n'avons pas.
«Dollars ? » propose l'employée.
«Oui»
«5 $»
En touristes pressés, nous voilà fort contents que l'on accepte nos billets verts. Ce n'est que quelques kilomètres plus loin que nous réfléchissons que si 1 400 forints équivalent à six dollars, comme nous avons changé tout à l'heure au péage-frontière, 600 forints ne font pas cinq dollars, mais seulement deux et demi. Le ticket de péage indique bien la somme en forints ; l'employée s'est donc mis plus de deux dollars dans la poche. En voilà une qui doit arrondir grassement ses fins de mois !
De la route nationale, on aperçoit un peu plus le pays que depuis l'autoroute : les cigognes nichées en haut des poteaux électriques regardent passer quelques Trabant de fabrication socialiste, toujours vaillantes, qui vont leur petit bonhomme de chemin. Près des étables des anciennes coopératives, paissent d'imposants troupeaux de vaches. Le temps se gâte, le vent se lève et l'orage menace sous un ciel gris qui laisse échapper quelques averses de temps à autre. Etant donné les conditions météo, Vincent, toujours aux aguets, s'étonne :
« Pourquoi les dames sont en maillot de bain sur la route ? Elles ne doivent pas avoir chaud. »

En effet, sur l'axe reliant Budapest à Szolnok, des filles en string, perchées sur de hauts talons, sont disposées tous les huit à dix kilomètres pour vendre leurs charmes aux nombreux camionneurs de passage. Comment expliquer la prostitution à un petit garçon de six ans ? Nous n'avons pas le temps de réfléchir que déjà Vincent, jamais en panne de raisonnement, a trouvé lui-même une explication :
« Peut-être qu'elles viennent d'un pays chaud et qu'elles ne savaient pas qu'ici il ne faisait pas beau ? »
Qu'ajouter, sinon un laconique « Peut-être » ?

Mais bientôt un autre événement vient préoccuper notre garçon car nous arrivons au poste-frontière. Ce matin à la douane autrichienne, nous avons eu affaire à un factionnaire très agressif, aboyant après tout le monde, et qui s'était fort énervé à notre encontre car nous n'avions pas compris rapidement son ordre d'ouvrir le coffre. Ici, on nous prie poliment de stationner sur le côté. Vincent demande des explications.
« Ils vont contrôler les choses que nous avons dans la voiture. »
Le voilà paniqué, prêt à pleurer :
« Je ne veux pas qu'il contrôle mon doudou », effrayé à l'idée qu'on puisse lui retirer ce petit bout de serviette dont, malgré ses sept ans, il a encore besoin pour s'endormir. Bien que nous le rassurions sur ce point, il préfère cacher son précieux doudou dans sa poche pour ne le ressortir qu'une fois en sécurité, quelques kilomètres après la frontière.

Fini les cent-vingt kilomètres à l'heure des autoroutes. Nous avons été tellement prévenus du lamentable état des routes roumaines, que nous effectuons les premiers kilomètres prudemment, à vitesse réduite, nous attendant au pire. S'il est vrai que le réseau routier relève de l'état d'urgence, on peut quand même rouler raisonnablement sur les grandes routes, à condition de rester toujours vigilant pour ne pas se laisser surprendre par un soudain nid-de-poule ou un brusque effondrement de la chaussée. Les rues sont le plus souvent dans un état de délabrement avancé, où les véhicules zigzaguent, tressautent, entre trous, renflements, pierres, fondrières, soulevant nuages de poussière ou projections de boue suivant le temps. On apprend vite à se méfier des ronds de fonte qui marquent les accès aux conduites d'eau et qui se présentent au milieu des chaussées, sous deux formes :

soit dans un trou, plus basses que le niveau de la route, soit surélevées, ce qui est largement aussi traître que le trou précédemment cité. Sans doute le Plan socialiste n'avait-il pas prévu la fabrication de niveaux qui auraient pourtant été fort utiles aux ouvriers des Ponts et Chaussées roumains.
A l'entrée d'Oradea, la première ville après la frontière, quelques usines désaffectées dans un décor de vitres cassées, canalisations rouillées et herbes folles, semblent préfigurer l'état de l'économie roumaine. Pourtant le "développement" est bien arrivé jusque là sous forme d'une large banderole barrant l'avenue : « Coca-cola vous souhaite la bienvenue à Oradea ».

C'est à Oradea qu'habite Antal F., un espérantophone avec qui nous avons échangé quelques courriers et qui se propose de nous accueillir chez lui en tant que membre de Pasporta Servo. Ce réseau regroupe des personnes de quatre-vingt trois pays, désireuses de recevoir chez elles, pour quelques jours ou quelques semaines, des hôtes parlant la langue internationale espéranto.
Au téléphone, c'est une voix roumaine qui répond et avec mes quelques leçons de la méthode Assimil, je peine à comprendre. Nous arrêtons deux jeunes hommes dans la rue pour leur demander de l'aide. Ils parlent en effet quelques mots d'anglais et quand ils reposent le téléphone, ils nous informent qu'Antal nous donne rendez-vous à la gare dans une demi-heure. Nous souhaitions nous reposer ce soir après trois journées de route et nous rendre dans la famille seulement demain. Adieu la soirée tranquille ! Mais où se trouve la gare ? Pas très loin, répondent nos deux étudiants ingénieurs qui se proposent aussitôt de nous accompagner et qui, après une bonne demi-heure de marche, nous remettent entre les mains d'Antal, arrivé au rendez-vous avant nous. L'amabilité de ce premier contact avec des Roumains semble bien augurer de l'avenir.

De suite, Antal nous emmène chez lui, dans un ensemble de petits immeubles non loin du centre-ville. Plus on s'éloigne du centre, plus les chaussées sont défoncées et les espaces verts entre les bâtiments sont envahis d'herbes folles. Le terme "espace vert" est d'ailleurs fort inapproprié, sinon par la couleur. Rien n'a jamais été agencé ni entretenu, et les mauvaises herbes poussent partout, envahissant le moindre espace. Les énormes conduites de chauffage glissent à travers

la cité, tel un gigantesque serpent rouillé, et à toute heure du jour, on peut apercevoir quelqu'un fouillant les bennes à ordures débordant de toutes parts. Seul espace incongru de résistance dans le laissez-aller général, un habitant a défriché un petit carré sous sa fenêtre et y a planté une quarantaine de salades.
« Ses salades ne lui sont-elles pas volées ? » nous étonnons-nous
Mais, comme à chaque fois que nous poserons une question, Antal ne répond pas directement :
« Il y a beaucoup de voleurs en Roumanie » dit-il en riant.

Nous pénétrons dans le hall d'entrée de l'immeuble, poussiéreux et gris à l'image de l'appartement. Mais qu' importe le décor, il faut fêter notre arrivée en Roumanie en avalant un verre de pálinka, joli mot chantant et doux qui désigne pourtant une redoutable eau-de-vie hongroise. En effet, nous sommes là dans une famille de l'importante communauté magyare vivant en Roumanie. Mais pour hongrois ou roumains, la vie n'est guère facile ici. Antal vit d'une pension d'invalidité de 30 € par mois et de petits boulots au noir pour payer les études de ses deux fils. Eva, sa femme, au corps lourd déformé par l'obésité, apparaît lasse, beaucoup moins énergique que la grand-mère de 82 ans, minuscule petite bonne femme au visage rieur. C'est elle qui, active du matin au soir, nous concocte un excellent dîner composé d'une soupe aux boulettes de viande, d'escalopes panées accompagnées d'une purée et d'une salade de concombres marinés et assaisonnés de paprika doux. Sarah fait d'ailleurs grand honneur à la cuisine, ce qui comble d'aise la bonne vieille grand-mère.
Les deux pièces de l'appartement sont fort encombrées et nous déclinons l'invitation à y dormir, ne voyant tout simplement pas comment caser quatre personnes supplémentaires dans ce minuscule espace. Dans la salle de bain, pendouillent des fils électriques gainés de poussière grasse, la faïence a connu des jours meilleurs, la chasse d'eau fuit et des seaux pleins d'eau pallient les coupures du réseau.

C'est dans notre camionnette garée au pied de l'immeuble, que nous nous installons pour la nuit. Il y fait une chaleur d'enfer, coincés que nous sommes entre les tours de béton sur le goudron du parking, et notre véhicule nous fait plus l'effet d'une cocotte-minute que d'une chambre à coucher. Faites l'expérience d'installer quatre couchages dans un espace de 2,20 m x 1,50 m, quand le thermomètre frise les

35°, et vous comprendrez que ce soir-là, il y a de l'énervement dans l'air chez la famille Robineau. Il faut procéder mé-tho-di-que-ment, sinon ça craque.
D'abord, la couchette de Vincent, dans la cabine avant au-dessus du volant, après avoir abaissé les dossiers des sièges. Deux barres transversales à fixer sur les parois, deux autres barres longitudinales où enfiler un rectangle de toile solide, et les enfants sont priés de se réfugier sur ce hamac et de n'en point bouger, le temps que nous procédions à la suite des opérations. Deuxième phase, après un rangement complet de tout ce qui traînait, installation pour Sarah qui passe de merveilleuses nuits dans une petite boîte de bois tapissée d'un matelas mousse et posée sur le bloc gaz-évier. Evidemment, la préparation du petit-déjeuner est conditionnée par le réveil préalable de notre fille.
Et pour finir, après avoir plié la table, démonté le dossier de la banquette arrière, étalé les coussins, tiré des montants coulissants cachés dans les coffres, avoir coincé dessus une longue planche qui en haut de l'habitacle, cache un bloc de mousse, ce même bloc de mousse étant ensuite posé sur la planche, il n'y a plus qu'à se mettre à quatre pattes sur le lit pour y disposer un drap. L'installation terminée, il reste un espace de 0,30 cm x 0,40 cm où se tenir debout. Les opérations de déshabillage peuvent alors commencer, dans un ordre précis est-il besoin de le préciser, chacun rangeant ses vêtements dans l'espace désigné. Enfin quand Vincent est dans son hamac, Sarah dans sa boîte, et les parents dans leur lit, plus personne n'a le droit de bouger, sous peine de réveiller toute la maisonnée.
La mise en place des couchages relève donc d'une stratégie bien étudiée où chacun doit se tenir à sa place sous peine de graves désordres. Or, Vincent et Sarah choisissent justement ce soir-là, sur le parking du grand ensemble, dans la fournaise, de ne pas se conformer à l'ordre bien réglé et chahutent sur le hamac, malgré les injonctions des parents de se tenir tranquilles. Avec deux enfants qui jouent sur un espace de 0,75 m^2 suspendu à un mètre du sol, le résultat ne se fait pas attendre : Sarah bascule, la tête la première. La chute aurait pu être grave, mais il y a finalement plus de peur que de mal puisqu'elle s'en tire avec seulement une longue éraflure sur la jambe. Après une sévère admonestation, chacun prend sa place pour la nuit ; alors que Sarah vient de sécher ses larmes, c'est Vincent qui prend peur rétrospectivement et se met à pleurer :

« J'aurais pu tuer Sarah ! »
Notre garçon grandit et prend conscience de la gravité de certains actes. Le lendemain matin, du haut de sa couchette, son premier regard est pour sa sœur. Il l'observe intensément et guette son souffle pour se rassurer. C'est si ténu le souffle de vie d'un petit qui dort. Un léger mouvement de Sarah le tranquillise ; il nous regarde sans dire un mot mais un grand sourire illumine son visage, disant combien sa petite sœur est précieuse pour lui. Nous n'osons rompre le silence, le laissant à son intériorité, lui qui d'ordinaire n'est que fougue et élan.

Après quelques jours chez Antal, nous prenons la direction du Maramureş. La route vers Baia Mare traverse une vaste plaine où les activités agricoles battent leur plein. Partout les paysans sont au travail, sarclant le maïs à la houe, fauchant le foin. Quelques rares tracteurs parcourent les immenses champs des anciennes fermes collectives. La première charrette à cheval aperçue à la sortie de la ville met les enfants en émoi.
« Poney, poney », trépigne Sarah sur son siège.
Vincent veut absolument qu'on s'arrête pour regarder cette merveille, mais nous le rassurons que nous en verrons bien d'autres. Comme effectivement les charrettes deviennent de plus en plus nombreuses, il décide de faire un cours de calcul en additionnant sur un carnet le nombre de charrettes aperçues. Intention fort louable, mais dont la réalisation est rapidement abandonnée car il a vite rempli deux pages de carnet et l'addition s'avère trop difficile. Il en a quand même noté cent deux. Et il argue pour sa défense qu'il ne peut pas compter tout cela car il a déjà suffisamment étudié ce matin.

Au deuxième jour du voyage, dès son réveil, Vincent était allé chercher son cartable, avait sorti son livre de mathématiques et avait demandé comment faire l'addition proposée. Nous nous étions regardés, sidérés. Surtout ne pas tuer ce bel enthousiasme, mais lui rappeler qu'il prend toujours son petit déjeuner et s'habille avant d'aller à l'école. Nous n'avions pu que croiser les doigts, en nous disant comme quelqu'un d'autre avant nous à propos de son fils : « Pourvu que ça dure ! » Voyant Vincent penché sur son cahier de devoirs, Sarah qui depuis quelque temps, demande à aller à l'école, veut elle aussi travailler comme son grand frère et faire un dessin. Notre fille se sent des dispositions d'artiste et à la maison gribouille

conscieusement des feuilles de papier qu'elle vient nous présenter avec son petit rituel du cadeau :
« Maman, ferme tes yeux et ouvre tes mains. »
Elle y dépose alors son œuvre, et le récipiendaire ayant manifesté un chaleureux enthousiasme et dispensé un baiser en remerciement, elle repart pour réaliser une autre œuvre d'art. Mais nous ne sommes plus à la maison où elle a à disposition nombre de feuilles de brouillon. Nous faisons taire nos scrupules sur le gaspillage du papier en nous disant qu'il s'agit de feuilles qui ont déjà été utilisées d'un côté et récupérées.
Mais combien de fois avons-nous été choqués par le gaspillage institutionnalisé par l'école quand Vincent nous rapportait d'immenses surfaces de papier artistiquement gribouillées. Sans doute favorise t-on ainsi les dispositions créatrices de nos bambins ? Mais nos poubelles sont trop pleines de toute cette gabegie dûment justifiée pour nous donner bonne conscience. Gaspillages qui ont un coût en matière de consommation d'énergie, de pollution, de gestion des déchets. Et comment ne pas évoquer dans le même temps l'école de Todos Santos Cuchumatan au Guatemala où l'institutrice avait difficilement réussi à obtenir un livre de lecture pour dix élèves, ou cette enseignante malgache qui distribuait les cahiers venus de France, feuille par feuille à ses élèves. Nos enfants sont habitués à trop de tout, à vivre dans une accumulation d'objets qui encombrent l'espace et dispersent l'esprit. Mais pour en revenir à l'âme artistique de Sarah aujourd'hui, elle doit comprendre que nous avons apporté un seul cahier qui va devoir durer plusieurs mois, et qu'elle doit donc se restreindre dans ses élans créateurs. Sans doute le voyage a t-il aussi pour vertu d'enseigner la frugalité, d'apprendre à vivre avec le nécessaire, non pas comme une ascèse subie mais comme une liberté enfin retrouvée.

Nous traversons quelques villes, Carei, Satu Mare, où des gamins s'empressent auprès des voitures pour proposer des babioles le temps d'un feu rouge, et des femmes tsiganes mendient auprès des automobilistes, un bébé dans les bras. A Baia Mare, le chef-lieu du département Maramureş, une nouvelle banderole nous introduit dans la cité : "Live the american way of life" (vivez à la façon américaine). En traversant cette ville, semblable à tant d'autres, avec ses avenues, ses voitures, ses immeubles et ses magasins, le doute s'insinue dans nos esprits : est-ce possible qu'à une heure d'ici, on vive encore à l'écart du temps, dans un monde préservé de la modernité, véritable conservatoire des arts et traditions ? Ne nous serions-nous pas trompés d'époque, bercés dans nos illusions d'un havre de quiétude hors de la turbulente économie mondialisée ?

Dans le Jarlibro, l'annuaire des délégués de l'association mondiale d'espéranto, nous avons trouvé l'adresse d'Emile C. qui habite Baia Mare. Contacté par téléphone, il vient vite nous rejoindre, et en guise de bienvenue m'offre un petit bouquet de fleurs gracieusement donné avec un baisemain. Enseignant, il habite un appartement dans le centre, mais c'est à sa "maison de campagne" qu'il nous emmène, à quelques kilomètres de la ville. Dans son village natal, sur le terrain hérité de ses parents, il a en effet fait construire une grande maison de briques, commencée sous le régime communiste.
« A l'époque, c'était une manière de mettre ses économies à l'abri, en prévision des changements qui n'allaient pas manquer de se produire un jour ou l'autre » explique t-il.
La construction est toujours en chantier, seules deux pièces sont achevées. Autour, un grand potager et un verger alimentent les repas de la famille et fournissent de quoi faire d'abondantes conserves et confitures. Ce qui se révèle vital en ces temps de crise où il est quasi-impossible de vivre de son salaire.
C'est dans cette maison qu'Emil stocke son imposante bibliothèque acquise à l'époque communiste, quand les livres étaient à la portée de toutes les bourses. Plus grand monde maintenant ne peut s'offrir le luxe d'acheter des livres de qualité. Il n'est plus question de dépenser pour de la littérature quand un salaire ne permet même pas d'acheter le nécessaire pour faire vivre une famille, le coût de la vie étant totalement disproportionné par rapport aux revenus de la majorité des Roumains.
En tant qu'espérantophone, Emil entretient de nombreuses relations épistolaires avec l'étranger, mais là encore, le simple fait d'acheter un timbre peut demander un sacrifice. Nous faisons le calcul de comparaison salaires-prix d'un timbre entre la France et la Roumanie, et constatons que sur un salaire de 1 220 €, un timbre pour l'étranger nous coûterait 12 €. Sans doute à ce tarif-là, hésiterions-nous à écrire.

« Les espérantistes d'Europe de l'Ouest se plaignent que nous ne répondons pas toujours à leurs courriers. Mais ils ne sont pas du tout conscients de ce que nous vivons ici. »
La vie est devenue si difficile qu'on en vient à regretter le temps des communistes. Quand nous mettons en avant la liberté nouvellement acquise, Emil rétorque :
« Quelle liberté ? Avant on n'avait pas le droit d'aller à l'étranger, c'est vrai. Maintenant, on peut y aller, théoriquement, mais cela nous est toujours complètement impossible au niveau économique. Alors quelle différence ? »

Il y a quelques années, il lui avait fallu obtenir un visa pour l'Autriche pour assister à une rencontre internationale d'espéranto. Avec un ami, il avait fait le voyage vers Bucarest où il avait dû séjourner trois jours pour acquérir ce document salvateur. Ils avaient attendu toute une journée devant l'ambassade d'Autriche pour s'entendre dire, arrivés au guichet, qu'il leur manquait un papier, et qu'ils devaient revenir le lendemain. Le jour suivant, ils avaient été obligés de refaire toute la queue, ce qui leur fit comprendre qu'il fallait procéder autrement : par la suite son ami et lui se relayèrent dans la file d'attente, faisant la queue à tour de rôle, jour et nuit, le temps pour l'autre de manger et de dormir un peu.

Cet échange avec Emil, comme avec Antal, Irina, László et bien d'autres rencontrés à Oradea, ont lieu dans la langue internationale espéranto. C'est en Bulgarie, au cours de notre tour du monde, que nous avions fait connaissance avec cette langue. Nous l'avions apprise en un mois et demi de cours intensif, et l'avions ensuite utilisée partout. Les réseaux espérantophones, présents dans plus de cent-vingt pays sur les cinq continents, nous avaient permis de pénétrer dans l'intimité des familles de toutes catégories sociales, que ce soit en Hongrie, en Chine, au Japon, aux Etats-Unis, en Bolivie…, comme nous le faisons aujourd'hui en Roumanie. Malgré notre connaissance de l'anglais et de l'espagnol, nous nous étions bien vite rendus compte que la barrière de la langue était le principal obstacle auquel nous allions être confrontés pendant toutes ces années de voyage. Pourquoi ne pas essayer l'espéranto ?

Une langue internationale

Cette langue due à l'initiative d'un médecin polonais du nom de Zamenhof à la fin du dix-neuvième siècle -le premier document parut en 1887-, nous avait vite séduits. Zamenhof voulait faciliter la communication entre étrangers, favoriser les échanges entre gens de culture différente.
Pour cela, il présenta les bases d'une langue qui se devait d'être plus facile qu'aucune autre existant déjà afin que tous puissent l'apprendre ; sa grammaire simple et son système de vocabulaire agglutinant qui évite de surcharger la mémoire, font que l'espéranto s'apprend effectivement huit à dix fois plus vite que n'importe quel autre idiome. L'Institut de cybernétique de Paderborn en Allemagne a ainsi calculé que pour un francophone, deux cents heures d'étude de l'espéranto donnent un niveau similaire à mille cinq cents heures d'étude de l'anglais et deux mille heures d'étude de l'allemand.

ABC de l'espéranto

Nous avions vite apprécié la simplicité et la logique de la langue : elle s'écrit comme elle se prononce (pas besoin de dictées !), les règles de grammaire ne comportent pas d'exception et la conjugaison des verbes est toujours régulière. Contrairement aux idées reçues, l'espéranto n'est pas né de rien : les racines des mots viennent de diverses langues, 75 % étant issues des langues latines. On peut former de nouveaux mots en ajoutant des affixes aux mots-racines, ce qui évite de surcharger la mémoire pour retenir le vocabulaire. Un exemple vaut mieux qu'un long discours :

Préfixes (syllabes se plaçant devant la racine)
Bo (par alliance) : patro = père, bopatro = beau-père
Mal (contraire) : alta = grand, malalta = petit

Suffixes (syllabes se plaçant entre la racine et la terminaison du mot)
in (féminin) : patro = père, patrino = mère
ec (qualité) : dika = gros, dikeco = grosseur
ist (profession) : pano = pain, panisto = boulanger

Le lecteur attentif saura déjà comment se dit belle-mère et maigre [1].

Littérature, radio, rencontres…

Cette simplicité n'empêche nullement l'espéranto de pouvoir exprimer toutes les nuances de la pensée. Ce que nous avions constaté en nous plongeant très vite, après seulement un mois et demi d'étude, dans la littérature espérantophone par l'intermédiaire d'un épais roman d'Ivan Vazov, le "Victor Hugo bulgare", traduit en espéranto. Bien sûr, on peut aussi parler informatique, s'aimer, écrire des vers, faire des affaires ; bref, on peut vivre en espéranto. Zamenhof n'a été que l'initiateur de la langue que les locuteurs du monde entier se sont appropriés au fil des années, pour l'utiliser et l'enrichir.

En un peu plus de cent ans d'histoire, en se propageant sur les cinq continents, l'espéranto a acquis ses lettres de noblesse. Il compte quelques 35 000 œuvres littéraires dans tous les genres, traduites ou originales, et de nouveaux titres paraissent tous les mois. Toutes les grandes œuvres mondiales ont leur place dans une bibliothèque espérantophone, depuis la Bible et le Coran en passant par Dante, Shakespeare, le Chinois Lou Siun, ou plus près de nous San Antonio et Amélie Nothomb. Sans oublier les œuvres des langues dites minoritaires comme l'épopée finnoise Kalevala ou les vers du hongrois Petöfi, langues habituellement peu fréquentées par les traducteurs.

A ce répertoire, il faut ajouter les œuvres originales des écrivains et poètes qui couchent sur le papier leurs romans ou leurs poèmes directement en langue internationale ; sans omettre les revues publiées, les pièces de théâtre jouées dans les rencontres internationales, les compact-disques produits avec musique et chansons... Inscrit au cursus de plus de 150 établissements d'enseignement supérieur de divers pays, l'espéranto est également présent sur Internet par des milliers de sites.

---

[1] Belle-mère = bo-patr-in-o (o étant la terminaison du substantif) ;
maigre = mal-dika (a est la terminaison des adjectifs)

Les rencontres internationales se multiplient, regroupant des participants venus du monde entier, qui n'ont nul besoin d'interprète pour se comprendre. Extraordinaire sentiment dont nous avons fait l'expérience à plusieurs reprises, que de pouvoir communiquer directement, sans traducteurs, sans casques sur les oreilles, avec des gens de la planète entière qui se trouvent rassemblés pour une semaine de conférences, rencontres, théâtre, concerts, excursions. D'ailleurs, le directeur général de l'Unesco venu en visite à un de ces congrès d'espéranto il y a quelques années, avait déclaré que c'était « la première fois qu'il voyait une rencontre internationale dans laquelle la langue était une aide à la communication et non une barrière. »

Et aujourd'hui à Baia Mare, c'est encore grâce à l'espéranto que nous avons rencontré Emil. Celui-ci est un acteur né, et ses mimiques quand il nous raconte ses mésaventures avec les inspecteurs de l'Education Nationale, nous font nous plier de rire, même si la situation n'a rien de réjouissant en ce qu'elle reflète la situation dramatique des services publics du pays et leur corruption.
«Récemment, j'ai passé un examen pour avoir un grade supérieur dans l'enseignement, et je devais être inspecté dans ma classe. Pour cela, trois inspecteurs sont venus de Cluj-Napoca. Pour leur déplacement, ces fonctionnaires reçoivent une indemnité du ministère. Ils ne disent rien de cette somme sinon qu'elle est minime et ne couvre pas leurs frais. C'est donc aux personnes inspectées de les prendre en charge. Pour réduire la dépense, j'avais proposé de les héberger et de les nourrir à la maison. Mais bien sûr, ces messieurs ont refusé. Il leur fallait l'hôtel. J'ai donc dû payer deux nuits d'hôtel et le restaurant pour trois personnes. Quoique j'aie eu de la chance ; car ils avaient décrété que s'il faisait beau, ils profiteraient de leur passage ici pour découvrir un peu le Maramureş. Ce que j'aurais dû prendre en charge bien sûr. Heureusement, il a plu à verse le jour de l'inspection et ils sont repartis à Cluj dès le lendemain.»

Il faut quitter la route principale à Baia Sprie, dépasser Cavnic, bourgade minière à la dérive, franchir le col de Neteda, et là commence l'émerveillement. Ils sont là, les villages du Maramureş, ceux qui nous avaient tant éblouis dans le livre ancien, cachés dans des petits vallons perdus au creux des montagnes : maisons de bois, clochers pointus, enclos tissés de branches entrelacées ou palissades, somptueux portails sculptés. Notre rêve ne sera pas à ranger dans les illusions perdues.

Disposant d'une journée avant l'arrivée des ânes, nous partons découvrir l'Izvoare, un massif montagneux à l'ouest de la vallée de la Mara. Après avoir laissé le dernier village, la route de montée se fait de plus en plus chaotique, perd peu à peu son goudron pour ne plus présenter qu'un revêtement de pierres, et termine dans la terre. Dans les endroits ombragés, les lourds camions qui viennent chercher le bois dans la forêt, ont laissé d'énormes fondrières remplies d'eau par le dernier orage. Entre les trous où l'on risque de s'enliser, les énormes cailloux qui peuvent accrocher le dessous du véhicule, les creux, les bosses, l'équilibre à tenir pour passer les roues sur les parties les plus élevées, en évitant de serrer de trop près les bas-côtés qui déboulent vers les ravins, la partie n'est pas facile à négocier par le chauffeur. A plusieurs reprises, la tôle protégeant le carter racle durement les pierres, ce qui nous fait craindre le pire. Devant un large trou d'eau barrant le chemin, je teste d'abord la profondeur en pataugeant dans la glaise. On doit passer.
Après avoir croisé un groupe de bûcherons au repos sur le bas-côté du sentier, nous abordons la descente. Soudain, Bruno accélère pour négocier au mieux un virage boueux. Emporté par son élan, il a pris à gauche, alors qu'un autre sentier partait vers la droite. Peut-être était-ce là notre route ? Trop tard, il est impossible de manœuvrer dans la boue pour retourner en arrière.
Nous disposons pourtant de trois cartes routières : la carte générale du pays, une autre présentant également toute la Roumanie, mais plus détaillée et -éditée en Hongrie- indiquant les noms des villes et villages sous leurs différentes appellations roumaines, hongroises et parfois allemandes[1] : Sibiu = Nagyszeben = Hermannstadt. La multiculturalité n'est pas un vain mot ! La troisième carte est celle de

---

[1] Les Allemands furent invités au 12e siècle par le roi de Hongrie pour coloniser et défendre les frontières du royaume. En Transylvanie, ils fondèrent des villes baptisées de noms allemands. Les départs en masse à la fin du régime communiste ont fait chuter à quelques 20 000 personnes, la population d'origine germanique vivant en Transylvanię, alors qu'elle comptait 800 000 membres en 1930. Pour les noms hongrois, il faut rappeler que la Transylvanie fit partie de l'empire austro-hongrois jusqu'en 1918.

la région, éditée par l'office de tourisme. Trois cartes, trois cas de figures pour les routes de l'Izvoare. L'une présente une petite route descendant du sommet, l'autre en indique deux, et la troisième nous propose tout un embrouillamini de chemins ! Nous ne pouvons que nous fier à notre intuition, qui est hélas fort limitée en ce domaine. Alors, continuons le slalom sur la piste, plus appropriée pour un 4x4 que pour une camionnette.
Si bien que Vincent prend peur à voir Bruno tendu au volant. Il se cache pour ne plus voir les ravins et s'inquiète de notre futur alors que le soir va bientôt tomber.
« Tu vois bien que Papa est un véritable pilote de rallye. D'ailleurs si nous nous enlisons, ce ne sera pas très grave. Nous avons à manger et à boire, et nous dormirons dans la camionnette en attendant que passe un camion de bois qui pourra sûrement nous tirer de là. »
Mais notre garçon s'inquiète des ours et des loups qui hantent ces parages en grand nombre. La forêt fait bientôt place à des prairies sur les pentes adoucies de la montagne. Nous croisons un berger gardant ses moutons et apercevons un troupeau d'une cinquantaine de chevaux. Le gardien fait claquer son fouet pour rassembler ses bêtes pour la nuit. Puis peu à peu, le sentier redevient empierré et la conduite s'améliore notablement.

3 - LE TEMPS EST BIEN DE TOUS LES LUXES, LE PLUS PRÉCIEUX - Nicolas Bouvier

C'est aujourd'hui le grand jour : nos petits bourricots arrivent ! C'est après avoir pris la décision de randonner avec des ânes en Maramureş que nous avions découvert... qu'il n'y avait pas d'âne dans cette région ! Nos contacts nous avaient amenés jusqu'à Jean-Michel Corbet, un Français ayant monté une agence de voyages à Târgu Mureş et grand amoureux du Maramureş. Il avait été séduit par notre projet et avait réussi à louer pour nous, deux ânes appartenant à un berger qui acceptait de s'en séparer pour quelques mois. Jean-Michel vient nous les amener aujourd'hui et rendez-vous est fixé en fin d'après-midi au "bistrot Ileana" au village de Călineşti. Arrivés sur les lieux, près du carrefour des routes de Bârsana et de Budeşti, rien n'indique un café, sauf peut-être une petite pancarte de marque de bière. Devant la maison, quelques personnes bavardent autour d'une jeune femme blonde. C'est à elle que nous nous adressons :
«Unde este Bistrot Ileana ? » pensant que le terme "bistrot" employé par Jean-Michel pour désigner le lieu de rendez-vous, était aussi un terme roumain.
Incompréhension totale sur le visage de notre interlocutrice, et sur ceux de l'assistance à qui elle transmet notre demande. Essayons autre chose :
« Café Ileana »
Ce vocable n'évoque pas plus de choses que le précédent. La jeune femme décide alors d'aller chercher quelqu'un pour nous aider dans ce dialogue de sourds, et revient bientôt avec sa cousine, prénommée aussi Ileana, qui parle bien français et explique que le café Ileana ,

c'est bien ici et que la patronne, la Ileana en question, c'est elle, la jeune femme à qui nous nous sommes adressés en premier. L'attente passe vite en compagnie de notre charmante interprète, étudiante assistante sociale, jusqu'à ce qu'arrive enfin Jean-Michel. Pour lui, les choses ne se sont pas très bien passées ce matin : quand il est allé chercher les ânes, le berger a fait des difficultés, voulant plus d'argent que la somme initialement convenue, et refusant de donner les bâts. Jean-Michel a dû négocier dur et ajouter une petite "rallonge".
« C'est cela, la Roumanie ! J'adore le pays, mais quelquefois ça m'énerve vraiment. »
Nous allons de suite faire connaissance avec nos montures que Jean-Michel a placées en sécurité chez la famille Tamaş. Ce sont deux petites ânesses brunes. Vera paraît très calme mais Doina qu'on reconnaît à sa tête plus effilée, semble beaucoup plus nerveuse et rétive. Voyageant dans une remorque trop petite, elles ont effectué tout le trajet, coincées contre le rebord arrière, et elles ont l'arrière-train à vif, le poil arraché, la peau suintante et la jointure des pattes arrière également abîmée. La blessure doit être douloureuse et la cicatrisation risque d'être longue. Quant aux bâts, c'est une catastrophe. L'un est correct mais n'a aucune sangle ; l'autre, fait de pièces de bois et de ferraille assemblées à la va-vite, est inutilisable. Des ânes blessés, pas de bât, ni cordes, ni licols : l'aventure démarre sous les meilleurs auspices !

Le matin, le vétérinaire déclare au vu des dégâts, qu'il viendra les soigner tous les jours et qu'il faudra sans doute attendre une bonne semaine avant de pouvoir les bâter. Faudrait-il encore avoir des bâts ! Voyant que l'heure du départ n'a pas encore sonné, nous prenons pension dans la famille de notre petite interprète d'hier, la famille Rad. Le père, Gheorghe, est ouvrier mécanicien à la ville voisine de Sighet. Avec sa femme qui s'occupe de la ferme, la famille compte aussi la grand-mère et les deux filles, Ileana, dix-huit ans, et Măriuca, handicapée mentale et muette, ainsi que Mariana, une petite orpheline accueillie temporairement. A côté de la vieille maison de bois qui jouxte la grange et l'étable abritant la vache et le cheval, ils ont fait construire une maison neuve à étage. Les quatre pièces du haut, meublées de canapés et de lits, ne semblent pas utilisées par la famille et sont mises à notre disposition.

Premier travail du matin : sortir la camionnette de la cour où elle a eu bien du mal à rentrer hier soir. Nos hôtes avaient tellement insisté pour mettre le véhicule en sécurité dans leur cour, que pour ne pas les vexer, nous avions fini par obtempérer malgré les difficultés que nous entrevoyions en raison du terrain atrocement bosselé et du piton d'accroche du portail qui ne laisserait pas passer notre camionnette sans l'égratigner par en dessous.
« Il faut faire très attention, car il y a des gens mauvais et des garçons qui boivent trop de bière » avait insisté Ileana.
La camionnette avait réussi à rentrer dans la cour au prix de beaucoup d'efforts et de quelques jurons, car il avait fallu installer tout un système de crics et de planches pour rehausser les roues et passer sans dommage. Pour sortir, l'opération est à renouveler en sens inverse et prend plus d'une demi-heure. Bruno jure qu'on ne l'y reprendra plus.

La camionnette remise sur ses roues, nous partons pour le village voisin de Sârbi en compagnie de M. Rad, pour y rencontrer un bourrelier susceptible de nous tirer d'affaire pour harnacher nos montures. Vasile, c'est son nom[1], regarde avec suspicion le matériel que nous avons reçu hier. Des bâts pour ânes ? Inconnu dans la région. Oui, il pourrait peut-être en faire un. Oh, et puis non, il ne sait pas trop, il hésite. Mais il connaît quelqu'un qui en a.
« Et bien, allons le voir »
« Mais c'est à Budeşti. »
Pas de problème, on l'embarque pour aller à Budeşti, le village voisin, où il s'adresse à une des premières maisons. La femme est méfiante. Bâter des ânes ? Quelle idée ! Après une longue discussion, elle se décide à sortir un bât de cheval. Trop grand pour un âne. Puis un autre. Encore trop grand. Elle fait des allers-retours vers la maison pour nous sortir ses trésors au compte-gouttes. En voilà un troisième. Mais c'est une merveille, un beau petit bât de bois, avec un dossier. Peut-être un peu grand pour nos ânes, et à regarder de plus près, il est

---

[1] La plupart des hommes se prénomment Vasile ou Ion, et beaucoup de femmes portent le prénom d'Ileana, Maria ou Ioana. Pour une meilleure compréhension, nous emploierons plutôt les surnoms utilisés pour distinguer les personnes. Ainsi Vasile Pop est désigné par « Mafioto » et Vasile Faur par « Coucou ». Encore faut-il préciser que le grand-père Vasile Faur, le père Vasile Faur, et le fils Vasile Faur sont tous surnommés Coucou !

cassé. Mais on peut sans doute arranger cela. Peut-on aller l'essayer sur le dos de nos petites bêtes et puis on lui dira ce qu'on en pense ? Ah non, il n'en est pas question ! De l'argent, d'abord. Combien ? Elle nous réclame en Lei l'équivalent de 120 €. Cent vingt euros pour ces bouts de bois cassés ! Elle a perdu la tête ou elle a entrevu soudain la possibilité de faire fortune en plumant facilement ces étrangers.
La discussion s'engage via Ileana pour baisser à 60 €, puis 40, puis 30. Alors qu'elle est retournée un instant vers la maison, Vasile murmure que cette camelote ne vaut pas plus de six euros. La discussion a bien sûr attiré quelques voisins qui s'interposent, questionnent : Que veulent ces étrangers ? Ce sont des Français ? Ce sont leurs enfants ? Et chacun d'énoncer son opinion sur le bât et son prix.
Mais le problème n'est pas là pour l'instant. Avant de discuter tarif, il faut savoir si le matériel convient. Mais la bonne femme n'en démord pas, elle veut l'argent d'abord. Après de longs palabres, elle accepte notre proposition : elle vient avec nous à Călineşti, on essaie le bât et on la ramènera ensuite chez elle. Elle se bute toujours sur ses milliers de Lei mais finalement accepte de monter dans la camionnette, et tant qu'on y est, on embarque aussi un bonhomme qui passait par-là et a mis son grain de sel dans l'histoire. Il pleut à verse, les paysans sont crottés, les lourds vêtements de laine sentent le chien mouillé et notre voiture cahote sur la mauvaise piste boueuse qui longe la rivière gonflée par les pluies d'orage.

L'essai grandeur nature montre vite que les différents bâts apportés ne conviennent pas, et Vasile le bourrelier se propose alors de nous en faire un neuf sur le modèle de celui apporté par Jean-Michel. Il faut être clair : dimensions précises, bois légèrement arrondi, sangle avant, arrière et ventrale. Bon, maintenant le prix. Cette fois-ci, ce n'est plus avec la femme qu'il faut discuter. Ayant raté son affaire du siècle avec un vieux bât pourri vendu à prix d'or, elle se désintéresse de l'affaire et discute sous l'auvent avec les femmes de la maison. Première offre du bourrelier : 40 €. Tout le monde se récrie. Il y a là M. Rad, M. Tamaş, son gendre Ion qui parle un peu français et traduit. Puis les prix tombent pour arriver à 25 €. Accepté. Mais il nous faut aussi des sangles sur le premier bât qui est dépourvu de tout. Un nouveau marchandage s'engage. Ce sont les hommes de la maison qui mènent la discussion pour faire baisser les prix. En cachette M. Rad nous fait signe qu'il ne faut pas payer plus de 30 € pour l'ensemble. Mais le bonhomme s'énerve et tonne de sa grosse voix. Sans doute un peu de théâtre pour nous impressionner. Il ne démord pas de ses 36 €. Allez, 33 €. Adjugé, vendu. Ce sera fait demain matin, promet-il. Oh, mais nous ne lui en demandons pas tant et serons très heureux si nous pouvons les avoir demain après-midi. Mais avec tout cela, les heures passent et le bonhomme a du travail à la maison. Allez, on rembarque tout le monde en sens inverse.

Ce soir, le moral des troupes n'est pas au beau fixe. Il a plu tout l'après-midi, une pluie d'orage, torrentielle, comme il en tombe souvent en cette saison, nous dit-on. Sous le déluge, les habitants de Călineşti se sont précipités dehors, un bout de plastique sur la tête ou sur les épaules, armés de pelles, pour déblayer au plus vite ce qui pouvait gêner l'écoulement de l'eau. Malgré leurs efforts, en bien des endroits les cours ont été inondées et des torrents de boue jaunâtre emportaient au passage cailloux et branchages.
Non seulement, il nous aurait été impossible de marcher, mais tout est boueux, gorgé d'eau. Le camping itinérant, dans la gadoue, avec deux jeunes enfants, ne s'annonce pas comme une partie de plaisir. Nos animaux ne sont pas en état de partir et quel travail va nous faire Vasile ? Car nous savons que de bons bâts sont essentiels pour randonner, pour que les ânes marchent bien et que le paquetage ne soit pas par terre tous les cinq cents mètres. Par ailleurs, en faisant nos essais, nous nous sommes aperçus que pour nos sacoches, nos belles sacoches bleues, les coutures en haut des sangles forcent trop et elles risquent de ne pas tenir. D'où vient le problème ? Les sangles n'ont-elles pas été cousues assez haut ?
Pour couronner le tout, Vincent fait des difficultés. Aujourd'hui, fatigué, il a été grognon et amorphe toute la journée, refusant de manger roumain. S'il ne s'adapte pas, qu'allons-nous faire ?

Le lendemain matin, le soleil est revenu, la nature explose de vie et tout va mieux. Ileana nous propose d'aller voir la machine à laver du village. Curieux, nous la suivons à travers les prairies pour atteindre la rivière, là où chacun vient faire les grandes lessives. Un peu plus haut, l'eau a été détournée du ruisseau et arrive par un canal pour se déverser avec force dans de grandes corbeilles de bois en forme de cônes. En tourbillonnant, elle brasse, frotte, secoue le linge, le débarrasse de sa saleté. Ce moulin à foulon est utilisé surtout pour laver les grosses pièces de vêtements et pour les tapis et couvertures qui sont feutrés ainsi dès que le tissage est terminé. C'est la machine à laver la plus écologique qui soit, non polluante et utilisant une source naturelle d'énergie.

En début d'après-midi, Bruno fait un premier voyage chez Vasile, mais bien sûr, les bâts ne sont pas prêts. Il faudra revenir ce soir. Nous devons également aller chercher la jeune fille qui va nous accompagner comme interprète, et qui arrive à Baia Mare ce soir. Jean-Michel a en effet téléphoné au bar d'Ileana, pour qu'elle nous fasse la commission. Voilà une bonne nouvelle car nous ne l'attendions que dimanche prochain. Gare de Baia Mare, 18 h 30. Le train de Târgu Mureş est arrivé mais aucune jeune fille n'attend. Bizarre. Nous cherchons partout, attendons. Aurait-elle raté son train ? Un coup de fil à Jean-Michel nous apprend que la jeune fille en question arrive… dimanche à 18 h 30 et non aujourd'hui, mardi. Faisons contre mauvaise fortune bon cœur, nous sommes en Roumanie ! Au retour, nous passons chez le bourrelier. Le travail est fait et notre homme est d'excellente humeur. L'affaire ne saurait se conclure sans un verre d'eau-de-vie et sa femme nous met d'office dans les mains deux délicieuses galettes de pain. Vasile tient à assurer lui-même la livraison de son travail en descendant les selles jusqu'à la voiture stationnée en bas du chemin.
« Vous pouvez revenir quand vous voulez, même pour dormir. Aveţi loc aici, vous avez un endroit pour vous ici » ne cesse t'il de répéter, et il profite de ce que Bruno a le dos tourné pour m'embrasser sur les deux joues.

Il nous reste à trouver cordes et licols, ce qui semble fort compliqué, jusqu'à ce que jaillisse l'étincelle géniale : jeudi, c'est jour de foire au bourg voisin d'Ocna Şugatag, et là-bas, il y aura sûrement de quoi faire notre bonheur. Tous les jours, nous venons rendre visite à nos ânes pour les sortir dans la cour, leur faire faire une petite promenade, les caresser, afin de faire connaissance et les apprivoiser. Cette fréquentation quotidienne nous révèle que Doina est une bête extrêmement nerveuse, craintive et qui refuse de marcher.
Le vétérinaire de passage à la maison pour un cochon malade, en profite pour panser une nouvelle fois les blessures qui cicatrisent lentement. L'homme de l'art constate que les sabots ont besoin d'être

nettoyés et taillés, opération qui n'a pas été faite depuis des lustres. Un travail qui lui demande une bonne heure et nécessite la coopération de M. Tamaş et de Ion, car ils ne sont pas trop de trois hommes pour tenir Doina afin que le vétérinaire opère. Ce qui n'empêche pas le bourricot de ruer, de se cabrer, de tirer tellement sur sa chaîne qu'elle finit par casser. Ce qui nous promet de beaux moments en perspective et n'est pas sans nous inquiéter pour la sécurité des enfants. De suite nous avions décidé que Sarah voyagerait sur le dos de Vera, beaucoup plus calme, en espérant que cette folle de Doina n'entraînera pas sa compagne dans ses incartades.

A la foire d'Ocna, les paysans arrivent de tous les villages environnants pour acheter et vendre porcelets et moutons, vaches et veaux, chevaux et poulains, sans oublier quelques buffles placides. Ces animaux, que l'on ne s'attend guère à trouver dans ces vertes montagnes, seraient, dit-on, arrivés d'Inde il y a bien longtemps avec les Tsiganes. Mais de cordes, point. Et de licols non plus.
« Normalement, un marchand vient ici, mais il n'est pas encore arrivé. »
Il est pourtant déjà 10 h et le marché se termine à midi. A 11 h, il n'est toujours pas là. Il faut nous rendre à l'évidence, il ne viendra pas aujourd'hui.
« Mais il sera sûrement ici la semaine prochaine car ce sera une foire plus importante. »
C'est gentil pour nous consoler, mais cela ne fait pas nos affaires. Le temps semble être ici une denrée qui n'a pas encore été importée. Indifférence à l'efficacité, paresse ou sagesse ? Le temps nous aura quand il l'aura décidé, pour l'instant, c'est nous qui l'avons, dit-on en Maramureş. Il va nous falloir faire nôtre ce proverbe si nous voulons aborder la Roumanie en toute sérénité.
Après un passage au village de Breb chez un autre bourrelier, nous sollicitons notre ami Vasile pour la fabrication de licols, comme il a l'habitude d'en faire pour les chevaux. Bruno l'emmène prendre les mesures sur nos ânes, mais au retour à la maison, l'épouse du bourrelier montre son mécontentement car son mari perd son temps avec nous alors que l'orage menace et que le foin n'est pas fait.
Bruno se propose aussitôt d'aller les aider, même si la femme proteste qu'il ne connaît pas le travail. Le maniement d'une fourche en bois ne demande pas beaucoup d'apprentissage à l'ancien paysan qu'est

Bruno, pour construire les meules de foin odorant, et en trois heures, le travail est terminé, juste avant que les premiers éclairs ne viennent zébrer un ciel d'encre. Le lendemain, sous les yeux d'un Vasile surpris, Bruno retrouve avec plaisir dans le maniement de la faux, les gestes de son enfance. Par contre, il est beaucoup moins satisfait des licols fabriqués avec du vieux cuir et des anneaux rouillés. Nous les prenons quand même tels quels, nous verrons bien.

Ildikó est arrivée pour randonner avec nous et nous servir d'interprète. De suite nous sympathisons avec cette petite jeune fille de 23 ans, rousse, un chignon planté sur le crâne, et les enfants l'adoptent immédiatement. D'origine hongroise, elle habite Târgu Mureş où elle est institutrice depuis trois ans. L'an dernier, elle a réussi après bien des difficultés administratives, notamment pour l'obtention du visa, à aller travailler au pair à Bruxelles et elle parle parfaitement le français.

Normalement, le départ c'est pour aujourd'hui. Nous disons "normalement" car il semble qu'en ce pays, rien ne puisse être prévu avec certitude. Ayant enfin réuni tout le harnachement, nous nous essayons aux gestes qui deviendront notre quotidien : installer les bâts, régler les harnais, positionner les sacoches, la bassine et le sac photo. Nous verrons plus tard l'installation de Sarah car dans un premier temps, ne connaissant pas les réactions des ânes, nous préférons la garder sur notre dos. Ion est là qui nous aide un peu. Il a toujours du mal à comprendre pourquoi nous allons randonner, laissant notre véhicule dans la cour de sa ferme.
Il faut bien avouer que l'idée a quelque chose de saugrenu : venir de l'autre bout de l'Europe, faire trois mille kilomètres en voiture pour faire de la marche, cela défie toute logique. Luxe de riches partant à la recherche de paradis perdus ? Sans doute. Mais c'est aussi une manière authentique de goûter à l'essence même d'un pays, de retrouver le contact avec la nature, avec les hommes qui ont façonné ces paysages que l'on pénètre. Pour aborder les villages, il faut prendre son temps, amoureusement. Cheminant de traverse dans le rythme effréné de la vie, nous allons aborder l'espace comme les gens d'ici, à vitesse d'homme, nous laissant guider par nos pas, pour goûter le temps qui passe et faire provision de trouvailles au bord du chemin. Mais il est certain que cette démarche est difficile à comprendre pour

un paysan roumain qui marche toute la journée, faute de moyen de locomotion, et qui rêve sans doute d'une voiture pour alléger sa fatigue. D'où l'étonnement des gens que nous croiserons en chemin :
« Nu aveţi maşină ? » « Vous n'avez pas de voiture ? »
Que répondre ? « Non », c'est mentir. Et « Oui », c'est les plonger dans une perplexité totale. S'ils avaient une voiture, ils ne s'embêteraient pas à marcher sous le cagnard ou sous les trombes d'eau. Et en plus, juste pour se promener !

Finalement, il est 16 h quand nous sommes prêts à démarrer. Au bout du chemin, un attroupement de curieux attend de voir partir le drôle d'équipage. La nouvelle a sûrement fait le tour du village depuis que nous sommes là : une famille de Français avec deux petits enfants va marcher dans le Maramureş avec des ânes ! Ce n'est pas tous les jours que Călineşti est le siège d'un tel événement. Nous avons prévu le scénario-catastrophe : départ dans l'après-midi, juste au moment où arrive l'orage de fin de journée, retour en catastrophe à notre base avant même d'avoir dépassé la pancarte de sortie du village. Effectivement, alors que nous n'en sommes qu'aux dernières maisons, l'orage arrive soudain avec ses gros nuages noirs et de brusques rafales de vent. Sous le ciel d'encre, le paysage s'est transformé et les gens courent se mettre à l'abri en prévision de ce qui va se déverser tout à l'heure sur nos têtes. Les premières gouttes s'écrasent sur nous, mais pour notre départ, la chance nous sourit. Le vent est si violent qu'il chasse les lourds nuages loin devant nous et seule une petite averse attardée nous mouille quelque peu.

Au village de Sârbi, nous nous enquérons d'un coin où camper auprès d'un homme occupé à rentrer du bois. La réponse vient aussitôt, sans l'ombre d'une hésitation :
« Venez chez moi »
Et déjà, il nous entraîne derrière sa maison, dans le verger, lieu de camping idéal pour nous et nos ânes. Quand nous revenons chercher nos bestioles que nous avons attachées à un arbre sur le chemin, elles ont déjà reçu une gâterie ; une main bienveillante a déposé une brassée de foin devant chacune d'elles. Tous les voisins assistent à l'installation de la tente. Essayons de ne pas avoir l'air trop nuls devant ce public, alors que nous n'avons monté qu'une seule fois notre nouvelle maison et que nous ne nous souvenons plus de quel

bout la prendre. Passage obligé à la maison pour un petit verre d'eau-de-vie et des pains fourrés pour les enfants. Plus tard, une voisine vient nous offrir un bol de lait pour nos petits et nous nous endormons heureux dans notre tente-palace quatre étoiles.

La journée s'annonce radieuse sous le soleil et un ciel sans nuages. Pour notre petit-déjeuner, notre hôte nous apporte un morceau de lard enveloppé dans un papier journal. Cinq bons centimètres de gras, voilà de quoi sustenter l'appétit d'un marcheur. Et il refuse absolument que nous payions le litre de lait que nous lui avons demandé.
Comme tous les villages du Maramureş, Sârbi n'a ni place ni centre ; c'est une rue qui s'étire sur des kilomètres, serpentant le long de la rivière Cosau, avec ses deux églises qui se tiennent en vigile sur la colline, leur clocher égratignant le ciel. Les maisons se cachent derrière leur palissade et leur portail qui préservent l'intimité des logis et des cours. Enclos, murs, toits, tout était en bois. Car la forêt est là, toute proche. La forêt, on la connaît depuis des générations : choisir les arbres, les couper au meilleur moment, les faire sécher, cela se transmet d'homme en homme, de siècle en siècle. Le Roumain et son bois sont frères, dit le proverbe. Les gens du Maramureş, tous menuisiers, ne sont-ils pas reconnus parmi les meilleurs travailleurs du bois au monde. Mais les tuiles de bois sont peu à peu abandonnées pour la tôle ondulée et le fibrociment. La brique et le parpaing remplacent parfois les fûts de chêne. C'est plus pratique et plus durable, dit-on. Le long de la route, s'alignent d'anciennes maisons de bois avec leurs galeries couvertes courant sur la façade et leurs toits de bardeaux ; des portails monumentaux à deux battants dont le bois clair indique la récente construction, côtoient des maisons de parpaings jamais finies, des constructions de bric et de broc et des palissades de bois recouvertes d'un petit toit de tôle rouillée. Le village d'antan rayonnant de la vie du bois a perdu de son harmonie pour se soumettre à la modernisation.

Nous remontons peu à peu la vallée jusqu'au village suivant, Budeşti. Le soleil tape dur et la pause-déjeuner dans un enclos ombragé est appréciée, sous l'œil amusé d'un groupe d'enfants. Les commentaires vont bon train, comme tout au long du chemin où lorsque quelqu'un aperçoit notre équipage, il ameute les voisins.
« Măgarul, măgarul ! » « Un âne ! »

Et les gamins d'accourir, les femmes d'arrêter leur travail de fenaison pour regarder passer l'étrange équipage dont -il faut bien le dire- nous sommes plutôt fiers. La famille Robineau a belle allure avec ses deux petits ânes bâtés de superbes sacoches bleues et ses deux enfants, l'une qui admire le paysage depuis le dos de son papa, et l'autre qui trotte allègrement, fier comme Artaban de guider un âne par la bride. Dix fois, vingt fois, trente fois dans la journée, on nous pose les mêmes questions :
« Où allez-vous ? D'où venez-vous ? Où avez-vous pris les ânes ? Vous n'avez pas de voiture ? Vous êtes venus comme ça de France ? »
Déléguée aux relations publiques, je me donne l'impression d'être un disque rayé, et me contente vite de répondre :
«Scuzați-mă, nu vorbesc românește» « Excusez-moi, je ne parle pas roumain. »
Ce qui ne décourage pas toujours notre interlocuteur, qui en répétant sa question d'une voix plus forte, espère être compris.

Pour dépasser Budești et quitter la vallée, la route grimpe et nous laisse admirer un paysage d'abondance, patiemment ciselé jour après jour par le travail minutieux des paysans. Sur les flancs des montagnes, prés et champs s'ordonnent en une mosaïque colorée, alternant le vert foncé du maïs, le vert tendre du regain, le vert-jaune des prairies tout juste fauchées, là où s'alignent les meules de foin. Ailleurs, les coupes d'herbe tournées et retournées patiemment à la fourche, sèchent au soleil. Dans les champs cultivés, les haricots grimpent le long des tiges de maïs.
Mais voici qu'à nouveau, l'orage menace. Partout on s'active pour mettre le maximum de fourrage à l'abri. Spectacle grandiose que ce ciel coupé en deux par une ligne verticale, d'un côté masse noire menaçante, et de l'autre, un carré de ciel encore bleu. Malheureusement, quand nous arrivons en haut de la montée, nous nous trouvons sous la partie noire, et aux éclairs et soudains coups de tonnerre, succèdent brusquement la pluie et le vent. Réagir, vite : équiper les enfants avec leurs ponchos, mettre à l'abri le matériel photo, couvrir les sacoches. Déjà, nous sommes trempés. Et puis attendre que le gros de l'averse passe. Pas une haie derrière laquelle s'abriter.
Les petits sont plantés, raides, au bord de la route sous la douche glaciale. Sarah, qui disparaît sous son capuchon qui lui descend aux

chevilles, attend sans mot dire, sans bouger, stoïque. Vincent, lui, pleurniche. Il a les jambes trempées, la pluie coule dans son cou, il a froid. Nous les protégeons du mieux possible en tendant contre eux un grand plastique. Mais les vannes du ciel restent ouvertes en grand, interminablement. Doina s'énerve au bout de sa corde. Peut-être a t-elle peur du tonnerre qui claque si soudainement en des grondements terribles qui résonnent d'un flanc de la montagne à l'autre. Vera, elle, reste tranquille comme toujours, ne bougeant que pour échapper aux flots qui montent dans le fossé.
Quand le plus fort de l'averse est passé, il ne nous reste plus qu'à repartir sous la pluie toujours battante, encourageant Vincent qui patauge dans ses chaussures. Sarah, disparue sous le grand poncho de son père, s'endort sur son dos, à l'abri des éléments.

Pressée, je marche devant avec Vincent, Bruno préférant être seul en arrière pour admirer les murs d'eau qui habillent le paysage, et il n'est pas pour lui déplaire de rester sous l'orage pour jouir ensuite de la qualité du silence. Quand dans la soirée, j'arrive en vue d'Ocna avec Vincent et les deux ânes, il pleut toujours et le bel équipage du matin doit offrir un assez piteux spectacle dégoulinant. Dans la rue déserte, une femme nous regarde passer, surprise, et demande où nous allons. Je réponds en plaisantant :
« Dormir ! »
Elle passe son chemin mais revient bientôt avec sa fille qui s'enquiert de notre destination. Comme nous expliquons que nous cherchons un endroit où planter la tente, elle propose aussitôt la maison de sa grand-mère qui est vide en ce moment, tout à côté, et où nous pourrons dormir. Bientôt toute la famille vient à notre secours : Linda, jeune femme blonde un peu forte, la trentaine, sa mère et sa sœur qui vont chercher la clé de la maison. La grand-mère de 88 ans ne pouvait plus rester chez elle, elle est donc hébergée chez Linda, à quelques pas de là dans la rue, et la maison qui n'est pas en très bon état, cherche acquéreur. Pour nous ce sera un palais ce soir même si un morceau de plafond nous tombe soudain sur la tête ; dehors, tout est trempé après l'orage de l'après-midi et cela n'aurait été guère agréable de camper dans les champs inondés. Etre au sec, c'est le plus grand luxe qu'on puisse espérer.
Bientôt Bruno arrive avec Sarah toujours endormie sur son dos. Pendant qu'il décharge Vera, Doina qui voit trop de monde s'agiter

autour d'elle, prend peur, fait sa folle et casse son licol ; ce qui provoque les foudres de Bruno pestant contre le travail mal fait : le licol et le bât fabriqués il y a quelques jours seulement, ont déjà besoin de réparations. Le bât a même dû être ressoudé avant de partir ! Pour cette nuit, nos compagnes de route vont trouver abri dans le jardin aux herbes folles ; les quelques plants de fleurs qui avaient survécu jusque là, ne résisteront pas à leur appétit.
Mais déjà la maman de Linda a pris les enfants en charge et déchausse Vincent qui a les pieds trempés. Ses chaussures sont vite emmenées pour être mises à sécher auprès de la cuisinière. Dans la rue, Linda avait tout de suite prévenu :
« Nous ne sommes pas roumains, nous sommes hongrois. »
D'ailleurs la grand-mère ne parle que sa langue d'origine. Et pendant que nous changeons les enfants, Linda nous met tout de suite au parfum : La Roumanie n'est pas un bon pays, elle ne l'aime pas. Elle est pourtant née ici, « les gens sont très bien mais c'est la politique qui est mauvaise. »

Après que nous nous soyons installés, Linda nous invite à passer la soirée chez elle. Quand nous arrivons, c'est l'heure où Attila, son mari, part au travail : il est surveillant de nuit à l'orphelinat d'Ocna alors qu'il est… vétérinaire de profession. Après avoir exercé dans une autre région, il est venu à Ocna suite à son mariage avec Linda, et là il n'a jamais pu retrouver de travail car ils n'ont pas d'argent pour payer le bakchich nécessaire pour obtenir un poste. C'est aussi à l'orphelinat que Linda travaille comme institutrice. La maison est bien meublée, extrêmement propre.
« Cela fait quatre mois que nous n'avons pas reçu nos salaires. Tout ce que nous avons dans la maison date de la période communiste. A l'époque, c'était difficile de s'approvisionner, l'électricité était souvent coupée mais on avait de l'argent. Maintenant, nous vivons un peu au jour le jour, aidés financièrement par mes parents et peu à peu, nous vendons tout ce que nous possédions, au fur et à mesure de nos besoins. Un signe : Attila avait une voiture Golf, maintenant nous avons une vieille Trabant et même celle-là, on va être obligé de la vendre prochainement. »
Si bien que le lendemain, quand Bruno lui offre un petit vélo en fil de fer de sa fabrication, Attila apprécie l'ironie bien involontaire du cadeau : « De la Golf à la Trabant, et de la Trabant au vélo ! Voilà qui

n'est pas si mal. » Dérision d'une économie qui auparavant distribuait de l'argent mais n'offrait que des magasins vides, et qui maintenant propose tout en abondance grâce aux importations alors que les gens n'ont plus un sou.
Linda n'est pas tendre avec la vie politique et économique de la Roumanie ; ils avaient mis tant d'espoir dans la révolution ! Déçus par le premier président, Iliescu, ils avaient cru dans son successeur, Constantinescu, mais en vain : « Tous les politiciens ne pensent qu'à s'enrichir, à s'en mettre plein les poches. » Ils ne savent plus en quoi ni en qui croire. Attila voudrait quitter le pays, émigrer en quête d'une vie meilleure, mais Linda est trop attachée à sa mère pour imaginer quitter un jour son village.

Tôt le lendemain matin, je pars à la recherche de provisions, profitant que le gros bourg d'Ocna est beaucoup mieux pourvu en commerces que les villages. Dans le seul magasin déjà ouvert, je trouve trois yaourts qui font mon bonheur. Deux heures plus tard, dans une autre boutique je découvre de la confiture, et dans le magasin qui m'a fourni en yaourts tout à l'heure, je trouve -oh merveille- quatre bananes qui n'y étaient pas il y a deux heures. Razzia sur les bananes.

Notre route nous ramène vers la vallée du Cosau que nous descendons maintenant en direction de Corneşti. A l'entrée du village, assise sur le petit banc devant son portail, une vieille femme vêtue d'une jupe noire et d'un éclatant corsage blanc brodé, file la laine sur sa quenouille. Nous nous arrêtons pour la regarder travailler et bientôt toutes les voisines nous entourent. Chacune y va de ses commentaires car ici toutes les femmes savent filer. La laine des moutons est d'abord lavée, puis cardée et ensuite filée à la quenouille pour tisser tapis et épaisses couvertures. Le tissage est plus particulièrement réservé à l'hiver, quand le froid et la neige confinent hommes et bêtes à l'intérieur. Une des voisines présentes, forte femme, verbe haut et rire aux lèvres, nous invite chez elle pour nous montrer le tapis en cours sur son métier.

Mais auparavant, Bruno ayant appris que Corneşti compte un bourrelier, veut faire réparer le licol cassé. Il habite à quelques pas d'ici. C'est un vieux couple qui nous reçoit dans une très ancienne maison de bois à l'intérieur sombre ; la femme me prend à témoin devant les photos jaunies épinglées au mur : son mari a perdu un œil

pendant la guerre, quelque part sur le front de Pologne en 1943 ; là, le jeune couple pose avec une petite fille ; cela fait déjà 65 ans que ces deux-là se sont unis devant le pope. La vieille femme sanglote en évoquant les difficultés de la vie, et m'embrasse à plusieurs reprises ; je ne peux que compatir à la peine de cette vieille maman, en la tenant par les épaules. Pendant ce temps, Bruno surveille de près le travail du bourrelier et il insiste pour qu'il double les cuirs des licols, et que tout soit cousu très solidement. Sa courte expérience a déjà appris à Bruno à ne plus se fier à l'optimisme des Roumains pour qui tout est toujours « foarte bine, foarte bine » « Très bien, très bien ».
Les deux vieillards se sont assis sous le porche, l'un près de l'autre. C'est un moment de vrai bonheur de voir ce vieux couple paisible, devant la maisonnette où ils ont vécu toute leur vie de labeur, de peine et de joie. Quand on lui demande le secret du bonheur, le vieil homme redit la sagesse paysanne qu'il a apprise de ses ancêtres : « Le plus important dans la vie, c'est la santé. Si on est riche mais qu'on n'a pas la santé, on ne sera jamais heureux. Et il ne faut pas oublier que sur cette terre, nous ne sommes que locataires des choses que Dieu nous a confiées ; nous n'en sommes pas propriétaires et nous devons en prendre soin. »

De retour chez l'opulente voisine installée devant son métier à tisser, nous demandons si nous pouvons planter la tente quelque part et elle nous propose de suite de nous héberger à la maison. Elle dispose en effet de la traditionnelle maison de bois avec une cuisine et deux chambres, et son fils habite à côté avec sa famille dans une grande maison neuve à étage. Nous déclinons son aimable invitation, préférant la tente que nous installons derrière la maison ; pas idéal comme aire de camping car le terrain est tout bosselé et envahi de moustiques, et en sortant de la tente, nous avons le nez dans le tas de fumier !
A défaut d'hébergement, elle tient absolument à nous accueillir pour le dîner et nous prépare de la mămăliga, le plat traditionnel à base de farine de maïs. Tout en cuisant, la farine doit être fouettée énergiquement pour ne pas attacher dans la marmite, et notre hôtesse y met toute sa corpulente énergie. Après l'imparable verre d'eau-de-vie en apéritif, la mămăliga est servie avec un délicieux lait caillé qui agrémente de frais l'épaisse bouillie. Ce qui n'est guère du goût de Vincent qui a décidé, sans même y goûter, de boycotter ce plat

inconnu, aussitôt suivi bien évidemment par sa sœur. Nous avons beau lui montrer en exemple les petits-enfants qui se sont groupés autour de leur grand-mère pour recevoir la becquée qu'elle leur distribue généreusement, notre garçon objecte que « si eux venaient en France, peut-être n'aimeraient-ils pas notre nourriture ».

Nous appréhendions quelque peu l'attitude de Sarah qui, jusqu'à présent, avait souvent du mal à accepter un nouvel environnement, à faire connaissance avec des inconnus. Il lui fallait du temps pour se sentir rassurée, en confiance. Alors comment allait-elle réagir à ces changements constants de lieux, de personnes, de nourriture, de langue ? Cela n'était pas sans nous inquiéter, alors que nous ne doutions pas des capacités d'adaptation de Vincent qui, lors des précédents voyages, avait toujours apprécié la nouveauté.
Or, c'est bien l'inverse qui se produit. Vincent refuse souvent de goûter une nourriture inconnue alors que Sarah est à l'aise partout, dévore tout ce qu'on lui présente (à moins qu'elle ne soit influencée par son frère), et fait vite connaissance. Pour elles, toutes les femmes de plus de 40 ans sont des "mamies" et son premier souci en se réveillant dans un nouveau lieu, est souvent de demander « Où elle est, la mamie ? »
Elle a mis du temps à comprendre que nous étions bel et bien partis de France pour un moment et ce n'est qu'au bout de deux semaines, qu'elle a cessé de demander si elle allait voir sa nourrice aujourd'hui. Il a fallu lui expliquer maintes et maintes fois que ce n'était pas la peine de garder les croûtes de fromage pour Charlie, le chien de la nourrice, car elle n'allait pas le revoir de sitôt. Avec ses jolis yeux noirs en amande, notre petite princesse d'origine vietnamienne est quelque peu exotique ici et ce souriant petit bout de femme de trois ans ne peut qu'attirer la sympathie. Frêle et élégante, elle apparaît fragile mais cache en elle une grande force intérieure et chaque jour, elle émerveille "Papa Bruno" comme elle l'appelle.
En voyage, l'enfant, source d'attention et d'émerveillement sous toutes les latitudes, est un passeport extraordinaire pour que ses parents lient connaissance encore plus facilement. Partout on le protège, on le chérit, on accueille sa famille. Voyager avec des enfants exige certes quelques aménagements pour respecter leur rythme, mais notre progéniture trouve fort bien sa place dans l'aventure et grâce à eux, nous redécouvrons la vie avec des yeux couleur d'enfants. Nous

sommes bien conscients de vivre là des moments privilégiés de la vie d'une famille, avec le plaisir et l'effort partagés, les émotions magnifiées.

L'orage qui nous avait laissés tranquilles hier, revient en force dans la nuit pour déchirer l'obscurité, et bien vite le ciel libère de violentes trombes d'eau. Avec quelque inquiétude, nous surveillons notre tente pour qui cela va être le test décisif d'étanchéité. Nous constatons avec horreur que le double-toit laisse passer les gouttes. Ce ne sera en fait qu'une fausse alerte puisque ensuite la tente nous tiendra toujours à l'abri. Eclairs, tonnerre et pluie ont inquiété nos hôtes qui à minuit viennent nous offrir l'hospitalité de la maison pour mettre les enfants à l'abri ; mais nous n'avons aucune envie de nous sortir de nos chauds duvets pour aller patauger dans la cour boueuse et de réveiller les enfants que l'orage n'a pas encore tirés de leur profond sommeil. Attendons la suite et si vraiment notre vaisseau prend l'eau, nous aviserons.
Vincent joue de malchance puisque au petit déjeuner, c'est encore de la mămăliga qui nous est servie, cuite cette fois avec du lard et de la brînza, un fromage très gras. De quoi vous lester l'estomac pour toute la journée.

Direction Fereşti, où nous bifurquons vers Onceşti dans la vallée de l'Iza. Des enfants nous indiquent un raidillon boueux qui coupe à travers la montagne. Nos ânesses élevées chez un berger, n'ont pourtant pas été habituées au luxe mais elles ont horreur de mouiller leurs sabots et quand d'immenses flaques d'eau barrent entièrement le chemin, elles en font toute une histoire. Il faut y aller doucement avec ces demoiselles, faire d'abord sentir l'eau boueuse à Vera qui, mise en confiance, avance ensuite doucement ; ce qui nous vaut de longs bains de pieds dans la boue puisqu'il faut la tenir au licol au plus près pour l'encourager. Vera est bientôt suivie de Doina qui s'effraie de voir sa copine s'éloigner. Mais pour Doina, pas question de se mouiller un poil ; elle préfère nous faire une démonstration de saut de biche pour franchir les obstacles ; attention que les bagages ne valsent pas par la même occasion !
En haut des collines, les grands prés de fauche sont idéaux pour pique-niquer. Les enfants qui nous ont suivi tout au long de la montée, nous indiquent aimablement que nous pouvons aller cueillir notre dessert

dans les cerisiers voisins. Nous apprendrons plus tard qu'il est tout à fait admis et normal de se servir en fruits quand on passe sur un chemin, à condition bien sûr de ne pas en abuser et de ne pas "dévaliser" les arbres.
« C'est pas loin du tout » nous disent les enfants. Nous avons déjà appris à nous méfier de cette expression répétée à tout propos et qui cache souvent de bien mauvaises surprises, le "pas loin" se transformant en trois, quatre ou cinq kilomètres, pendant qu' "imediat" peut signifier deux ou trois heures d'attente. Ce qui se confirme encore cette fois car les cerisiers "tout près" sont à plus d'un kilomètre. Heureusement, la récolte est abondante.

Alors que la descente sur Onceşti s'amorce doucement à travers la forêt, soudain nos bêtes deviennent folles, il nous est impossible de les tenir. D'urgence Sarah est descendue de sa monture pour éviter la chute. C'est une armée de taons qui mène une attaque en règle ; les pauvres bêtes ont beau s'agiter, se donner des coups de queue, secouer frénétiquement la tête et les oreilles, balancer leurs sabots, elles se retrouvent couvertes de petites gouttes de sang marquant l'emplacement des douloureuses piqûres. Pour ajouter du piquant à la scène, s'il en était besoin, Doina m'échappe parce que soudain, elle ne voit plus sa copine qui a pris de l'avance et a disparu au gré d'un tournant, alors que mademoiselle faisait la délicate devant une flaque d'eau à franchir. J' essaie de toutes mes forces de retenir la corde, mais je ne peux résister bien longtemps à l'élan de panique qui a saisi Doina malgré mes appels au calme, et je me vois obligée de la laisser filer après que la corde m'ait douloureusement râpé les paumes. Une fois son amie retrouvée, notre folle se calme et reprend un pas tranquille. Nous bénissons le ciel de ne pas avoir hérité de deux énergumènes semblables, mais d'avoir une tranquille ânesse comme Vera pour porter Sarah.

Quand nous débouchons du petit chemin descendant de la montagne, Onceşti n'est pas loin de connaître une émeute. Notre arrivée coïncide en effet avec la fin d'une sépulture et bientôt la moitié du village se rassemble autour de notre équipage, oubliant le défunt. Nous sommes bientôt perdus au milieu d'un flot riant et gesticulant, cernés par les gamins qui crient, rigolent et se poussent pour caresser les ânes ; les adultes mettent d'autorité leurs plus petits devant nos montures pour poser pour la photo. Nous avons beau leur demander de desserrer l'étau qui nous emprisonne, le cercle ne recule pas d'un millimètre. N'arrivant plus à gérer la situation, nous préférons repartir de suite, poursuivis par une vieille femme qui veut absolument nous donner son adresse pour recevoir la photo de son petit-fils juché sur Doina.

Comment résoudre cet éternel problème des photos ? Ici, tout le monde se prête de bonne grâce aux prises de vue et souvent le photographe se voit réclamer des clichés supplémentaires car chacun veut avoir le privilège de voir sa tête sur un petit carré de papier en couleur. Mais il n'est pas si simple d'appuyer sur le déclencheur. Car que faire ensuite ? Promettre l'envoi des photos en sachant pertinemment que nous n'enverrons pas les centaines de poses qui nous sont ainsi demandées ? Cela nous met pour le moins mal à l'aise, nous sentant fort malhonnêtes devant la candeur et le plaisir de ces gens face à une photo. Refuser le cliché sollicité ? Ils ne comprennent pas. C'est pourtant à cette solution que nous nous résoudrons maintes fois, mais toutes les photos promises seront dûment expédiées à notre retour en France.

Maintenant que nous sommes dans la vallée de l'Iza, nous devons suivre la route jusqu'à Vadu Izei. Sur notre droite, de l'autre côté de la rivière, les hauteurs se sont couvertes de forêts et sur notre gauche, une barrière montagneuse ferme l'horizon. Dans l'herbe rase, paissent des vaches gardées par un berger qu'on entend siffler, planté tout en haut sur la ligne de crête pour surveiller son troupeau. Nous sommes bientôt rejoints par des compagnons de route qui marchent un moment à notre hauteur ; la jeune femme et les deux garçons qui l'accompagnent, âgés de 12 ou 13 ans, avancent d'un pas allègre, dopés par une bouteille d'eau-de-vie qu'ils vident à grandes lampées ; leur "carburant" leur donne des ailes et ils nous dépassent rapidement.
A l'entrée de Vadu Izei, nous montons la tente dans un pré entre deux meules de foin. Le ciel qui s'était obscurci depuis un moment, se déleste de son orage quotidien alors que notre installation n'est pas encore terminée. C'est sous une pluie battante que Bruno finit d'attacher les ânes et d'enfoncer les derniers piquets. La pluie n'en finit pas ; le réchaud fait des siennes, nous avons beau pomper, pomper, nous n'obtenons que de grandes flammes soudaines qui risquent d'embraser la tente mais ne chauffent rien du tout ; non sans

mal, nous réussissons quand même à faire cuire le dîner, et c'est serrés à cinq sous la tente que nous partageons le plat de nouilles à la sauce tomate qui fait beaucoup mieux l'affaire des enfants que la mămăliga.

4 - LES BLESSURES DE L'HISTOIRE

Laissant nos ânes sous la bonne garde d'un aimable voisin, nous partons pour la petite ville voisine de Sighet, ancienne capitale de la province historique du Maramureş, bâtie sur la rive gauche de la Tisa dont les eaux font frontière avec l'Ukraine. Une charmante cité avec sa place centrale ombragée où les personnages âgées se reposent, ses bâtiments jaunes ou ocres qui nous plongent dans l'histoire austro-hongroise de la Transylvanie, et ses rues commerçantes où se croisent citadins et villageois, reconnaissables à leurs vêtements. Une nonne toute enveloppée de noir sollicite les passants pour la construction d'une église et une vieille paysanne passe sans s'arrêter devant l'enseigne d'une boutique proposant la connexion à Internet.

Un lundi par mois, la foire de Sighet draine les paysans de la région qui arrivent par grappes, avec chevaux et charrettes. Dans leurs caisses de bois, les cochons attendent un acheteur, protégés du soleil par de verts branchages qui leur procurent un peu de fraîcheur. Parfois, l'acquéreur n'a qu'un sac à provision pour emmener sa nouvelle possession ; le porcelet est alors enfourné dans le sac, seule la tête dépassant. Dans le quartier des vaches et des veaux, les paysans échangent les nouvelles et discutent âprement les prix. Les chevaux sont stationnés par dizaines sur les parkings à charrettes. Pour venir à la ville, ils ont mis leurs longs pompons rouges accrochés aux oreilles. C'est pour faire joli, dit-on. Ou pour les protéger du malheur, c'est selon. Pour les fêtes, un cheval sans pompon serait comme une fille sans foulard ! Ceux qui sont à vendre doivent démontrer leur capacité de travail. L'exercice consiste pour la bête à tirer dans une forte pente une charrette tous freins bloqués ; un grand spectacle digne de Ben-Hur qui attire nombre de spectateurs. Les Tsiganes excellent à ce jeu ;

debout sur les timons, ils fouettent leurs bêtes et les exhortent de leurs cris, pour qu'elles tirent au maximum, forçant la décision des acheteurs indécis.
Dans tout ce foirail, Vincent s'intéresse surtout aux petits animaux, veaux, porcelets, poulains, et décrète :
«Les petits sont plus mignons que les grands. J'aimerais bien rester petit. Dis, papa, est-ce qu'on peut prendre des remèdes pour ça ? »
Les commerçants sont venus de toute la région, jusque de Bistrița, pour proposer lames de faux, cloches pour les vaches, râteaux, tournevis et seaux en fer blanc. A la sortie du marché, un bourrelier expose un généreux étalage de cordes et de licols comme nous en avons tant cherché il y a peu. A côté, le cabaretier sert des chopes de bière pour accompagner les saucisses graisseuses.

Nous profitons de ce passage en ville pour faire quelques achats. Faire des courses ici relève du jeu de piste car si on trouve de tout, on ne sait jamais ce qu'on va trouver et où ; c'est à chaque fois la surprise. Dans une épicerie, il n'y a pas de confiture mais nous y trouvons du cacao. Dans une autre, il y a de la confiture mais pas de thé. Comment chaque commerçant fait son choix de produits, restera pour nous un mystère. Pour acheter des cassettes pour notre magnétophone, nous entrons, selon notre logique, dans deux magasins marqués "Hi-fi, audio, TV". Mais ils n'ont pas ces marchandises que nous trouverons un peu plus tard dans… une parfumerie ! Il suffisait d'y penser !

L'ancienne prison de Sighet abrite le Musée des Victimes du communisme et de la résistance. Triste pan de l'histoire roumaine que cette dictature qui, de 1946 à 1989, a opprimé les corps et souillé les esprits. Une histoire de terribles répressions et d'indicibles souffrances.

La Roumanie au 20e siècle

Le visage de la Roumanie actuelle s'ébauche en 1859 avec l'union des deux principautés de Valachie et de Moldavie. En 1918, à l'issue de la guerre qui anéantit l'empire austro-hongrois, la Transylvanie, le Banat et la Bucovine, jusqu'alors parties intégrantes de l'empire, rejoignent la Roumanie.

Après la Deuxième Guerre mondiale, sous l'influence de Moscou, s'installe un régime communiste qui sera un des plus durs parmi les pays d'Europe de l'Est. Le développement se base sur le modèle soviétique avec collectivisation de l'agriculture et priorité à l'industrie lourde. Si la Roumanie prend rapidement ses distances avec l'URSS, cela ne signifie nullement une libéralisation du régime. Sous la conduite de Nicolae Ceauşescu, dictateur mégalomane, la Roumanie devient une prison surveillée par le tout-puissant Parti Communiste. Après une période de croissance et des déclarations qui pouvaient faire illusion, le régime communiste se solde par une situation économique catastrophique, la destruction du patrimoine culturel, et une terrible répression.

En décembre 1989, éclate la Révolution qui renverse le dictateur ; le couple Ceauşcescu est aussitôt exécuté. Les premières élections portent à la présidence Ion Iliescu, ancien dirigeant du Parti communiste. Ce qui apparut d'abord comme une révolution populaire se trouva vite confisqué par les anciens responsables du régime déchu.

Et maintenant

La situation économique reste extrêmement difficile, le pays étant gangrené par la corruption. L'entrée dans l'Union Européenne est maintenant le principal objectif de la Roumanie.

C'est ici, à la prison de Sighet, qu'à partir de 1948 ont été emprisonnées les élites du pays : dignitaires du précédent gouvernement, prêtres et évêques catholiques, intellectuels ainsi que les paysans s'opposant à la collectivisation des terres. Dans les sinistres couloirs, s'alignent les cellules des prisonniers. Photos et textes rendent présente la mémoire des opposants au régime communiste. Quelques dessins stylisés des tortures pratiquées, accrochés dans une cellule nue, en disent plus que de longs discours. La collectivisation forcée des terres, les déportations de familles

entières vers les camps de travail, la répression contre les intellectuels et les religieux, les traitements en asiles psychiatriques, la destruction du patrimoine architectural, tout ce qui fut si longtemps secret, est étalé là devant les yeux du peuple roumain.
Eclairs d'espoir parmi toute cette désespérance, les prisonniers continuaient à faire vivre la vie, tant bien que mal : on y voit un dictionnaire anglais-roumain rédigé par un prisonnier durant son incarcération pour ne pas se laisser abattre et garder ses facultés intellectuelles, une poésie écrite dans cette obscurité profonde et cousue sur une chemise, une anthologie de poèmes en français recopiés de mémoire, un jeu d'échecs fabriqué avec des bouts de chiffons. Un homme avait fait passer un savon à sa femme prisonnière, et comme il n'avait pas le droit de lui écrire des lettres, c'est sur le savon qu'il avait gravé les mots « Je t'aime ». Au cœur de l'enfer, quand l'homme est capable du pire, reste toujours une lueur d'espoir, et dans les situations extrêmes, les êtres se révèlent profondément.

Dans la "cellule Vişovan" au-dessus de chaque lit, une photo de jeune homme présente les premiers étudiants incarcérés ici et ce que fut leur destinée. Justement, Aurel Vişovan qui a donné son nom à la pièce, est de passage au musée ce matin, sur les lieux du supplice dont il veut témoigner « pour les jeunes ». C'est un beau vieillard, le front dégarni, à l'allure noble. De sa vie de prison, il a gardé une maladie, perdu un poumon, et sa maigreur le fait paraître frêle malgré sa haute stature. Mais on sent en lui la force de l'esprit et de l'âme qui n'ont jamais plié et qui ne plieront pas. C'est en français qu il nous conte ce que fut sa vie :
« Après la guerre, j'étais étudiant, et avec mes camarades, nous avions fondé une organisation chrétienne nationaliste pour résister au communisme dans les centres universitaires. Nous ne prônions pas la lutte armée qui était tout à fait impossible, mais le seul fait d'énoncer nos idées était un crime. J'ai été arrêté dès 1948 et condamné à dix ans de prison. Ils m'ont remis en liberté en 1958, pour dix jours, puis j'ai de nouveau été arrêté et jugé, de nouveau condamné, cette fois à vingt-cinq ans. Mais en 1964, après seize années de détention, j'ai bénéficié de l'amnistie générale et j'ai été libéré.
J'ai été incarcéré ici, dans cette salle. Ce lit, que vous voyez-là avec mon nom, je l'occupais seul au début puis nous avons été deux par lit,

puis trois, au fur et à mesure qu'ils remplissaient les prisons. Parmi nous, il y avait des mouchards, mais nous ne le savions pas. A la moindre incartade, nous étions torturés et mis au cachot qu'on appelait la chambre noire (à quelques mètres de là, la cellule en question, étroite et nue, sans fenêtre ni lumière, présente juste des chaînes scellées au sol).
Comme nourriture, le matin nous recevions du maïs bouilli, à midi une soupe claire avec quelques morceaux de pommes de terre et des haricots, et le soir une soupe encore plus claire. Ils voulaient nous affamer. En 1951, j'ai eu l'occasion de me peser : 52 kilos (il mesure 1,80 m). Nous, nous étions jeunes, enthousiastes, nous pouvions trouver la force de survivre, mais beaucoup des personnes âgées incarcérées ici sont mortes.
J'ai été questionné par la Securitate[1] ; la peine de mort avait été votée et ils m'ont dit que je serai peut-être condamné à mort. Quand je suis revenu dans la cellule et que j'ai dit cela à mes camarades, ils ont commencé à chanter et à battre des mains. La mort ne nous faisait pas peur. Dans ma toute première cellule, j'avais écrit sur le mur : Il n'y a pas de prison qui puisse nous épouvanter. Mais à Piteşti, j'ai compris la vanité d'un tel propos. »

M. Vişovan évoque ensuite les différentes prisons qu'il a connues, de sinistre mémoire pour l'histoire roumaine : Gherla, la mine de Baia Sprie, Satu Mare, Cluj, Jilava... Mais la plus dure, l'innommable, ce fut Piteşti, un de ces lieux où toute humanité semblait perdue à jamais, où l'on atteignait le fond du désespoir. Selon le programme de "rééducation des étudiants", les prisonniers torturés, humiliés, brisés, devaient se faire tortionnaires de leurs compagnons. Aurel Vişovan a connu pendant deux ans l'enfer de Piteşti, vivant dans sa chair et son âme, le mal dans toute sa nudité.
« Cette prison-là a presque réussi à nous détruire. Certains de mes camarades qui étaient pourtant très courageux, sont devenus tortionnaires... par la torture qu'ils avaient eux-mêmes subie. Nous étions au fond du désespoir, prêts à mourir. Mais ils voulaient nous empêcher de mourir ; la torture était pratiquée jusqu'au point où on nous maintenait tout juste en vie.

---

[1] Securitate : féroce police secrète du régime communiste

Je ne suis pas devenu moi-même tortionnaire car j'étais à moitié fou. Un jour, j'ai décidé d'en finir avec cette vie d'horreur. Je n'en pouvais plus. J'avais prévu mon plan : lors de la promenade dans la cour, j'avais repéré un passage où je pouvais sauter deux mètres en contrebas. Si je tombais la tête la première sur le béton, je serais délivré. La nuit précédente, j'ai prié. Mais le lendemain, lors de la promenade, juste à l'endroit où je voulais sauter, se tenait le chef des tortionnaires, un ancien camarade, et il m'a barré le passage avec ses bras. Je n'ai pas pu sauter. "Mon Dieu, mon Dieu, pourquoi m'as-tu abandonné ?", c'est le titre du livre que j'ai écrit sur Piteşti. »

A sa sortie de prison en 1964, il n'en avait pas fini pour autant avec le régime. Sa fiancée, enseignante, a subi nombre de pressions : « Si tu n'épouses pas Vişovan, tu seras nommée inspectrice » lui promettait-on.

« J'ai travaillé comme agent commercial dans une coopérative et un jour, en 1970, j'ai été envoyé à une foire-exposition à Bucarest. A l'époque, j'avais passé un examen de traducteur et j'ai profité de ce séjour dans la capitale pour aller chercher mon diplôme. Alors que je faisais la queue devant le guichet, j'ai retrouvé un ancien camarade de prison ; nous avons échangé quelques mots, deux minutes. Quand ensuite, je suis revenu chez moi, le secrétaire de la coopérative m'a demandé qui j'avais rencontré à Bucarest. Ils savaient que j'avais discuté quelques instants avec ce camarade. M'avaient-ils suivi tout le temps de mon séjour à Bucarest ? Alors je leur ai dit : Si vous me suivez ainsi jour et nuit, la vie est impossible ; vous feriez mieux de me fusiller tout de suite. Comment vivre quand on est toujours surveillé ? »

Soudain, il s'arrête, l'air las et triste, comme si le souvenir de cette vie remontait soudain en une grande bouffée de désespoir.

« Je n'ai pas besoin d'en dire plus, cela suffit. »

Accoudé à la rambarde du couloir, au-dessus des grillages qui empêchaient les prisonniers de se jeter de l'étage, il se met soudain à réciter un poème en français. Verlaine.

« Les sanglots longs des violons de l'automne
Blessent mon cœur d'une langueur monotone.
Tout suffocant et blême, quand sonne l'heure,
Je me souviens des jours anciens, et je pleure »

Impressionnée par la force d'âme de ce beau vieillard, et n'osant trop le déranger dans ce voyage vers le passé et la douleur, je demande doucement :
« Pleurez-vous encore sur les jours anciens ? »
Il réfléchit quelques instants et répond d'une voix douce :
« Non, maintenant je ne pleure plus sur le passé »
Je n'ose lui demander s'il pleure sur le présent de la Roumanie. Mais, comme une réponse à cette question muette, il s'adresse à Ildikó :
« Vous les jeunes, il faut que vous parliez haut et fort, il faut lutter contre la corruption qui se généralise. Nous avons perdu la fierté de nos ancêtres Daces[1], mais peut-être le peuple peut-il de nouveau faire quelque chose. C'est à vous les jeunes de le faire, vous êtes notre espérance. »
Appel au secours pour l'avenir, appel pathétique chez cet homme qui a sacrifié une partie de sa vie pour ses idées, pour son pays, et qui voit bien que la jeune génération n'est plus de cette trempe. Appel désespéré ou encore porteur d'espoir ? Car si la Roumanie est sortie du cauchemar, elle attend toujours un rêve.
Aurel Vişovan porte le même regard vif sur le présent :
« Pour la révolution de 1989, les communistes s'étaient bien préparés, mieux que le peuple. Ils savaient que le régime tomberait et ils se sont mis aux bonnes places. Tout continue comme avant. Maintenant, nous avons la liberté mais la vie est si difficile. Peut-être les jeunes réussiront-ils à faire quelque chose ? Il faut qu'ils aient de l'âme, de l'enthousiasme. Mais j'ai bien peur que les jeunes d'aujourd'hui manquent d'idéal. »

Extrêmement touchés par ce témoignage et par les efforts qu'il demande à son auteur, nous ne savons comment le remercier. Que lui offrir d'autre qu'un chant de paix, celui que Vincent a appris à l'école et que nous fredonnons souvent le soir en famille. Dans ce couloir qui vit le pire de l'être humain, groupé autour d'Aurel Vişovan, nous entonnons ce refrain d'espoir où se mêlent nos voix portées par l'émotion et celles des enfants.

---

[1] Daces : peuple indo-européen, apparenté aux Thraces, qui vivait sur le territoire de l'actuelle Roumanie quelques 2000 ans avant notre ère. Leur chef, Décebale, s'illustra dans sa lutte contre l'empire romain (101 – 106 après J.C.)

« La paix, c'est comme un cadeau, un cadeau si merveilleux
La paix, c'est comme un cadeau, un cadeau qui vient de Dieu. »

Dehors, la cour est restée en l'état avec ses hauts murs d'enceinte surmontés de barbelés et de miradors. Butant contre le mur, sans espoir, un groupe d'hommes et de femmes, nus, sculptés dans le bronze, pétrifiés de souffrances. A ces corps et visages torturés, l'artiste a donné le nom de "Convoi des Sacrifiés". Certaines de ces formes humaines n'ont plus qu'un bras, d'autres n'ont plus de visage, quelques-uns lèvent les bras, implorant, lançant leur cri d'appel au secours vers le ciel qui ne répond pas ; d'autres se cachent le visage dans les mains ou prient. Un peu à l'écart du groupe, un homme seul, décapité, tend le bras. Nous y voyons le symbole de l'oppression, privant l'homme de sa faculté de penser, de réfléchir, de raisonner par lui-même, n'en faisant plus qu'un robot sans cerveau. Mais le guide nous explique que le sculpteur a voulu y mettre Saint Jean-Baptiste décapité, venant parmi les sacrifiés pour leur redonner espoir. Nous préférons garder notre interprétation.

Un couloir extérieur nous fait ensuite descendre vers un étonnant dôme de béton à demi enterré où l'on accède par une lourde porte ; c'est le mémorial, lieu de souvenir et de prière, une salle nue, circulaire avec au centre un bassin recouvert d'eau.
En haut de la coupole, une ouverture sur le ciel en forme de croix laisse passer un rayon de soleil qui tombe en oblique sur le bassin, instant de lumière dans ce béton froid. Symbole d'espoir jusque dans la nuit la plus profonde, même si cette ouverture vers la lumière est bien loin là-haut et semble inaccessible à l'homme écrasé à terre. Un lieu où s'asseoir et méditer, se laisser imprégner par toutes ses émotions au contact de cette terrible histoire qui nous parle de la Roumanie bien sûr, mais aussi et peut-être surtout, de l'être humain.

Le lendemain, c'est László, un espérantiste habitant Sighet, qui nous guide vers le cimetière des pauvres, à la sortie de la ville juste au bord de la Tisa, face à l'Ukraine. Vu de la route, rien ne distingue ce champ parmi les autres, si ce n'est quelques croix blanches. C'est là qu'étaient enterrés, la nuit en secret, les prisonniers politiques décédés à la prison dans les années 1948-50. Comme on ignore où sont précisément enfouis les corps, notamment celui de Iuliu Maniu, le président du Parti National Paysan, on a simplement dressé des croix de bois en y gravant les noms des personnalités politiques et intellectuelles qui ne sortirent pas vivantes de ce qu'on appelait "la Prison des Ministres", tant y étaient nombreux les membres de l'élite politique et intellectuelle.

Après deux jours passés à découvrir cette triste histoire que nul ne peut plus ignorer, le visiteur se demande comment les Roumains peuvent encore voter pour les anciens communistes reconvertis en démocrates présentables. László y apporte sa réponse :
« Voter communiste, ce n'est pas une question de morale, ce n'est pas une question de logique, c'est seulement l'espoir d'avoir le ventre plein. Il s'agit de savoir si demain on va manger, si demain nos enfants pourront aller à l'école. »
Tout va tellement mal dans le pays que l'on vote systématiquement pour l'opposition dans l'espoir d'une amélioration. Quand le quotidien est trop difficile à vivre, on ne veut plus se souvenir des horreurs du passé. Hier à la prison, Aurel Vişovan avait utilisé un mot que nous avions tout de suite compris même s'il ne figure pas dans le dictionnaire : le peuple roumain est «embêtisé» avait-il dit, expliquant qu'après cinquante ans de communisme, les gens ont renoncé à penser, à réfléchir.
Sans doute, la célèbre opposante Doina Cornea ne réfuterait-elle pas ce vocable "embêtisé", elle qui fut l'une des rares dissidentes à contester ouvertement le régime de Ceauşescu, qui continue son combat et écrit dans ses livres :
« Un seul mot, une simple dénonciation, souvent mensongère, pouvait valoir la prison à vie... Ce régime a détruit notre être intérieur et la pensée... (Ceauşescu) a réussi à installer en Roumanie un climat d'oppression totale, de contrôle absolu sur les individus. Il a réussi à maintenir la population dans un état de peur permanente. Et de ce fait, il a détruit l'âme de tout un peuple, les relations les plus naturelles qui lient un être humain à un autre, il a détruit notre société civile, il a détruit notre être intérieur. »
Quand un peuple tout entier a connu la nuit de la faim et du froid, la nuit du mensonge et de la peur, mettant les esprits en confusion et déraison, quand les consciences ont été mutilées, la liberté confisquée, quand la délation a été érigée en devoir civique, il faut du temps aux peuples pour renaître à la liberté.

Pour trouver des responsables à la difficile situation actuelle de la Roumanie, László accuse l'Occident, les entreprises européennes qui achètent à très bas prix des entreprises roumaines en difficulté, obtiennent du gouvernement roumain des aides substantielles (pas d'impôts, privilèges…), imposent leur loi, corrompent les hommes politiques roumains. Il a des mots très durs :
«La Roumanie et l'Albanie sont les parias de l'Europe ».
Nous sommes la poubelle de l'Europe, nous dira plus tard un intellectuel. Si nous reconnaissons volontiers que l'Occident a sans doute une grande responsabilité, nous ne pouvons passer sous silence les gouvernements locaux corrompus qui se moquent bien de leur peuple, s'enrichissant honteusement. Mais László justifie en quelque sorte la corruption : comme on ne sait jamais de quoi demain sera fait, on saisit l'occasion qui se présente quand on a l'opportunité d'avoir de l'argent aujourd'hui.
Nous ne voulons pas aller plus loin dans la discussion avec notre hôte, mais nous pourrions émettre le doute que le président et ses ministres en soient à se poser la question de savoir s'ils auront à manger demain ! On plaisante beaucoup ici sur le fait que quand un haut fonctionnaire arrive à un nouveau poste, il est souvent fâché parce qu'il ne trouve plus assez d'argent pour s'enrichir, ses prédécesseurs ayant déjà tout raflé ! La corruption gangrène tout, des plus hautes personnalités au plus petit employé, et le fléau menace la vie du pays.

Ildikó se dit choquée par ce phénomène mais comme la plupart de ses concitoyens, elle accepte la situation avec un certain fatalisme. Elle nous rapporte par exemple que lorsque sa mère a récemment été opérée, le médecin a demandé un "cadeau" substantiel, condition pour que sa patiente soit bien soignée. Ecœurement devant un tel comportement, mais que faire sinon baisser la tête ? Même si théoriquement, cela la choque, elle dit que chacun accepte la situation et essaie de tirer son épingle du jeu dans la situation difficile que connaît la Roumanie, pour faire vivre au mieux sa famille : le garde-forestier monnaye les coupes de bois appartenant à l'Etat, le chirurgien se fait payer sous la table pour s'occuper correctement de ses patients…
Mais nous lui rétorquons que si on peut le comprendre au niveau individuel, mais non le justifier, un tel système institutionnalisé à tous les échelons de la société, ne peut pas faire fonctionner un pays

correctement. Et dans cette histoire, ce sont toujours les "petits", ceux qui n'ont rien à négocier, aucun pouvoir à monnayer, qui sont les perdants. Et ce sont ceux qui sont déjà favorisés par le système, qui en tirent encore profit.

La journée démarre sous un temps gris, froid et venteux, et c'est encore sous la pluie que nous démontons les tentes après avoir envoyé les enfants se mettre à l'abri avec Ildikó dans une des premières maisons du village. Ils y complètent avantageusement leur petit-déjeuner avec les noix et les pommes dont on les gave.
Au village de Berbeşti, nous interrogeons les villageois pour savoir s'il existe un chemin qui nous éviterait de suivre la route, mais nous avons beau questionner à de multiples reprises, nous ne trouvons rien. L'expérience nous a montré bien des fois que lorsqu'on leur demande un tel renseignement, les gens du crû croient toujours bien faire en nous indiquant le chemin le plus simple, le plus évident même si nous leur répétons que « non, nous ne voulons pas aller sur la route, nous cherchons autre chose ». Alors que nous quittons le village, une femme interrogée tout à l'heure, court après nous pour nous indiquer qu'au bout du pont que nous allons bientôt franchir, un chemin sur la droite permet de rejoindre Guileşti.
Ce sentier débute par une formidable déclivité à aborder avec précaution puis passe de prairie en champ de maïs en suivant la rivière. Mais quand nous voulons rejoindre le village que nous apercevons sur notre gauche, la route nous est barrée par des barbelés. Une exploration du terrain montre que la voie de droite est bloquée par un cours d'eau, et à gauche ce sont des champs de céréales et des jardins qui font barrière. Il y aurait bien un tout petit passage entre le champ d'avoine et le potager bordé par un rang de pois à rames, mais tellement étroit que nous hésitons à y engager nos montures. Bruno assure qu'on doit pouvoir passer. Mais je maîtrise mal Doina qui ne sait plus où donner de la tête entre les tentations de l'avoine et les tiges de haricots.
« Mais enfin, c'est pas sorcier de mener un âne ; c'est incroyable que tu ne saches même pas faire ça ! » Bruno tempête contre mon incapacité à gérer Doina avec rapidité et efficacité et à lui imposer le rythme et l'endroit où passer.
« Quand vas-tu comprendre que c'est toi qui mènes l'âne, et pas l'âne qui te mène ? »

Puis le sentier s'élargit, mais pour remonter sur la route, reste à franchir un passage entièrement recouvert d'eau sur une bonne dizaine de mètres ; Bruno part en éclaireur avec Vera mais celle-ci serre au plus près de la barrière pour éviter la profondeur du milieu du chemin et elle accroche dans les barbelés. Elle sent bien la résistance sur son chargement mais continue à tirer et inévitablement… ça casse. Toutes les lanières de la sacoche sont décousues. Le paquetage tient encore en place, mais il va falloir réparer cela au plus vite.

A l'entrée de Guileşti, un petit motel vient d'ouvrir, deux constructions en bois se donnant des allures de saloon, avec un restaurant et quelques chambres. Le patron qui se prépare à partir au volant de sa Mercedes, nous a vite repérés et nous suggère de passer la nuit dans son établissement. Il ne fait pas camping mais le terrain à côté en fera office. Dans le restaurant où nous nous installons pour dîner, tout est neuf, propre, joliment décoré de boiseries et poteries. Une seule anomalie dans cette construction : la hauteur du bar. Il m'arrive à hauteur du front ; pas idéal pour consommer ! Il faut faire un bon mètre quatre-vingt pour pouvoir s'accouder à l'aise au bar ! Ce qui doit en réduire considérablement la clientèle.
Le menu qui ne comporte que des plats de viande, nous fait choisir plutôt un potage, mais la traduction de "ciorbă de burtă", soupe de tripes, ne nous dit rien qui vaille même si la serveuse nous assure que c'est délicieux. Nous nous contenterons de la "soupe paysanne", une soupe de légumes, des frites et de la salade de choux. En attendant le service, nous sirotons une bière et les enfants se régalent de coca-cola. A la table voisine, l'homme qui parle deux ou trois mots de français offre un second coca à Vincent.
Ce soir, le petit restaurant n'accueille que nous-mêmes et quatre autres convives ; pas de quoi paniquer pour les quatre employées qui s'activent entre la cuisine, le bar et la salle. Ce qui nous fait augurer d'un service rapide. Mais il nous faudra quand même attendre une heure trente pour voir arriver notre repas sur la table ! Notre commande était pourtant extrêmement simple, transmise en roumain par Ildikó, mais la serveuse est revenue à notre table quatre fois pour nous la faire confirmer. Et la facture ne comporte pas moins de quatre erreurs !
Dans la tente, Vincent ne cesse de rigoler :
« Ça pue des pieds ici ».

Il est bien évident que lorsque trois personnes qui ont transpiré et pataugé dans la boue toute la journée, enlèvent chaussettes et chaussures mouillées dans l'étroit habitacle qui constitue notre abri, l'air ne peut être que délicatement parfumé !

Ce matin, tout va mal : Ildikó a passé la nuit à vomir le mélange de bière et de frites ingurgité hier soir, Bruno a mal dormi, Sarah a la diarrhée pour avoir mangé trop de noix hier, il pleut et pour comble de bonheur, pendant la nuit les ânes ont rongé la belle barrière toute neuve à laquelle ils étaient attachés. Ce qui risque de nous valoir les foudres du patron qui parade dans la cour en costume-cravate. Vera aussi doit avoir passé une mauvaise nuit et ce matin, son caractère s'en ressent ; alors que Bruno se prépare à la bâter, elle lui saisit soudain la cuisse gauche et enfonce un coup de dent traître dans la chair. Bruno est tellement surpris qu'il ne réagit pas ; si nous nous méfions des réactions de Doina, par contre, Vera, douce et calme, toujours tête baissée, ne nous a jamais inquiétés. Il faudra donc la surveiller elle aussi. La chair meurtrie et les marques violacées sur la cuisse seront un rappel mémoire pour Bruno pendant quelques jours.

C'est aujourd'hui fête religieuse, mais la cérémonie des rogations n'a attiré que quelques fidèles pour demander la bénédiction divine sur les récoltes et les champs. Peut-être pourrions-nous en profiter pour implorer le saint patron des randonneurs, qu'il nous accorde beau temps et ciel clément ?
Le jeune pope vient faire connaissance avec nous, tout fier de prononcer les quelques mots de français appris lors d'un stage à Besançon. Il regrette d'avoir eu si peu de monde à la messe car « les gens ont préféré aller à la foire à Ocna ; ils font hélas passer la vie matérielle avant le spirituel. » Stefan nous invite ensuite à venir déjeuner chez lui, où son épouse nous sert une salade de tomates avec des fromages frais, une soupe et en guise de dessert, une voisine apporte une platée de beignets brûlants et légers. Si notre prière du matin pour la météo n'a pas été entendue, par contre l'hospitalité nous est dispensée si généreusement ici que nous ne savons comment remercier.
De retour au motel pour récupérer notre équipage, une employée nous explique que nous devons faire enregistrer nos passeports. Réminiscence des temps anciens où tout étranger était dûment

enregistré et surveillé ? Il paraît qu'un policier est venu en notre absence s'enquérir de ce que nous faisions ici et souhaite connaître notre identité. Cette démarche nous paraît totalement incongrue puisqu'il n'y a plus aucune obligation d'enregistrement. Mais ne voulant pas avoir d'histoires avec la police roumaine qui ne passe pas pour être d'un niveau intellectuel extraordinaire, nous écrivons gentiment sur un papier nos noms, prénoms et numéros de passeport. Voilà qui devrait satisfaire le chef de la police. Les Roumains adorent raconter des blagues sur leurs pandores, du style :

Deux policiers se promènent en pleine campagne ; c'est bien connu, ils ne sont jamais là où ils devraient être, c'est-à-dire en ville pour y attraper les voleurs et non au milieu des champs. L'un regarde le ciel, et soudain, se met au garde-à-vous. Son collègue est surpris : « Mais qu'est-ce qui te prend ? » « Regarde, là-haut, c'est l'hélicoptère du Président ! » L'autre relève la tête et regarde lui aussi vers le ciel, mais reste de marbre : « T'es malade, si c'était l'hélicoptère du Président, y aurait des motards devant ! »
Ou encore celle-ci, typique du régime de Ceauşescu : Pourquoi les policiers roumains vont-ils toujours par trois ? Parce que l'un sait lire, l'autre sait écrire, et le troisième surveille les intellectuels !

Notre démarche effectuée, il est finalement 17 h quand nous quittons le motel. Un peu tardif pour démarrer une journée de randonnée, d'autant plus que nous partons avec une sacoche déchirée qui a besoin d'urgence d'une réparation. Renseignement pris, un cordonnier habite Guileşti, d'ailleurs "tout près d'ici". Un passant nous indique un chemin de terre qui grimpe et « en allant tout droit, vous arrivez tout de suite chez le cordonnier ». Ildikó part en éclaireur avec Vincent pour savoir si l'homme est chez lui, et nous attendons en bas avec Sarah et les ânes sur le bord de la route. Le temps passe. Une heure après, ils ne sont toujours pas de retour et nous commençons à nous inquiéter, craignant qu'il ne leur soit arrivé quelque chose de fâcheux. Alors que Bruno s'apprête à partir à leur recherche, Vincent arrive en courant, dévalant le sentier, les pieds trempés, les jambes couvertes de boue.
« Et bien dis donc, c'était loin le cordonnier ! On a marché longtemps, longtemps ; les gens à qui on demandait, disaient toujours que c'était tout près ; on a traversé des champs, des jardins, on était un peu perdu,

mais les gens disaient toujours : oui, oui, c'est par-là, tout près. Le monsieur va venir voir la sacoche ici. »
Effectivement, un homme arrive avec son matériel pour faire la réparation sur place, mais ayant jugé du travail à faire, il nous propose de l'accompagner chez lui où il sera plus à l'aise pour travailler, et où nous pourrons dormir ce soir.
Une fois les ânes attachés court près d'un arbre et nourris d'une brassée de foin, nous avons du mal à placer les tentes car il n'y a pas un seul pouce de terrain plat. Entre la haie de cassis et un rang de haricots, nous dormirons un peu en pente, mais cela ira pour une nuit.
Bruno profite de ce séjour chez un cordonnier pour faire réparer ses chaussures qui ont grand besoin de mains expertes pour les guérir d'une douloureuse maladie.

Ces chaussures, ce sont celles qui ont fait le tour du monde, pendant huit ans, du début à l'arrivée, et il y tient comme à la prunelle de ses deux yeux. Elles ont connu la boue des chemins et les parquets des ambassades, et il les aime d'amour ces godillots, pour les louables services qu'ils lui ont déjà rendus et pour le symbole d'universalité qu'ils représentent, eux qui ont foulé tous les sentiers de la terre et ont été réparés par tous les cordonniers du monde, à coups de pneus et de pointes. Elles se sont faites à lui et lui à elles ; elles lui ont toujours été fidèles et l'ont véhiculé sur le bitume, sur les cailloux, sur les pistes de latérite, sur le sable des déserts et dans tous les champs de la planète.
Huit ans de tour du monde et une nouvelle aventure dans les Carpates : pour des chaussures, c'est aussi une belle preuve de longévité dans notre monde où l'éphémère semble vertu majeure ; elles sont le symbole d'une économie durable, viable et généralisable, loin des modes passagères. Pour Bruno, durée et sobriété riment avec félicité.
Un cordonnier roumain fera désormais partie de la grande famille des artisans du monde entier qui ont eu l'honneur de travailler sur ces respectables croquenots. Mais dès le lendemain, Bruno pestera contre « l'art du travail mal fait, trop courant en Roumanie », quand les coutures tout juste réparées craqueront à nouveau. Peut-être refuse t-il de regarder en face la triste vérité : ses admirables chaussures sont atteintes d'une maladie incurable que même le cordonnier le plus expert ou l'hôpital pour chaussures le plus moderne ne pourrait soigner et il va devoir en faire son deuil.

Au matin, la femme du cordonnier qui hier soir, ne paraissait pas ravie de l'invitation que nous avait faite son mari, semble déridée et nous apporte une casserole de tisane pour notre petit-déjeuner. Sans doute en guise de préambule pour nous inviter ensuite à regarder les costumes populaires qu'elle a dans ses armoires et qu'elle se propose de nous vendre. Comme nous nous en étonnons, elle explique que ses filles sont parties en ville, qu'elles ne s'habillent plus comme cela et qu'elles ne sont pas intéressées de conserver ces vêtements.
Elle nous montre de superbes pièces tissées : pour les hommes, des chemises blanches à grandes manches bouffantes, brodées aux poignets et au col ; pour les femmes, de longues chemises brodées descendant jusqu'aux genoux, que l'on recouvre à l'avant et à l'arrière de tabliers aux larges rayures horizontales d'un rouge éclatant sur fond noir, qui tranchent sur le blanc lumineux des corsages ; et de lourds gilets de peau cloutés, ouvragés, garnis de gros glands de laine de couleurs vives. Ce costume traditionnel n'est plus guère porté qu'en de rares occasions et par les personnes âgées. Car la civilisation urbaine rejoint vite les vallées et impose son modèle standard.
On fait remonter jusqu'aux ancêtres Daces l'origine de certaines pièces du costume traditionnel ; les paysans du Maramureş actuel sortent pour les fêtes des vêtements assez semblables à ceux qu'auraient porté les esclaves emmenés à Rome par les empereurs conquérants au premier siècle de notre ère. Ce qui s'est conservé deux mille ans, témoin d'une culture et des valeurs du village, va-t-il disparaître en dix ans ? Certains de ces trésors, délaissés par une population en quête de modernité qui brade son patrimoine familial, partent à l'étranger, vendus aux touristes.
Le mouvement de l'Histoire semble le même partout : dans les années 1950-1960, combien de familles françaises se sont-elles débarrassées auprès de brocanteurs clairvoyants, de leurs armoires et coffres familiaux en merisier ou noyer, pour se meubler en moderne Formica ?

5 - UNE CIVILISATION DU BOIS

«Il pleut, il pleut bergère…. Sur le pont d'Avignon, on y danse, on y danse… » Cachées derrière le portail, des voix mêlées de rire entonnent ces chansons apprises à l'école. Un moyen de faire connaissance avec nous pour un groupe d'enfants qui a repéré notre arrivée au village de Sat Şugatag où nous pique-niquons à côté de l'église, à l'abri derrière une barrière, admirable tressage de branches. La femme du pope qui a observé notre installation, vient nous offrir du lait pour les enfants et de l'eau chaude pour le thé. Vincent prend à peine le temps d'avaler son sandwich pour aller jouer à cache-cache avec les enfants derrière le portail.

Pour aller jusqu'à Mara, nous n'avons d'autre possibilité que de suivre la route, ce qui ne nous enchante guère car nous y sommes tenus à une surveillance constante des ânes et des enfants. Vincent qui vagabonde de-ci de-là, précédant l'équipage, revenant à nos côtés ou traînant un peu à l'arrière, aperçoit soudain des marguerites de l'autre côté de la route. N'écoutant que son grand cœur qui lui suggère de faire un beau bouquet pour papa et maman, il traverse sans regarder, ce qui lui vaut une sévère admonestation. Une voiture arrive à vive allure et nous sommes tous occupés à regarder Vincent pour lui enjoindre de ne pas retraverser.
Doina profite du fait que personne ne la regarde pour explorer s'il y a quelque chose de comestible aux alentours. Et ce qui lui arrive sous le nez à ce moment-là, c'est… la main de Sarah qui dort profondément sur le dos de Vera. Sans doute sans mauvaise intention, juste par curiosité pour voir ce que ce petit bout de chair rose pouvait avoir comme goût, Doina y va d'un coup de dent. Les hurlements de Sarah nous font nous détourner de Vincent qui attend toujours pour

retraverser la route. La blessure n'est pas grave ; Doina, prudente, n'a dû y aller que d'un léger coup de mâchoire pour d'abord goûter.
A ce moment-là, nous offrons le tableau d'une joyeuse randonnée familiale : coincés sur le bord de la route, nous devons tenir fermement les ânes, nous effrayant rétrospectivement du danger que courent nos enfants ; avec son bouquet de marguerites à la main, Vincent pleure de s'être fait gronder alors que son geste venait du cœur ; Sarah hurle de peur plus que de douleur ; Doina se fait rebattre les oreilles pour son geste inconsidéré… bref, tout va pour le mieux dans le meilleur des mondes. Dans ces cas-là, une petite pause permet à chacun de reprendre son calme pour repartir ensuite d'un meilleur pied.

Au village de Deseşti, un artisan termine un portail ; de par sa taille, celui-ci n'a rien à voir avec les portails monumentaux car les propriétaires nous expliquent qu'il n'est pas dans leurs moyens financiers de le faire sculpter. Ils se contentent de poser sur le haut une petite toiture décorée d'une dentelle de zinc. A notre demande d'un endroit où planter la tente, la femme répond par une invitation à dormir chez elle et met deux chambres à notre disposition. L'hospitalité est ici un miracle quotidiennement renouvelé ! Il ne se passe guère de jours sans que les enfants ne soient gratifiés d'un grand bol de lait et les gens s'inquiètent beaucoup à leur propos : sont-ils fatigués ? N'ont-ils pas froid ? Est-ce le fait de voyager avec des enfants qui nous fait bénéficier d'un tel accueil ? Ildikó y voit un élément supplémentaire, mais de toute façon, les gens d'ici sont naturellement accueillants.
Le soir, quand je ne tombe pas immédiatement de sommeil, je parcours quelques pages d'un livre dans lequel l'auteur qui a traversé la Roumanie à pied en 1934, rapporte les mêmes faits que ceux que nous vivons, s'étonnant à chaque fois de cette merveilleuse hospitalité sans cesse offerte. Pourtant, comme pour nous avant notre départ de France, des personnes qui n'étaient jamais allées en Roumanie, l'avaient mis en garde : « C'est un endroit terrible ! Ce sont tous des voleurs et des filous… » D'un siècle à l'autre, les préjugés ont la vie dure !

Nous étant installés dehors pour manger nos traditionnelles nouilles du soir, notre hôtesse vient partager un verre d'eau-de-vie avec nous.

« Un pic, un pic »
Mais une goutte, c'est toujours un plein verre de tord-boyaux à 70° !
L'artisan qui travaillait au portail, s'est approché de notre groupe pour engager la conversation, et Ildikó a droit à un questionnaire en règle sur nous et sur elle-même. Son prénom et sa ville, Târgu Mureş, la désignent de suite comme hongroise ; l'homme se montre alors agressif pour la prévenir qu' « ici, nous sommes roumains, nous ne parlons pas hongrois ! »
La Roumanie est en effet une mosaïque de peuples : à côté de la majorité roumaine, on y trouve une importante minorité hongroise en Transylvanie, des Allemands, des poignées de Serbes, de Slovaques ou d'Ukrainiens, des vieux-croyants russes, sans oublier les Tsiganes, victimes d'un très fort racisme. Dans le Maramureş aussi les peuples sont mélangés, mais dans les vallées de l'Iza, de la Mara et du Cosau où nous nous trouvons, la population est purement roumaine.

« Je ne croyais pas que je pouvais entendre cela dans mon pays. »
Ildikó est profondément triste et choquée de la réflexion de l'artisan, car si elle se définit d'abord comme hongroise, la Roumanie est son pays. C'est l'occasion d'évoquer avec elle les problèmes ethniques. Sujet difficile puisque qu'elle a connu adolescente les émeutes qui ensanglantèrent sa ville en 1990, opposant Roumains et Hongrois, laissant plusieurs morts et des centaines de blessés. On a su depuis que ces émeutes avaient été fomentées par un parti politique nationaliste. Nous nous reposons sans cesse cette question, maintes fois abordée dans différents pays où nous avons séjourné : pourquoi dans certains pays, comme la France, les différentes ethnies qui y sont venues vivre, se fondent-elles plus ou moins rapidement dans le creuset national, alors que dans d'autres pays, les peuples cultivent leurs différences pendant des siècles sans jamais se fondre en une même population ?
Ildikó réagit vivement à cette interrogation :
« Nous, les Hongrois, sommes un peuple à part entière, avec notre langue, notre culture, nos traditions, et la Roumanie, c'est notre pays. Nous n'y sommes pas venus comme des immigrés qui veulent se fondre dans leur pays d'accueil, nous sommes d'ici, tout simplement, et nous n'avons pas à devenir roumains au sens ethnique, même si nous le sommes par notre passeport. »
Elle a cependant beaucoup d'amis roumains et constate qu'à Târgu Mureş les différentes communautés s'entendent bien au quotidien

« quand elles ne se font pas manipuler par des politiciens ». Par contre, elle reconnaît que ses parents verraient plutôt d'un mauvais œil le fait qu'elle épouse un non-hongrois.

Hongrois et Roumains en Transylvanie

Ce séjour en Roumanie est pour nous l'occasion de revisiter l'histoire de la Transylvanie que nous ne connaissions jusqu'à présent que par nos amis hongrois de Hongrie. De leur part, nous avions appris que la Transylvanie était terre magyare depuis que ce peuple venu de l'Oural était arrivé vers le IXe siècle dans "une région déserte" et s'y était installé. Selon les historiens hongrois, ce n'est que beaucoup plus tard qu'arrivèrent des immigrés valaques, ancêtres des Roumains, qui devinrent peu à peu plus nombreux que les premiers occupants. Les Hongrois étaient donc "chez eux" en Transylvanie, terre dont le Traité de Trianon les avait dépossédés, suite à leur défaite dans la première guerre mondiale. Nous apprenions maintenant, en lisant des livres d'histoire roumaine, qu'il en allait tout autrement. Après le retrait de l'empire romain de la région, demeura à cet endroit un peuple de langue latine, les Daço-Romains, comparables aux Gallo-Romains, des bergers nomades qui vécurent là avec leurs troupeaux jusqu'à l'arrivée des Hongrois qui envahirent la région et les soumirent.
Joug dont ils ne furent libérés qu'en 1920, par le Traité de Trianon. La population hongroise de Transylvanie se retrouva alors coupée de ses compatriotes. Si l'absolutisme hongrois avait régné durement sur les Roumains jusqu'en 1920, ceux-ci devenus les maîtres, menèrent la vie dure aux Magyars. Jusqu'à ce qu'en 1996, un accord entre les deux pays prévoie que la Hongrie renonçait à toute réclamation territoriale en Transylvanie en contrepartie du respect des droits de la minorité hongroise par les autorités roumaines.

Vue de ce côté-ci de la frontière, l'Histoire que nous croyions connaître, n'apparaît plus aussi simple. Les deux camps échafaudent chacun leur version à leur façon, puisque les historiens ne disposent d'aucun élément, d'aucune preuve sur ce qui se passa à cette époque dans la région. Mais combien stérile paraît cette querelle sur le droit du "premier arrivant" quand l'arrivée en question a eu lieu, il y aurait mille ans pour l'un, deux mille ans ou sept cents ans pour l'autre. Pour les habitants actuels, quelle différence cela peut-il faire ? La discussion de ce soir fait écrire à Bruno dans le journal de bord :

"Pourquoi toujours opposer ces différentes identités qui font partie intégrante de bien des hommes ? Hongrois de Roumanie, Serbes de Croatie, Indiens de Malaisie, Tahitiens de Calédonie et tant d'autres qui se sentent appartenir à une ethnie et cohabitent avec d'autres sur une terre. Chacun vit avec plusieurs niveaux d'appartenance qui s'interpénètrent et se complètent. Pourquoi faut-il qu'ils se rejettent ?
J'aime à dire que je me sens à la fois Français des Mauges, Européen et citoyen du monde. Ces trois niveaux sont ma conscience profonde et indissociable. Je ne peux me définir autrement ; en moi ces trois sensibilités s'entrelacent sans que je puisse déterminer la limite de chacune. Appartenir à une seule de ces strates, locale ou nationale, ne m'est pas suffisant et me semble un schéma étriqué qui ne correspond plus à notre temps et fait trop penser aux querelles de clocher, au chauvinisme, au nationalisme. Le faux amour de la nation, lequel est exclusif, mène toujours les hommes à des antagonismes, des aveuglements, des obscurantismes.
Nos huit ans de nomadisme à travers le monde ont beaucoup contribué à modeler cette sensibilité capable d'apprécier la différence chez l'autre. De même que le fait de parler plusieurs langues et en particulier l'espéranto, et d'avoir pu ainsi tisser des liens avec des gens de partout, m'a fait changer mon regard sur le monde. Avec ce niveau de conscience espérantiste, je me sens appartenir à l'humanité toute entière et vibre à l'unisson du monde.
Se pose l'éternelle question : pourquoi faut-il que l'histoire de l'humanité s'écrive toujours avec des lettres de sang ? N'y aurait-il pas moyen de se comprendre sans avoir nécessité de s'égorger ? Comme si pour exister, les hommes devaient fonder leur vie sur des identités meurtrières et aveuglantes. Or, si je reconnais que celui qui me fait face est mon vis-à-vis, un autre moi-même, alors je n'ai plus envie de l'écraser mais plutôt d'entrer en relation avec lui. "

Dans cet "hôtel", la nuit va de pair avec le petit-déjeuner. Dans la cour, notre hôtesse a installé une nappe sur une luge renversée qui fait office de table, et nous y a servi la mămăliga au fromage et des merveilles de beignets gonflés et dorés. Pour manger plus tranquillement, sans pleurs ni colères, nous avons renoncé à vouloir à tout prix que les enfants mangent "ethnique". Ayant dûment expliqué la situation à notre hôtesse pour qu'elle ne s'en offusque pas, nos chers petits ont droit à leur cacao et le petit déjeuner se déroule alors dans une joyeuse ambiance

Dans la vallée, un joli coin herbeux et ombragé bordé de bosquets de noisetiers nous tend les bras pour une halte bien méritée après une marche sous le soleil qui cogne fort. Mais pour atteindre ce petit paradis vert, nous devons d'abord traverser un bras de la rivière. Peut-être nous faudrait-il débâter pour être certains que les sacoches ne baigneront pas dans l'eau, mais une reconnaissance du terrain nous permet de trouver les endroits les moins creux et nous y engageons Vera. Elle renifle l'eau avec suspicion puis avance doucement et réussit à passer sans mouiller nos bagages.
Doina devrait suivre sans problème comme elle le fait toujours derrière son chef de file, pensons-nous. Mais le courant lui semble sans doute trop fort et la rivière trop large pour qu'elle se risque ainsi. Coups de baguettes sur les fesses ou gentils encouragements ne lui font aucun effet. Elle se refuse obstinément à franchir l'obstacle. Jusqu'à ce que nous ayons l'idée de faire avancer Vera sur le sentier pour faire croire qu'elle s'en va. Là, notre entêtée n'hésite plus, paniquée à l'idée de voir partir sa copine, et s'élance pour un magnifique saut de biche, hélas trop court, qui lui fait plonger des quatre pattes dans la rivière, dont elle se sort en courant, pressée de retrouver sa coéquipière. Sans doute a t-elle de la difficulté à comprendre pourquoi nous ramenons ensuite Vera vers la rivière, fous de maîtres-âniers que nous sommes, lui faisant prendre des risques inconsidérés pour sa vie !
Sous la canicule, il n'est rien de plus agréable que de se tremper dans la rivière fraîche. L'occasion du grand nettoyage : bain, shampoing et lessive qui devenait vraiment nécessaire car le pantalon bleu de Bruno a tourné peu à peu au marron poussière. Le séchage du linge nous laisse le temps d'une bonne sieste, allongés parmi l'herbe et les fleurs, bercés par le chant de l'eau vive.

La traversée de Mara nous permet d'admirer de remarquables portails monumentaux et ayant appris qu'y vit un maître-sculpteur, nous décidons de lui rendre visite. Ion Bohotici, la soixantaine, avec de drôles de petites lunettes cerclées de noir, évoque avec passion cet art qu'il a commencé à apprendre à l'âge de 14 ans auprès d'un maître. Il en parle comme d'un « métier d'honneur ».
Le Maramureş est réputé pour son travail du bois où le génie bâtisseur du paysan grave à sa manière sa profonde spiritualité et sa vie tout entière. Modestes ou somptueux, les portails marquent la limite entre l'intimité du logis et le monde extérieur et à l'origine, étaient là pour mettre la maisonnée sous la protection des forces divines. Les artisans les sculptent pour en faire des portes de lumière. Etrange dentelle où voisinent les symboles chrétiens et les anciens rites païens du culte du soleil.
« Je ne sculpte jamais deux portails de la même façon. J'y mets des croix bien sûr, pour symboliser la gratitude du propriétaire envers Dieu qui l'a aidé à construire sa maison ; mais aussi des fleurs, le soleil, qui est la lumière, des sapins qui sont la vie, eux qui restent toujours verts quand les autres arbres sont morts l'hiver. Je sculpte aussi des tresses car la tresse, c'est l'entrelacement des membres de la communauté, c'est la paix, l'amitié entre les gens. Et aussi, la lune, les étoiles. »
Sur le portail qui garde l'entrée de sa maison, avec une porte cochère à deux battants et une porte piétonne, de riches et minutieux détails ornent les montants, tous amoureusement ouvragés, torsadés, véritable manuscrit de cette communauté paysanne. C'est avec fierté que Ion nous montre la "troiţă", la croix votive qu'il a placée au bord de la rue :
« Elle signifie que Dieu protège celui qui construit une maison. Au contraire d'un portail où on peut mettre beaucoup d'ornements, une troiţă ne peut avoir que des motifs religieux. Certaines croix peuvent faire jusqu'à quatre mètres de hauteur. »
Sur cette œuvre d'art, il a sculpté un portrait de la Vierge, un calice et la crucifixion. Malgré son coût considérable, l'art du portail, fort ancien, est en pleine expansion, comme on peut le voir d'après les dates toutes récentes gravées dans le bois au moment de la construction ou de la restauration.
Quand nous nous apprêtons à repartir, la fille de Ion insiste pour que nous restions chez eux et campions dans le jardin. A sa façon de nous

proposer l'hospitalité, nous sentons que ce serait lui faire offense que de refuser et nous installons notre tente à l'ombre des pommiers.

Comme nous désirons explorer un peu la montagne, nos hôtes nous ont suggéré d'aller rendre visite à un berger qui garde ses troupeaux non loin de là. L'intendante que je suis, a toujours quelques provisions d'avance dans les sacoches, pâtes, riz, saucissons secs et soupes lyophilisées, mais pour rester plusieurs jours dans la montagne, il nous faut emporter du pain. J'en ai cherché hier soir mais les deux boutiques étaient vides. La femme de Ion nous dépanne avec une miche et nous partons en quête de notre denrée dans les maisons du village.

Car c'est le plus souvent ainsi que nous procédons pour nous approvisionner. La moindre bourgade compte maintenant son magasin, ouvert quand son propriétaire n'est pas aux champs, mais celui-ci propose surtout des biscuits, des bonbons, et des bouteilles de bière qui dialoguent sur une étagère avec quelques boîtes de conserve. Chaque famille vit en effet en quasi-autarcie, avec une ou deux vaches, quelques moutons, un cochon, des poules, un potager et la farine de blé dont les femmes font le pain. C'est donc chez les paysans que nous achetons lait et fromage de brebis, œufs, miel, et à mesure qu'avance la saison, nous pourrons enrichir nos menus de fruits, concombres et tomates. La formule est plus aléatoire que le supermarché mais nous n'avons pas à nous poser la question de choisir tel ou tel produit, à hésiter entre vingt marques de yaourts, à faire le tri entre publicités, soldes, promotions ou fantastiques réductions, quand l'abondance et le trop de tout nous encombrent l'esprit et nous créent tant de problèmes.

Dans une des maisons sollicitées, la femme n'a plus de pain mais fait appel à sa voisine qui nous rapporte bien volontiers de quoi tartiner quelques sandwiches. Nous lui proposons, bien sûr, de payer mais elle refuse absolument. Comme nous insistons quand même, elle explique qu'elle « fait cela au nom de Dieu et qu'il est vraiment impossible de donner de l'argent pour une telle chose. »

C'est notre jour de chance puisqu'une autre voisine nous gratifie pareillement d'une grande galette fourrée de fromage. Nous sommes confus devant ces gestes venus du cœur, attentions pour son prochain, signes d'hospitalité envers celui qui passe. Les paysans du Maramureş sont profondément religieux et la foi imprègne leur vie quotidienne.

Souvent, on nous salue non par un simple « Bonjour » mais par l'expression « Laude-se Iesus » « Loué soit Jésus », à laquelle il convient de répondre « In veci, amin » « Pour l'éternité, amen », salutations qu'Ildikó n'avait jamais entendues ailleurs en Roumanie.

« Après le troisième pont, prenez un sentier sur la gauche ; nu-e departe, c'est pas loin, "imediat" » nous avait-on dit. Le chemin creux très escarpé est resté boueux des derniers orages. La montée dans ce raidillon est rude et pénible et nous progressons lentement, constamment freinés par nos bourricots qui hésitent toujours devant les flaques d'eau.
Au sortir du chemin ombragé, le grand soleil et la chaleur nous attaquent de plein fouet, le temps de traverser des prairies parsemées de meules de foin, sillonnées d'une multitude de traces qui partent en tous sens. Celle-ci, un peu plus marquée, serait-elle notre route ? Nous essayons nombre de pistes qui nous mènent à des culs-de-sac et nous obligent à rebrousser chemin pour chercher quelque chose qui ressemble plus au sentier principal. Après les champs de fauche, l'ascension dans la pente reprend.
« J'en ai marre de marcher ; où elle est votre bergerie ? » grogne Vincent.
La marche peut être volupté. Admirer la course des nuages, le frémissement de l'herbe sous le vent, humer l'odeur des meules de foin doré et la fraîcheur de la source qui murmure, ce sont là quelques-uns des extraordinaires privilèges du marcheur ; quelque chose en lui se met à l'écoute, il devient plus présent au présent et retrouve sa vraie place dans l'univers. Mais aujourd'hui, foin de romantisme et de beaux discours. Le cœur cogne dans la rude montée. Hommes et bêtes, suant et soufflant, peinent sous le soleil qui brille au zénith, et maudissent d'un même coup la montée qui n'en finit pas et les villageois qui nous ont annoncé la bergerie comme « imediat ». Un court répit nous est accordé quand nous pénétrons dans l'ombre bienfaisante d'une forêt de sapins. Mais bientôt le soleil fait sa réapparition dans une trouée entre les arbres qui annonce une clairière.

Là, le chemin se fait poussière et la tentation est trop forte pour Vera. La voilà soudain qui se couche. Vite, descendre Sarah ! Les ânes aiment à se rouler sur le dos pour se gratter et c'est ce que s'apprête à faire Vera, jugeant sans doute qu'après l'effort qu'elle vient de fournir, elle peut bien s'offrir un petit plaisir. Mais se rouler quand on est bâté avec de grosses sacoches, pose quelque problème. Vera doit le réaliser et s'arrête un court moment dont nous profitons pour lui enlever très vite son chargement. Heureusement que nous étions tout proches d'elle. Nous n'osons imaginer la scène d'horreur : Sarah écrasée sous le bât. Naturellement, Doina veut imiter sa copine et se couche également. Juste le temps d'enlever une seule sacoche, et déjà elle prend plaisir à sa roulade. Le deuxième sac valse aussitôt. Voilà bien le débâtage le plus rapide qui soit !

Il est 15 h ; la pause-déjeuner est plus que bienvenue. Rien de tel que la marche pour redécouvrir la vraie valeur des choses, l'enchantement de l'humble quotidien. Nous ne vouons pas un culte particulier à l'art de la table, même si nous apprécions les bons repas et la convivialité qui va avec. Mais après un tel effort, manger un bout de pain et de fromage, assis dans l'herbe, le nez au vent, voilà qui prend des allures de festin et nous rappelle que, décidément, le bonheur est fait de si peu de choses.
Alors que nous nous croyons seuls dans ce coin désert, nous voyons soudain apparaître quatre personnes qui descendent de la montagne, portant à bout de bras des paniers de myrtilles. Pour compléter leur trop maigre revenu, ils les vendront demain sur le bord de la route. Ils nous confirment que nous pourrons effectivement trouver une bergerie si nous descendons en contrebas, vers la rivière, puis si nous passons ensuite sur l'autre versant de la montagne.
La descente paraît difficile, glissant abruptement vers le cours d'eau. Mais en cherchant bien, nous trouvons un sentier mal tracé, qu'on devine de temps à autre entre les arbres. Je refuse catégoriquement que Sarah soit assise sur Vera pour cette descente et je la prends sur mon dos.
Tenant les ânes au licol, nous avançons doucement en sous-bois, veillant à ce que les sacoches n'accrochent pas entre les arbres. Il nous faut souvent dévier du sentier, pour trouver un peu plus haut ou un peu plus bas un passage plus large entre deux arbres. Vera avance tranquillement, prudemment, prenant le temps de choisir le meilleur endroit où poser ses sabots. On descend ainsi très lentement, petit à petit. Doina, elle, est beaucoup plus difficile à maîtriser parce qu'elle a peur ; voyant Vera avancer, elle est prête à faire n'importe quoi pour la suivre. Un peu plus loin, nous abordons un passage délicat, une

sorte d'escalier entre de grosses racines d'arbres, parfait pour des bipèdes mais plus difficile à négocier pour des animaux à quatre pattes. En arrivant enfin près de la rivière, nous poussons un ouf de soulagement. Ayant trouvé un passage à gué, nous remontons sur l'autre versant dans la pente herbeuse, pour arriver sur un plateau vallonné parsemé de bosquets de sapins, et un peu plus loin, nous apercevons, enfin, un troupeau de moutons. « La bergerie ? imediat, imediat ! » nous avait-on dit. Six heures de marche plus tard, nous y voici enfin !

L'étonnement des bergers est de taille, de voir débarquer dans leur solitude un tel équipage de visiteurs. Il y a là le berger, son aide de 16 ans et un vieil homme hirsute, aux vêtements rapiécés, qui rit tout le temps. Ils viennent de rentrer leurs troupeaux pour la traite, la troisième de la journée. Le travail est vite effectué car le soir les brebis ne donnent que peu de lait, et ils nous invitent dans leur cabane, près de l'enclos où les animaux sont parqués pour la nuit.
L'habitation est rudimentaire, une cabane de quelques mètres carrés faite de planches disjointes, le foyer occupant près de la moitié de l'habitacle. En l'absence de cheminée, la fumée nappe la cabane d'un nuage blanchâtre et piquant. C'est là que dort le berger, à même le sol, sur un sac plastique recouvert de couvertures poussiéreuses, près du tonneau de bois où le lait est mis à cailler. A côté, une autre petite cabane qui ne mérite même pas ce nom, juste un toit sous lequel on ne peut pas se tenir debout, abrite le vieil homme et l'apprenti. Dans l'enclos, un toit de planches, monté sur pilotis, sert à stocker les fromages, ceux qui finissent de sécher, et ceux en cours de fabrication qui s'égouttent dans des linges. Quelques pots en émail complètent l'installation rudimentaire. C'est là tout le domaine du berger, de mai à septembre.
Après avoir installé nos tentes sous les arbres, nous jouissons du fabuleux décor qui nous entoure, dans la sérénité précédant le crépuscule. A l'ouest, les sommets de l'Izvoare se perdent dans la brume du soir. Peu à peu, les traits s'effacent, les contours disparaissent et l'ombre ensevelit les formes. Vers l'est, apparaît bientôt entre les sapins un disque parfait, à la clarté orangée. C'est la pleine lune. Il ne reste plus comme signe de vie que des aboiements espacés de chiens qui dialoguent avec leurs collègues des autres bergeries disséminées dans la montagne. L'écho les renvoie d'un

versant à l'autre. Puis peu à peu, tout se calme ; seul demeure le murmure de la rivière en contrebas. « Mon auberge était à la Grande-Ourse… » écrivait Arthur Rimbaud. Sous cette pure clarté lunaire, perdus sur le plateau, haut dans la montagne, nous nous sentons hors du monde, hors du temps.

Les paysans du Maramureş sont plus éleveurs que laboureurs et ils attachent une grande importance à choisir le gardien de leurs précieux animaux pour l'été. Chaque année, les hommes déterminent la date du départ des troupeaux vers les alpages, suivant le temps et la pousse de l'herbe. Mais toujours aux alentours du 21 mai, jour de la St Constantin et Ste Hélène. Depuis l'autre monde, le patronage des saints empereurs protègera les éleveurs et leurs bêtes. Ce n'est point sans raison que le calendrier des travaux agricoles s'accorde souvent sur le temps de l'église. Temps de travail, de fêtes, de jeûnes, tout prend sens.
Une fête est célébrée pour la montée en alpages, raconte le berger avec de la joie dans les yeux. Les bêtes sont rassemblées dans l'enclos dont l'accès est interdit aux femmes qui risqueraient de faire "tarir le lait". Les propriétaires traient leurs brebis et la mesure du lait obtenu détermine la quantité de fromages qui revient à chacun pour la saison. La cérémonie terminée, le lait pesé et mesuré, place au festin sur l'herbe et aux réjouissances. A l'approche de l'automne, les bêtes descendront à mi-pente puis seront rendues à leurs propriétaires début novembre, quand tomberont les premières neiges.
« C'est pas fatigant comme métier, il suffit de marcher » raconte Gheorghe en riant. Ce métier, il l'a appris de son grand-père et de son père, mais son fils, 25 ans, ne poursuivra pas la tradition familiale. Il est parti chercher meilleure fortune en ville. Dans l'infini des herbages, la vie du berger est rythmée par les trois traites quotidiennes et la fabrication du fromage. Debout avant l'aube, dès 4 h, il part après la première traite vers les pâturages, toujours cheminant, ne laissant jamais le troupeau brouter au même endroit. La journée qui ne se finira qu'après 22 h, est entrecoupée par les traites de 11 h et de 18 h qui ramènent les brebis vers l'enclos.
Dès que les bêtes reviennent, nous nous tenons sur nos gardes, nous méfiant des chiens qui, hargneux, montrent les crocs. Hier, à notre arrivée, les gardiens du troupeau avaient dégringolé vers nous, retroussant les babines. Nous avions eu peur pour nos mollets et pour

ceux de nos ânes, mais quand ceux-ci avaient aperçu les chiens se lançant sur eux, ils s'étaient mis à braire et Doina s'était soudain tournée vers un des molosses qui cherchait à l'attaquer par derrière. A voir cet étrange animal aux grandes oreilles et au cri sonore, le féroce cabot dressé pour combattre ours et loups, avait pris peur et s'était enfui. Les bergers nous ont d'ailleurs mis en garde, nous demandant de ne pas trop nous écarter d'eux pour qu'ils puissent contrôler leurs chiens qui peuvent être dangereux. Et la nuit, du fait de notre présence ici, ils les tiennent exceptionnellement à la chaîne.

Les dix-sept propriétaires des animaux que garde Gheorghe, viennent à tour de rôle pour le ravitailler et l'aider à fabriquer le fromage. Le couple qui est monté aujourd'hui, nous fait profiter de sa provision de beignets et nous régale d'une sorte de yaourt fait de lait de bufflesse battu avec de la crème, étonnement frais dans la torride chaleur de midi.

La femme nous propose du pain, ce qui nous évitera d'avoir encore recours aux pâtes, et elle insiste pour nous donner une miche entière. Nous voulons payer mais c'est absolument impossible, elle refuse tout argent et explique qu'elle nous voit là, tout seuls dans la montagne avec des petits enfants, et qu'il est bien normal qu'elle nous donne à manger. Elle ne cesse de répéter : cela doit être difficile pour vous avec les enfants. Elle n'arrive pas bien à comprendre ce qu'on est venu faire ici, pourquoi on dort sous une tente, et s'émeut des petits qui doivent avoir froid la nuit. Devant cette débauche d'hospitalité et de bienveillance chaleureuse, nous ne pouvons qu'accueillir ce bonheur en toute simplicité et remercier.

Une bienveillance d'autant plus appréciée que l'état de santé de notre équipe n'est pas au plus haut. Bruno est mort de fatigue et a grand besoin de repos et Ildikó, fiévreuse, souffre d'un mal de gorge. Pour la réconforter, je lui prépare potage et tisane et la fait dormir près de moi dans la tente familiale.

Le soir, quand tout le monde est couché, je suis seule à lire à l'entrée de la tente, à la lueur d'une bougie. Le berger est descendu chez lui pour les fêtes de St Pierre et St Paul, et c'est son père qui est venu le remplacer pendant ce temps. Le vieil homme ramène peu à peu son troupeau vers l'enclos. Il est bien sûr au courant de notre présence ici, et quand les bêtes l'amènent vers la tente, il me salue poliment et soudain s'assoit devant moi, se laissant glisser le long de son grand bâton ; il reste là un long moment à observer, sans un mot. Je le regarde, lui sourit, et voyant qu'il ne désire pas entamer la conversation, je continue ma lecture. Au bout d'un long moment, il se relève et s'éloigne en me souhaitant bonne nuit.

La descente vers la vallée, le long d'un sentier indiqué par le berger, se révèle beaucoup plus facile que la montée. Mais ces jours derniers, nos ânes sont toujours restés attachés de peur qu'ils ne sèment la panique dans le troupeau de moutons comme ils l'avaient fait à l'arrivée, ou qu'ils ne se sauvent dans ces vastes espaces montagneux. Ils n'ont donc pas mangé suffisamment et décident de se mettre en grève : dès qu'ils aperçoivent un brin d'herbe, ils s'arrêtent net et il est absolument impossible de les faire avancer. Le plus sage est donc de leur accorder une pause-repas d'une bonne demi-heure pour qu'ils repartent rassasiés.

Le programme d'aujourd'hui est de retourner à Sârbi pour assister aux préparatifs de la noce qui va avoir lieu samedi et à laquelle nous sommes conviés. Dans l'après-midi, le temps se gâte ; des nuages noirs roulent dans le ciel, et bientôt de grosses gouttes, d'abord éparses, puis de plus en plus serrées, nous tombent dessus. Les conditions météorologiques nous décident à faire du stop pour épargner de nouvelles douches aux enfants et un peu de fatigue à notre interprète. Les voitures sont rares mais il n'est pas difficile d'en arrêter une pour y monter Vincent, Sarah et Ildikó qui nous attendront au village de Hoteni.

Plus d'arrêt toutes les dix minutes parce que Sarah glisse sur les sacoches, nul besoin de surveiller Vincent : nous marchons enfin d'un vrai pas de randonneur et les ânes, sans doute pressés d'arriver à l'étape pour se mettre à l'abri, suivent notre rythme sans rechigner.

A Hoteni, sous le soleil revenu, Ildikó bavarde avec les femmes qui se reposent de leurs multiples tâches quotidiennes. L'une d'elle nous propose de nous héberger pour la nuit mais nous décidons de continuer pour arriver à Sârbi ce soir en coupant à travers champs. Bruno avait sans doute présumé de ses forces, et les derniers kilomètres sur la route goudronnée sont pénibles pour lui quand s'enchaînent descentes et fortes montées. Les ânes pour qui la pause pique-nique du matin est déjà loin, cherchent constamment à brouter les bas-côtés, ralentissant encore la marche et usant nos nerfs.

Avant d'entamer la descente vers la vallée du Cosau, Bruno décide soudain de s'arrêter là pour la nuit, en plein champ. Pourquoi cette décision alors que nous ne sommes plus très loin du village ? Je ne comprends pas et souhaite continuer. Mais Bruno est inflexible : le décor est tout simplement grandiose, ses muscles réclament grâce et il juge inutile de poursuivre. Moment de tension. Assis à chaque bout du champ, chacun rumine dans son coin.
Pourtant, la journée n'est pas finie : il faut monter les tentes, faire la cuisine, s'occuper des enfants, après toute une journée de marche. Quelquefois on se prend à rêver d'une expédition organisée : on arriverait à l'étape, un ânier s'occuperait de nos bêtes, les tentes seraient montées et le repas préparé… Même si ce soir, coup de fatigue aidant, on rêve, nous ne pourrions sans doute pas supporter plus de quelques jours les contraintes d'un voyage organisé, y perdant notre précieuse liberté.
Après nos sempiternelles mais toujours appréciées nouilles à la sauce tomate, nous retrouvons la paix en admirant la beauté de ce soir d'été, quand d'un côté, le soleil se couche dans un ciel rougeoyant éblouissant et qu'à l'est apparaît la lune ronde sur l'autre flanc de la montagne, un flanc labouré, planté, semé, récolté par les hommes, avec partout des alignements de meules de foin. Nous sommes bien dans cette paix du soir, quand tout s'apaise dans la nature et en nous-mêmes ; il manque juste un feu de camp, selon Vincent. Mais nous n'avons pas de bois, et il ne serait pas opportun de faire repérer notre campement ici. A défaut de feu, nous allons chanter. Sarah est très en verve ce soir avec ses chansons sur les petits lapins, et pour ne pas être en reste, Vincent entonne « Riquiqui Johnny » et « Le gros chat qui court par-là ». Pour clore la soirée, Ildikó y va de sa chansonnette en hongrois.

6 - INTERLUDE POUR ÉCOUTER BATTRE LE CŒUR DU VILLAGE

La descente vers la vallée commence à travers les champs de fauche puis se poursuit dans un chemin creux, totalement encaissé entre les haies, un vrai chemin de notre bocage vendéen, tel qu'il en existait il y a bien longtemps. Le sentier longe une minuscule église de bois entourée de son cimetière où se dressent quelques croix finement sculptées. Ce petit sanctuaire à flanc de montagne, baignant dans la verdure, invite le voyageur à faire halte pour un moment de repos, de méditation.
Au village de Sârbi, nous nous installons sur le terrain communal derrière la salle des fêtes. Vasile, un voisin que nous appellerons de son surnom Mafioto, a tôt fait de venir faire connaissance pour nous proposer l'eau de son puits et du foin pour les ânes.

Les préparatifs de la noce commencent dès le mercredi. C'est l'affaire de toute la communauté. Parents, voisins, amis, tous sont sollicités. Chez Vasile, le marié, le portail a été refait de neuf il y a quelques mois et sa teinte claire brille au soleil. Une vigne habille le balcon de la vieille maison et ses feuilles vertes luisantes mettent en valeur le bois patiné par les ans. La cour bruit de tous les préparatifs. Le père du marié a sacrifié pour l'occasion une génisse et la quasi-totalité de son poulailler ; la viande cuit dans un grand chaudron. A la maison, les femmes s'affairent à préparer les pâtisseries : petits gâteaux secs par centaines, gâteaux roulés ou rectangulaires garnis de crème au chocolat ou à la vanille… De délicieuses odeurs envahissent la cour.

A la salle des fêtes, les hommes installent tables et bancs pour deux cent cinquante personnes ; ils ont abattu des arbres dans la forêt et ont taillé dedans de grandes planches qui posées sur des tréteaux, vont faire office de tables. De la même façon, ils construisent dehors une avancée en bois qui servira de parquet pour la danse. La salle prend son air de fête quand les murs sont habillés de tapisseries tissées et d'assiettes décoratives entourées de leurs étoles brodées. Une autre équipe de femmes s'est installée dans la cour derrière la salle, autour d'un grand feu pour faire frire les quelque mille trois cents boulettes de viande et les morceaux de bœuf pané.

Mafioto et sa femme, Maria, nous invitent depuis plusieurs jours à venir chez eux pour voir des costumes traditionnels. Leur maison de bois comprend trois pièces et un vestibule. Mais le couple et leur fille, Ioana, n'en occupent qu'une seule, la pièce centrale à feu, là où l'on vit quotidiennement, où se trouvent la cuisinière et deux lits.
Les deux autres chambres sont des pièces d'honneur, où on reçoit pour les fêtes, où s'exposent broderies et tissages, fierté de la maîtresse de maison. Sur les murs peints de bleu ou de vert, avec des dessins symétriques appliqués au rouleau, et surmontés d'une frise de roses, sont accrochées des images religieuses un peu kitsch, qui ont remplacé les anciennes icônes sur verre. Entre les tapisseries tissées, s'alignent des assiettes en céramique ceintes d'un linge finement brodé, pendant soigneusement de part et d'autre. Sur les lits haut perchés, s'empilent édredons chamarrés, épaisses couvertures, oreillers et coussins brodés. D'une perche suspendue pendent couvertures enroulées, tissus et nappes ouvragées.
Car en ces maisons, tout est cardé, filé, tissé, cousu, brodé main, dans une débauche de couleurs et d'ornementations pour que resplendisse la vie jour après jour. Mais la sobriété des anciennes teintures végétales laisse souvent place à une avalanche de couleurs synthétiques criardes.
Mafioto insiste tellement que nous nous décidons à acheter une chemise brodée, des tabliers et un jupon, et il nous prie de lui apporter l'argent avant la noce. Il nous confiera plus tard qu'il avait ce cruel besoin d'espèces pour la fête. En tant que voisin proche du marié, il a obligation de se rendre à la noce et de faire un cadeau. La vente de ces quelques objets va lui permettre de tenir son rang et son rôle dans la communauté.

Sur l'insistance du marié et des voisins, nous déménageons bientôt du terrain communal pour aller nous installer chez Vasile Faur, dit Coucou, de l'autre côté de la rivière. On nous a en effet fortement mis en garde que lors du mariage, nombre d'hommes seront ivres et qu'il ne serait pas prudent de laisser notre tente plantée près de la salle de noces. Tant d'avertissements nous font redouter que la fête ne se termine en orgie. Notre nouveau camping, c'est le paradis en Maramureş : un verger tout juste fauché où les jeunes repousses de trèfle forment un doux tapis vert tendre, ombragé de pommiers et poiriers, et bordé par la rivière qui chante entre les pierres et donne une note de fraîcheur.

Samedi matin, nous consultons le pope pour savoir à quelle heure aura lieu le mariage dans l'après-midi. Car nous avons eu beau questionner, personne n'a pu jusqu'à présent nous préciser l'heure de la cérémonie à laquelle nous sommes invités, ni les mariés eux-mêmes ni leurs parents. Le pope, lui, doit bien connaître l'heure de la messe, pensons-nous avec notre esprit cartésien qui aime tout fixer dans un cadre précis et rigoureux. Mais nous n'obtiendrons pas non plus de réponse auprès du pope, tout simplement car… lui non plus ne connaît pas l'heure ! Sans doute vers 18 ou 19 h, nous dit-il. Il se contentera de se préparer et de monter à l'église quand il entendra la musique du cortège s'approchant ! De toute manière, ce ne sera que ce soir, car c'est la pleine fenaison et les invités ne viendront que lorsqu'ils auront terminé leur journée aux champs. Lui-même est occupé à battre sa faux pour partir au foin car dans ces vallées, tout le monde est paysan ; même le pope et l'instituteur sèment et binent et fauchent, nécessité économique oblige.

En fin d'après-midi, nous nous rendons chez la reine de la fête, Maria. Peu d'invités sont arrivés, essentiellement des jeunes gens, splendides dans leurs costumes. Garçons et filles ont sorti des armoires les chemises blanches brodées et la gent masculine arbore ce drôle de petit chapeau de paille finement tressé et ceinturé d'un ruban brodé, dont on se demande comment il tient sur le crâne. Les demoiselles d'honneur jouent les princesses, toutes enrubannées, avec des couronnes de fleurs dans les cheveux.

Les femmes s'activent autour de la mariée pour mettre la dernière main à sa toilette composée d'une jupe fleurie, d'une chemise brodée

et d'un petit voile de tulle retenu par un diadème de perles. Fer à friser pour la chevelure, maquillage et paillettes, vernis à ongles, fines chaussures blanches à talons aiguilles, rien n'est négligé pour faire belle la jeune épousée.
Pendant que les filles l'entourent dans la pièce d'honneur, son père sert l'eau-de-vie aux garçons et dans une autre chambre, le goûter est apprêté : boulettes de viande, sarmalés qui sont des feuilles de choux farcies, viande panée et abondance de gâteaux.

Les musiciens du village sont arrivés avec leur violon, guitare et grosse caisse, pour animer la fête qui pourtant commence dans les larmes quand parents et amis disent adieu à celle qui va quitter le nid familial. Cousines, tantes et amies vont chanter à tour de rôle des chants de leur composition, retraçant la vie de la jeune fille, l'exhortant à respecter le vœu qu'elle va prononcer tout à l'heure.

«Le soleil est apparu pour toi
Maintenant tu vas te marier
Mais n'oublie pas que le mariage
Est une grande responsabilité
…
Parmi tous les garçons qui voulaient t'épouser
Tu as fait le bon choix
Car ton mari est un bon garçon,
Il est chrétien et aime travailler la terre
…
N'oublie pas tes parents
Ils sont vieux et ont besoin de ton aide
Ils attendent de toi quelques douces paroles… »

La mariée et la chanteuse ont à la main une bouteille d'eau-de-vie sans laquelle on ne saurait célébrer les moments importants de l'existence. Dans l'assemblée, les bouteilles circulent, chacun en buvant une gorgée avant de passer à son voisin. Chants de la séparation où se mêlent les larmes de la mariée et les sanglots de ses parents, et petit à petit, c'est toute l'assemblée qui pleure et renifle. L'heure du grand départ a sonné quand vient le tour des parents de chanter l'adieu à leur fille :

« Sans doute avons-nous fait des erreurs,
Mais nous avons toujours fait de notre mieux pour toi,
Nous t'avons toujours aimée. »

La déchirure est d'autant plus vive que Maria est fille unique et ses parents auraient aimé la garder auprès d'eux en accueillant leur gendre dans leur foyer. Le fiancé, Vasile, a trois sœurs déjà mariées ; il est seul à la maison avec ses parents et c'est chez eux que le jeune couple va s'installer. Les parents de Maria sont amers de cette décision ; ils ont l'impression de perdre leur fille. Elle va pourtant habiter à moins d'un kilomètre de chez eux.
Ici, on se marie entre jeunes du même village ou de la même vallée. Si Maria et Vasile se sont choisis comme époux, l'élu est parfois désigné par les parents pour des histoires d'alliances familiales ou de terres. Une tradition qui se fait rare mais qui pèse comme un carcan et crée d'éternelles histoires de passion et de désespoir. Telle cette jeune fille qui préférera se faire nonne plutôt que d'accepter l'époux désigné.

Mais déjà la tristesse s'envole en un tourbillon de joie. Les invités sont arrivés et le cortège quitte la maison, la mariée menée par un de ses cousins. C'est séparément que les deux jeunes gens se rendent à l'église, chacun menant sa parade nuptiale devant les villageois qui se sont massés au long du chemin, témoins et garants de l'engagement du jeune couple. Les hommes ouvrent la marche, la bouteille à la main, s'accroupissant de place en place, des chants plein la mémoire et la musique aux lèvres, pour clamer les hymnes de circonstance.
Arrivés près de l'église, il n'y a guère que la famille proche et les parrains de mariage qui pénètrent dans le petit édifice de bois, tout illuminé de cierges, où attend le marié.

Après la cérémonie, le cortège nuptial reprend sa marche à travers le village, accompagné maintenant des musiciens arrivés de la ville avec un accordéon et un saxophone. Sans doute considère t-on que les paysans-musiciens du village ne sont plus assez "dans le vent" pour animer un mariage ; on leur préfère des rythmes plus modernes. Pourtant le saxophoniste, un moustachu costaud vêtu d'un pantalon orange et d'un tee-shirt noir avec des bretelles décoratives, aurait plus sa place dans un bar de la Nouvelle-Orléans que dans un village du Maramureş. Avec les nombreux arrêts pour que chantent les hommes, avec toute la foule assemblée, le cortège avance lentement pendant près d'une heure pour atteindre la salle des fêtes.

Pour y entrer, c'est la cohue, chacun essayant de trouver une place assise dans la salle bondée. La table d'honneur avec les mariés, les parrains et les proches domine sur une estrade. S'y installe un couple dont on voit de suite qu'il est venu de la ville : il est en costume-cravate, elle en robe de soirée largement décolletée. Deux mondes.
Sur les tables sont disposés, outre une bouteille d'eau-de-vie pour quatre personnes (!), des gâteaux secs, de larges tranches de pain, et devant chaque convive, une assiette de salami, fromage, boulettes de viande et viande panée. Ne connaissant pas le menu, nous avalons toute notre assiettée, pensant qu'il s'agit là du repas dans son entier, alors que nous n'en sommes qu'à l' apéritif. Le dîner qui va s'étaler jusqu'à 3 h du matin, entrecoupé de musique et de danse, se compose ensuite de viande hachée accompagnée de riz et d'une salade de choux. Suivent un potage, puis un ragoût avec purée et salade de concombres, et pour terminer, les gâteaux.

A la fin du repas, la sœur de Vasile conte dans un chant de sa composition la vie de chacun des jeunes époux et les admoneste avec humour sur leur vie future : gare au marié qui en regardera d'autre que sa bien-aimée ! Et toi la mariée
« Dès maintenant, tous les chemins sont fermés pour toi.
Il ne t'en reste que trois :
Tu peux aller au puits chercher de l'eau
Tu peux aller au jardin chercher des oignons
Et parfois chez ta mère quand tu seras fâchée. »

C'est un long poème chanté, vers crié, l'appellent les ethnologues, à la fois langage verbal et musical. Puis, c'est le moment des cadeaux ; deux jeunes gens passent dans l'assemblée avec un seau pour récolter l'argent car tous doivent contribuer aux énormes frais qu'entraîne la noce, les parrains se devant d'être les donateurs les plus généreux. Les garçons annoncent à haute voix le nom du donateur et la somme ; nous y allons nous aussi de notre contribution. En fin de soirée, le résultat final de la collecte sera annoncé avec un montant équivalent à plus de mille six cents euros, somme qui servira à payer les frais de la fête, le reste allant au jeune couple pour démarrer dans la vie.

On range quelques tables pour danser un peu plus à l'aise, danses typiques de Roumanie et certaines particulières au Maramureş, toutes jouées sur des airs très rapides entraînant les couples ou les rondes dans des cercles endiablés. Les femmes tourbillonnent et leurs jupes fleuries s'envolent, les hommes marquent d'un brusque coup de talon le changement de cap pour entraîner leur cavalière dans un autre rythme.
Quand nous rejoignons notre tente vers 6 h du matin, le cuisinier s'active à préparer la soupe qu'il va servir à l'heure du petit-déjeuner. Les musiciens ne s'arrêtent de jouer qu'à 11 h et les invités rentrent alors chez eux prendre un peu de repos avant… de revenir dans quelques heures pour un nouveau repas, et encore et toujours de la musique et des danses. Il est à signaler que si les nombreuses bouteilles d'eau-de-vie ont rendu quelques hommes bien gais, nul ivrogne n'est venu troubler la fête comme on nous l'avait fait craindre.

Dans la famille Faur qui nous héberge dans son verger, Vincent a trouvé un grand copain, Vasile, 10 ans, avec qui il s'entend à merveille malgré les conversations limitées qu'ils peuvent avoir. Mais le jeu est pour les enfants un formidable langage international. Ici pas de jeu vidéo ou de Lego, mais fabriquer un piège à poules, voilà qui met l'imagination en ébullition. Et c'est ce à quoi s'occupent les deux garçons ce matin. Ayant subtilisé notre bassine à vaisselle et quelques bouts de ficelle, ils ont installé leur piège puis se sont cachés derrière les portes de la grange. Par l'interstice, on aperçoit une main qui tient une ficelle, prête à tirer dessus quand les volatiles inconscients se laisseront attirer par les grains de blé disséminés sous le piège.
Ayant relâché les pauvres poulets terrorisés, nos chenapans trouvent ensuite bien d'autres occupations. Sauter depuis le tas de foin, grimper aux arbres, se tailler arcs et frondes dans des branches, courir après les moutons pour essayer d'y faire du rodéo, faire des ricochets dans la rivière… la nature est un terrain de jeu inépuisable, une école de la vie où nous laissons Vincent vagabonder en toute liberté.
Notre enfant vit là au paradis des petits garçons, et sans doute a t-il l'impression de tomber en enfer quand nous lui rappelons qu'il doit aussi fréquenter l'autre école, la vraie, en faisant une dictée et en lisant quelques pages. Ce qui ne se fait pas toujours sans heurts ni pleurs.

Coucou attelle ses chevaux pour aller chercher des sacs de pommes de terre dans un champ et il nous invite à l'accompagner dans la charrette. Nous laissons vite derrière nous les dernières maisons du village pour emprunter un chemin qui se fait de plus en plus étroit et cahoteux. Les chevaux tirent avec élan et régularité mais peinent pour nous sortir des ornières encore boueuses malgré l'intense chaleur de ces derniers jours. Frênes, noisetiers et noyers ombragent le chemin et leurs branches nous agrippent au passage, quand ce n'est pas un acacia aux longues épines acérées dont il faut se méfier.
Coucou encourage ses bêtes de la voix et saute parfois de la charrette pour manœuvrer le timon et aider l'attelage. La carriole danse sur les énormes pierres qui jonchent le passage et nous avons du mal à nous tenir tellement notre véhicule cahote, brinqueballe et nous secoue. Quand nous croisons une entrée de champ qui laisse un peu d'espace libre, le charretier crie pour annoncer sa venue. Car si un équipage chargé descendait à notre rencontre alors que nous sommes engagés dans l'étroit goulet qu'est le chemin, la circulation serait bloquée, ni l'un ni l'autre ne pourrait manœuvrer. Bientôt le sentier disparaît dans une prairie et on amorce une petite descente. Coucou se précipite à l'arrière pour serrer les freins mais les chevaux connaissent le chemin et nous entraînent plus vite que prévu dans un passage pourtant barré par deux énormes pierres. Les bêtes tirent de toutes leurs forces, la charrette arrive à sauter l'obstacle, et nous, nous faisons un bond dans la carriole ! L'atterrissage est rude pour le postérieur.
Nous voilà arrivés à destination, dans un champ planté de pommiers et de pruniers, et occupé en partie par un potager où poussent dans un agréable fouillis vert haricots, oignons, pommes de terre et courges. Le grand-père est là, au labeur depuis ce matin ; dans un coin, il a posé le pot de soupe qu'il avait emporté, et son sac avec un quignon de pain et un morceau de lard. Voyant les hommes charger les sacs de pommes de terre, Vincent et son copain essaient eux aussi de jouer les gros bras.
Pendant que la charrette chargée refait le trajet en sens inverse, je redescends à pied par un raccourci, avec Ileana, la grande fille de la maison, traversant prairies et vergers, longeant des parcelles d'avoine et des potagers. Ileana parle avec bonheur de la beauté de son pays quand, au printemps, les cerisiers qui tapissent l'autre versant de la colline, s'ornent de leurs floraisons blanches.

La charrette arrive peu après à la maison avec son chargement de sacs et d'enfants ravis de cette promenade qui les a d'autant plus charmés qu'ils ont été ballottés en tous sens. C'est tellement plus intéressant qu'une tranquille balade sur une route.
Comme les hommes commencent à décharger la charrette, Bruno s'approche pour leur donner un coup de main. Il passe à distance respectueuse des chevaux quand soudain, il sent son bras gauche happé dans un étau. C'est la jument grise, celle que l'on a surnommée Beauty Hair, qui manifeste son mécontentement de voir cet étranger sur son territoire. Bruno crie mais elle ne lâche pas prise. Elle enserre le bras tout entier dans sa gueule et pendant un moment qui semble à Bruno une éternité, il a l'impression que ses muscles sont déchirés et que la jument va engloutir sa chair. Enfin, elle lâche sa proie et Bruno, libéré, recule d'un pas… pour atterrir sur un tas de bois. Dans sa chute, il tombe sur les planches hérissées de gros clous rouillés et se retrouve les quatre fers en l'air. Grimaçant de douleur et n'osant pas regarder les dégâts sur son bras, Bruno a du mal à reprendre ses esprits. Ileana s'est précipitée à la maison et en revient avec la bouteille d'eau-de-vie pour désinfecter la plaie qu'on asperge sans modération. Toute la famille, sincèrement désolée, entoure le blessé qui se remet peu à peu de ses émotions. Le bras restera longtemps douloureux et la jambe gauche salement abîmée dans la chute le fera longtemps souffrir pour marcher.

« Ileana, tu restes dans la cour pour surveiller. »
Avant de partir aux champs, les parents ont donné l'ordre à leur fille aînée de ne pas laisser quiconque franchir le portail aujourd'hui. Habituellement, on ne se préoccupe guère des questions de sécurité dans ces villages où tout le monde se connaît.
Mais hier soir, deux chariots de Tsiganes ont fait halte sur le terre-plein près du magasin et les villageois se méfient de ces vagabonds dont l'apparition réveille les pires fantasmes. Des voleurs, toujours prêts à manigancer de mauvais coups ! La communauté tsigane au nombre incertain (de 560 000 officiellement à deux millions selon certaines estimations) a une sinistre réputation dans le pays et souffre d'une importante discrimination.
En Maramureş, on ne voit guère que quelques pauvres chariots bâchés de plastique qui sillonnent les routes à la belle saison. Hier soir, les hommes ont dételé les chevaux et ont allumé un feu près de la rivière,

environnés d'une nuée de gamins déguenillés, aux cheveux en bataille ; à la nuit, dans chaque maison de Sârbi, on a contrôlé la fermeture des portes. Aujourd'hui, les femmes se sont dispersées dans le village, proposant seaux, casseroles, louches et autres ustensiles de maison en maison. Vêtues de grandes jupes bariolées, elles affichent un port de reines, avec ce quelque chose d'indéfinissable et de fascinant venu du lointain Orient qui les a vues naître.

Vasile et Maria, Vasile et Ileana, Ileana, Vasile et Maria : ce sont les membres de la famille Faur, respectivement le grand-père et la grand-mère, le père et la mère et les trois enfants. A sept, ils se partagent les deux pièces de la maison, si on exclut la chambre de réception que l'on n'habite pas. La pièce à vivre est encombrée de la télévision, de deux canapés et d'un lit pliant. Le soir, chacun trouve sa place dans ce petit espace. La famille regarde la télévision et Coucou rit haut et fort, mais cela n'empêche pas la grand-mère de dormir dans la cuisine. Le grand-père préfère écouter la radio et se réfugie dans l'entrée plus tranquille. Mais comment Ileana qui entrera bientôt au lycée, pourra-t-elle faire ses devoirs dans cette promiscuité ?
Dans la cour, la famille a commencé à construire une petite pièce, en prolongement de la grange. Les vieux parents pourront bientôt s'y retirer tout en restant tout près de leurs enfants. Point de maison de retraite dans les vallées du Maramureş.
La maison est propre et bien rangée mais dans la cour règne un fameux désordre où s'accumulent pêle-mêle les troncs d'arbres amenés de la forêt, des tôles rouillées, outils divers et matériaux. La cour est séparée du verger où nous campons et où paissent les moutons, par une barrière de bois maintes fois ouverte et fermée dans la journée car c'est par là que l'on passe pour aller chercher l'eau à la rivière, étendre le linge, pour se rendre aux toilettes, aller porter les déchets sur le tas de fumier. Mais la barrière en question, accrochée en haut, n'a pas d'attaches en bas et il suffit que les moutons donnent un coup de tête dedans pour que se dégage un espace assez large pour les laisser passer. Ce qu'ils s'empressent de faire dès que l'envie leur prend d'aller voir plus loin que leur pré. Dix fois, vingt fois par jour, la famille peste contre ces moutons volages et en gesticulant avec des grands moulinets du bras, les remet dans leur enclos. Mais personne n'a pensé qu'il serait tellement plus simple de fixer une fermeture en

bas de la barrière. Une nonchalance tout orientale dont la logique ne manque pas de nous surprendre.

Ileana qui cache ses 15 ans sous des airs de gamine, se débrouille fort bien en anglais après seulement quatre années d'étude de la langue à l'école. Elle a d'ailleurs un léger accent américain dont on se demande bien où elle a pu le prendre, elle qui n'a jamais quitté son village. C'est qu'elle a perfectionné son niveau de langue en regardant les films américains que diffuse la télévision, en version originale et sous-titrés en roumain. Bonne élève, elle vient de terminer sa huitième et dernière année d'école à Sârbi, et à la rentrée, elle ira au lycée à la ville de Sighet. Ce sera le grand saut dans le vide, pour elle qui n'a connu que Sârbi comme horizon et qui n'envisage pas la vie hors du chemin tracé par la tradition villageoise.

Dans la pièce de réception, elle nous montre les coussins brodés, les piles de couvertures tissées, les vestes de feutre, les nappes. Ce sont les dots, déjà préparées pour elle et la petite Maria. Vasile, lui, restera ici avec ses parents. C'est son rôle de fils, dit-elle. Sans doute. Mais Vasile aussi est bon élève, premier de sa classe, et s'il fait des études, reviendra-t-il ensuite au village pour être paysan et vivre près de ses parents ? L'idée ne semble pas avoir effleuré l'esprit d'Ileana. D'ailleurs, elle-même veut vivre dans un village avec des arbres, une rivière, de l'air pur, sûrement pas dans une ville. Comme elle a raison, la petite villageoise. Mais elle risque fort de se faire rattraper par le réalisme économique car dès qu'on fréquente l'école de la ville, c'est pour être "formaté", pour devenir un soldat de l'économie mondialisée.
Ileana espère très fort épouser quelqu'un d'ici.
« Mais si au lycée, tu rencontres un garçon d'une autre région, d'Oaş par exemple, et que vous vouliez vous marier ? »
Elle n'ose envisager une telle éventualité qui l'amènerait à vivre ailleurs que dans sa vallée. Elle sait seulement que contrairement à sa mère qui a dû renoncer à son amoureux pour épouser le prétendant désigné par ses parents, elle sera libre de choisir son mari. Sa copine, Ioana, la fille de Mafioto, ne va pas continuer ses études au lycée.
« A quoi cela l'avancera-t-il ?» a dit son père.

Sans doute a t-il raison. Quel travail pourra t-elle trouver avec son baccalauréat en poche ? Alors, ses huit années de scolarité terminées, elle va rester près de ses parents en attendant le mariage.

Au cours d'une conversation, Ileana évoque en riant les joyeuses fêtes de Noël.
« Il faut absolument que vous reveniez chez nous cet hiver. C'est tellement beau, Noël. »
Et elle nous parle avec joie des veillées, de la cérémonie à l'église, des gâteaux que fait sa mère, des colinde, les chants de Noël qu'ils vont présenter de maison en maison durant toute la nuit. Curieux d'en savoir un peu plus, nous lui demandons de nous chanter un de ces refrains.
« Ah non, ce n'est pas possible » refuse t-elle catégoriquement.
« Pourquoi ? Cela nous donnerait un avant-goût de votre Noël. »
« Si on chante les colinde en dehors de Noël, on tombe malade et on a des boutons sur la langue. Quand nous étions petits, ma mère nous faisait peur avec cela. Et c'est vrai qu'une fois, j'ai chanté une colindă au printemps, et j'ai eu des boutons sur la langue. »
Il nous faudra donc attendre Noël pour entendre une colindă.

Dimanche, la cloche invite les paroissiens à l'office qui va durer près de trois heures. Mais le pope ne saurait exiger la présence des fidèles du début jusqu'à la fin et chacun arrive à l'heure qui lui convient. Au début de la liturgie, seules quelques personnes âgées sont présentes pour écouter le chantre psalmodier psaumes et litanies. A plusieurs reprises, le sacristain s'absente pour aller chercher la toaca, une planche étroite et longue qu'il frappe avec un maillet, produisant un véritable chant suivant l'endroit où il tape sur le morceau de bois.
Peu à peu, la minuscule église se remplit, hommes devant dans la nef, et les femmes se pressent derrière dans le narthex, débordant à l'extérieur, restant tassées à l'entrée, après avoir embrassé la croix et les icônes. D'autres s'agglutinent dehors aux murs du lieu saint, palpant le bois brun en murmurant leurs prières. Les cierges allumés éclairent l'iconostase derrière laquelle se cache le sanctuaire. Les femmes mêlent leurs voix pures au chant profond et grave des chantres et leurs prières s'envolent en actions de grâce vers le Très-Haut. Car ce peuple des Carpates est terriblement croyant. Ils ont été les premiers baptisés de cette partie de l'Europe et on dit là-bas

qu'être roumain, c'est être chrétien. « On ne peut pas comprendre l'âme roumaine ni l'histoire du peuple roumain sans connaître son christianisme » écrivit l'historien Mircea Eliade.
De tous temps, les paysans du Maramureş ont abrité leur foi sous les fûts des chênes bruns et non dans la pierre. Chaque village possède ainsi à flanc de coteau, son église, sinon deux, venues d'un autre temps, intactes, taillées dans un bois éternel. Elles perdurent depuis trois siècles, quand on les a reconstruites après que les envahisseurs Tatars eurent fait subir l'outrage du feu aux sanctuaires d'origine. A Sârbi, l'église "d'en bas" où la messe est célébrée aujourd'hui, a été fondée en 1665 et placée sous la protection de Ste Parascheva. Tout est en bois, murailles de chêne massif percées de minuscules fenêtres, et toiture de bardeaux gris d'où s'échappe la fine flèche du clocher lancée vers les cieux. Pour tout ornement, un cordon en torsade court à mi-hauteur des murs extérieurs. A l'intérieur, une ambiance de douce sérénité invite à la méditation, à l'oraison devant les icônes ceintes de linges rituels brodés de fleurs ou de visages de Christ. Ce sont les femmes du village qui offrent ainsi leurs plus belles étoffes brodées et leurs tapis tissés.

Le marché d'Ocna et quelques rares sorties à Sighet sont les seules occasions de dépasser les frontières de la vallée. Alors, quand le dimanche après-midi on se retrouve sur les bancs le long de la grand-rue, les conversations portent sur le travail des champs, comment poussent les pommes de terre et les enfants, sur le temps et les commérages du village. Car ici, tout est connu, tout se contrôle, chacun sait qui fait quoi et pourquoi. Du nouveau à se mettre sous la dent pour alimenter les conversations de l'après-midi, c'est assez rare ici pour qu'on en profite. Et en ce moment, la nouveauté, c'est nous bien sûr !
Pensez, une famille de Français avec deux petits enfants et des ânes, c'est l'événement de l'année. Les commentaires vont bon train, et Ildikó qui laisse traîner une oreille attentive, nous rapporte comment nos moindres faits et gestes sont détaillés.
Mais les villageois n'ont même plus assez de temps pour tout commenter en ce dimanche car les sujets de conversation se bousculent. Ion, parti travailler en Irlande il y a deux ans, est revenu en vacances avec sa jeune femme irlandaise. Et le savez-vous, pour venir de l'aéroport de Bucarest jusqu'à Sârbi, il a loué une voiture

avec chauffeur pour la somme phénoménale de deux cents dollars. De quoi entretenir le mythe sur l'argent qui se ramasse à la pelle en Occident. Le dimanche suivant, tout le monde constate que la jeune Irlandaise a l'air de se sentir mieux qu'à son arrivée, quand on lui trouvait la mine bien pâlotte et tristounette. Ces braves gens ne s'imaginent guère le choc qu'a dû connaître cette Dublinoise en débarquant dans ce village perdu du fin fond des Carpates. Il n'est pas surprenant qu'une semaine lui ait été nécessaire pour se sentir un peu plus à l'aise dans cet environnement de bois et de terre, dans cette nouvelle famille qui vit sans eau courante ni aucune commodité.

Malgré ses 71 ans, Gheorghe S. reste un homme imposant, d'une puissante stature. Assis à l'ombre de la vigne qui court sur la façade de sa maison, il porte un épais gilet de feutre blanc en dépit de la chaleur de cette fin d'après-midi. Près de la porte, sa femme, discrète, écoute, sourit mais ne dit mot. Il n'est guère besoin de questionner Gheorghe, il parle, il parle de ce passé qui l'a tant fait souffrir.
Un jour de 1958, il reçut la visite de son beau-frère accompagné d'un ami. Cet ami travaillait pour la Securitate, la police si tristement célèbre, mais ni Gheorghe ni son beau-frère ne s'en doutaient, et ce jour-là, ils parlèrent sans crainte. Dénoncés, accusés de complot contre l'ordre social, ils furent condamnés à quinze ans de travaux forcés. Si Gheorghe fut libéré à la faveur de l'amnistie de 1964, son beau-frère ne revint jamais de la prison de Piteşti où il mourut sous la torture. Le vieil homme évoque alors la vie dans les geôles communistes, les sévices, le rationnement de nourriture, les pressions sur sa femme pour qu'elle divorce.
« Et quand, à ma libération, je suis revenu à Sârbi, j'ai toujours été surveillé par certaines personnes du village. Maintenant, je parle librement. Mais je ne peux pas oublier toutes ces souffrances que j'ai endurées à cause de quelques-uns. Si j'étais plus jeune…» Sa voix se fait menaçante mais il s'arrête là.
Après une pause pendant laquelle il semble plongé dans son passé, il reprend par ces mots terribles :
« J'ai honte d'être roumain. Oui, j'ai honte car il n'y a pas de justice dans ce pays. Personne n'a été puni pour les crimes du temps communiste, pour les morts de la révolution de 1989. Ceux-là ont donné leur vie pour rien car rien n'a changé dans notre pays. Et les

gens veulent que le parti communiste revienne au pouvoir ? Mais les Roumains n'apprennent donc rien de leur histoire ! »

Gheorghe porte en lui une autre blessure, profonde et jamais cicatrisée.
« Les communistes ont interdit ma religion (le greco-catholicisme) et ils nous ont forcés à devenir orthodoxes. Après la révolution de 1989, je suis redevenu greco-catholique, je voulais construire une église, mais certaines personnes de Sârbi m'ont menacé ; ma réserve de foin a été incendiée et on m'a jeté des pierres. »
Il demande alors à sa femme d'aller lui chercher un livre dans la maison. Elle revient avec un vieux manuscrit daté de 1932, listant les églises greco-catholiques de l'époque. Le village de Sârbi y est référencé avec une population de 1001 habitants et deux églises de bois, toutes les deux greco-catholiques. Les deux vieilles églises sont toujours là, toutes deux… orthodoxes.
« Beaucoup de gens sont redevenus greco-catholiques mais la plupart ne veulent pas le dire car ils ont peur. Nous avons un pope mais pas d'église. Pourtant, moi aussi, j'ai le droit de prier. »
Sur ces derniers mots, sa voix tremble et le vieil homme se met à pleurer, de grosses larmes coulent sur ses joues burinées par le travail des champs.

Village bucolique s'il en est, Sârbi cache avec pudeur ces blessures du passé. A l'abri dans leurs montagnes, loin des maîtres du pouvoir qui résidaient à Istanbul, à Vienne ou à Bucarest, les villageois du Maramureş ont souvent vécu à l'écart de l'Histoire. Mais c'est dans leur foi que le communisme les a atteints.
En 1948, le régime a interdit l'église greco-catholique et a obligé le clergé et les deux millions de fidèles à se convertir à l'orthodoxie, confisquant tous les biens et lieux de culte pour les remettre à l'église orthodoxe. Prêtres et évêques furent emprisonnés et persécutés. Le Maramureş fut particulièrement touché puisque sa population était presque entièrement greco-catholique.

1

L'équipage s'est préparé pour le départ sous l'œil de la grand-mère Tamaş. Avec Vera et Doina, nous allons parcourir ce paysage de vallons et de collines, en nous offrant le luxe de savourer le temps.

2

4

Loin de se perdre, la sculpture des portails se perpétue chez les maîtres-artisans (3) qui s'inspirent souvent de motifs religieux (6)

La barrière tressée, le portail, modeste ou somptueusement sculpté, protègent l'intimité du logis (4).

C'est souvent devant le portail qu'on se réunit entre voisines (5)

5

8

Une fois par mois, la foire de Sighet attire tous les paysans de la région (7)

Six heures de marche pour atteindre la bergerie qu'on nous avait annoncée comme « imediat » ! (8)

Accueil à Deseşti. La campagne roumaine cultive les vertus de l'hospitalité. Eau-de-vie, mămăliga, beignets..., l'hôte est toujours comblé. (9)

11

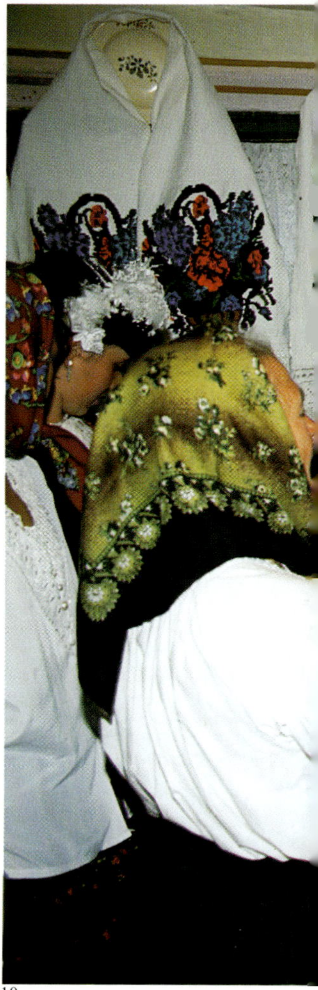

10

12

15

14

Cérémonie d'adieu de la mariée à ses proches. L'eau-de-vie scelle tous les moments importants de la vie (10)

Maria est menée à l'église par un de ses cousins (11)

Cérémonie dans la petite église de Sârbi pour le mariage de Vasile et Maria (12)

Tout au long de la parade nuptiale, les hommes s'accroupissent de place en place pour chanter. À la main, la bouteille d'eau-de-vie (13)

Vasile Faur, dit Coucou accueille notre campement dans son verger. (14)

13

19
19

18

16

19

Devant le portail, les femmes se réunissent pour filer la laine (16)

Ileana Faur, notre hôtesse, enfourne les miches de pain (17)

Chez la famille Pop, la pièce de réception est abondamment décorée d'assiettes vernissées et de serviettes brodées, de tentures tissées par Maria (19)

La femme de Vasile le bourrelier nous prépare de délicieuses galettes (20)

20

2

22

23

Faire les réserves de foin pour l'hiver est une tâche primordiale au printemps et en été. Les hommes fauchent et toute la famille travaille à tourner l'herbe pour la faire sécher et à construire les meules de foin (21-23)

A l'aide d'une pierre, Vasile le bourrelier aiguise sa faux. (22)

24

25

Pour les paysans, la charrette est l'unique moyen de transport pour le travail et pour se rendre dans les villages voisins ou au marché (24)

Auprès de Vasile Pop, dit Mafioto, Bruno est à bonne école pour faucher (25)

Bruno aide une voisine à transporter le foin sur des perches de bois pour l'amener vers la meule (26)

26

2

28

Le moulin à foulon est utilisé pour laver les grosses pièces de linge et pour feutrer les tissages tout juste terminés (27)

A Botiza, les femmes inscrivent leur vie quotidienne au creux des fibres : le peigne à carder, le portail, les troupeaux, le puits à balancier, les sapins… (28)

Maria Pop à son métier à tisser (29)

Nouveaux terrains de jeux, nouveaux amis : le voyage est école de la vie. Une école que Vincent et Sarah apprécient grandement : sauter dans le foin, bricoler une balançoire accrochée à un pommier. Dans la charrette, Vasilc et Ileana Faur. (30-31-32)

29

0

31

32

33

Très souvent, la demande d'un lieu où planter la tente nous ouvre les portes de la maison. L'accueil en ces contrées n'est pas un vain mot. (33)
Sarah découvre le Maramureş du haut de son âne ; elle passe la plus grande partie du temps sur le dos de Vera ; elle y fait même ses siestes (34)

34

5

Promenade dominicale dans les rues de Poienile Izei (35)
Les filles ont inventé une nouvelle mode villageoise avec leurs jupes et leurs fichus fleuris. Mais les modèles de la ville tendent à faire disparaître la culture locale (36)

36

37

38

39

40

4

2

43

La pause déjeuner permet de faire sécher les vêtements trempés par l'orage de la veille (39)

Au sortir de sa sieste dans le jardin public de Botiza, Sarah se trouve entourée d'une cour d'admiratrices (40)

Notre passage dans un village suscite toujours beaucoup d'intérêt et de commentaires. Il est vrai que les ânes ne font pas partie du paysage du Maramureş (41)

Sarah descend parfois de sa monture pour se dégourdir les jambes. Comme son frère, elle est alors fière de mener Vera par la bride (42)

44

46

45

Fête du 15 Août. De retour du monastère de Moisei, les processions ramènent bannières et icônes vers les églises des villages. (44)

Eglise de Poienile Izei. Chaque village possède une, sinon deux églises tout en bois, y compris la toiture de bardeaux. (45)

Troiţă élevée par Ion Bohitici, le maître-sculpteur de Mara, pour placer sa maison sous la protection divine. (46)

Prière devant l'icône (47)

L'iconostase est le plus souvent ornée d'étoffes brodées offertes par les femmes du village (48)

Eglise neuve de Botiza. Le béton s'est habillé de fresques pour raconter la Bible et célébrer la splendeur divine (49)

47

48

9

5

51

Cérémonie pour un défunt à l'église de Botiza. Tous les participants reçoivent un pain tressé, symbole de la vie et de la communion avec les disparus (50)

Cimetière de Săpânța. Chaque stèle conte la vie du défunt : la fileuse et l'alcoolique (51), la ménagère, le pâtre et celui qui mourut renversé par une voiture (52)

Nous nous plaisons à cheminer de traverse dans ces paysages aux lignes douces (53-54)

5

53

54

5

56

57

Festival du Maramuzical à Botiza. Un groupe de musiciens tsiganes venu de la région du Banat se produit dans un jardin. On dit ici que la musique et le violon sont l'âme de l'homme. (55)

Violoniste du Maramureş au festival « Hora de Prislop ». La hora, c'est la danse, la ronde qui réunit les jeunes du village, le dimanche (56)

Festival du Maramuzical. Chevaux harnachés pour la parade (57)

58

59

Hiver

Le cochon vient d'être sacrifié chez Vasile et Maria Pop. La tuée du cochon pour Noël est une véritable fête (58)

Cour de la famille Pop. A gauche, l'habitation principale, et de face, la petite maison où nous logeons, pièce unique où vit la grand-mère (59)

Départ en charrette pour aller chercher des réserves de foin dans les collines (60)

60

61

62

Veillée de Noël chez la famille Pop. Vasile offre la țuica dans le verre commun. « Boire dans le même verre, c'est un lien entre nous » (61)

Violon, guitare, grosse caisse et cymbales : les musiciens animent les veillées (62)

63

64

65

66

67

Personnages de Viflaim à Văleni. Les jeunes hommes ont composé un long texte humoristique pour conter les évènements de l'année dans le village (63)

Vincent (en veste blanche) participe avec enthousiasme à la tournée de chants de Noël qui le mène de maison en maison avec ses copains, Vasile et Maria Faur (64)

Veillée quotidienne dans la famille Pop. Maria brode, Vasile tresse des chapeaux de paille, Ioana file et la grand-mère tricote (65)

Vasile Pop en visite chez une voisine. L'hiver est un temps propice à entretenir les relations (66)

Messe à l'église de Sârbi. Hommes et femmes se tiennent séparés. (67)

68

Sortie de messe à Sârbi (68)
La luge est un des grands plaisirs de l'hiver pour les enfants (69)
Départ pour Bucarest à la gare de Baia Mare. Le séjour au Maramureş en hiver restera en nous comme un flamboiement d'émotions (70)

69

70

L'Eglise greco-catholique

C'est en 1700 qu'une partie des Roumains de Transylvanie s'étaient ralliés à Rome et avaient formé cette église appelée greco-catholique ou catholique de rite oriental, acceptant la doctrine de la foi catholique, reconnaissant l'autorité du pape, mais conservant le rite byzantin. Pendant les quarante ans de communisme, la plupart des villageois, incorporés de force à l'église orthodoxe, avaient continué à pratiquer leur foi dans l'église de leurs ancêtres en perdant peu à peu leur identité de catholiques, qui n'avait été conservée que par une minorité vivant dans la clandestinité. Après 1989, le greco-catholicisme fut à nouveau autorisé mais malgré les négociations, la question des biens reste en suspens car la hiérarchie orthodoxe rechigne à redonner les églises à leurs premiers propriétaires.

Florin, jeune prêtre greco-catholique, a été nommé à Sârbi il y a quatre ans et prend pension chez une vieille dame du village. La maison de bois recouverte de tôles rouillées comporte une pièce de chaque côté du couloir central ; à gauche, vit la propriétaire, et Florin occupe avec sa femme et sa fille la pièce de droite servant de chambre, de salle de séjour et de bureau, avec un petit débarras à l'arrière pour faire la cuisine. L'aube est pendue dans le couloir et c'est là qu'il dit sa messe quotidienne.

«Nous célébrons la messe du dimanche dans une maison privée, faute d'autre lieu de culte. Nous avons demandé en vain la restitution d'une des deux églises du village. Depuis le retour de la liberté, quarante familles sont revenues au greco-catholicisme mais beaucoup d'autres reviendraient si nous avions une église car les gens sont très attachés à l'église en tant que bâtiment et ils n'acceptent pas d'aller à la messe dans une maison. »

Si à Sârbi les deux prêtres, orthodoxe et greco-catholique, cohabitent pacifiquement malgré les dissensions à propos de l'église, il est d'autres villages où le conflit s'est envenimé, allant jusqu'à des actes violents à l'égard du prêtre greco-catholique venant dire une messe, des maisons de familles catholiques endommagées, ou l'interdiction

pour ces fidèles d'enterrer leurs morts aux côtés de leurs parents dans le cimetière du village, autrefois greco-catholique.
Aux dires des différents prêtres avec qui nous avons pu discuter par la suite, cette violence ne vient pas directement des villageois mais plutôt des prêtres orthodoxes qui entraînent les membres de leur église dans de telles actions. Les popes ont en effet peur de perdre des fidèles qui retourneraient au culte greco-catholique, car leur niveau de vie dépend du nombre de paroissiens. L'Etat roumain verse une indemnité à chaque prêtre et le reste du revenu vient de la paroisse. Plus les paroissiens sont nombreux, plus les prêtres, qui sont mariés et ont une famille à nourrir, ont un revenu important.

Au village voisin de Călineşti, l'Histoire a pris un autre tournant puisque c'est le prêtre orthodoxe lui-même, issu d'une famille catholique, qui est revenu avec toute sa communauté à l'église greco-catholique.
« J'ai été ordonné prêtre dans l'église orthodoxe en 1977. Quand je suis arrivé dans ce village, j'ai eu pas mal de problèmes avec le régime car je considérais que ce n'était pas mon devoir de prêtre de dire aux paysans qu'ils devaient donner un cochon ou du lait à l'Etat. Dès la révolution de 1989, j'ai convoqué tout le village devant l'église et nous avons décidé de redevenir greco-catholiques. »
Il dit sa tristesse et sa déception que la relation entre les deux églises, orthodoxe et greco-catholique, ne s'inscrive pas dans un esprit d'évangile mais se fasse à coups de procès et de violences.
« La Roumanie a déjà tellement de problèmes à gérer. Nous devrions consacrer notre énergie à autre chose qu'à ces querelles. »

« Rendez-vous demain matin à 5 h. »
« J'y serai.»
Le lendemain, à 5 h tapantes, Bruno se présente chez Mafioto pour partir au foin avec lui. Mais tout semble dormir dans la maison, et Bruno, n'osant frapper, attend patiemment dans la cour. Ce n'est qu'une demi-heure plus tard, que le patron de la demeure, les yeux encore tout ensommeillés, ouvre sa porte et découvre, étonné, son ouvrier à qui il avait donné rendez-vous hier.
« Oh, tu es là ? Mais je ne croyais pas que tu viendrais. Nous, ici, on dit des choses mais on ne fait jamais ce qu'on dit ! »

Dans la fraîcheur matinale, alors que le village s'éveille tout doucement sous les premiers rayons du soleil, Mafioto et son hôte français partent pour une longue journée de fauche dans les collines. Pour Bruno, voyager, ce n'est pas être spectateur ; c'est s'imprégner du quotidien des hommes, échanger, partager leur labeur pour mieux comprendre leur vie, glaner quelque chose de leur humanité. La fenaison étant à l'ordre du jour en ces vallées, il part, une faux sur l'épaule, avec en tête le souvenir de son père s'en allant ainsi de bon matin couper du fourrage pour les animaux, et lui, gamin, l'accompagnant déjà pour l'aider à sa mesure.

Les gestes de l'enfance reviennent vite, et quand Maria les rejoint dans la matinée pour apporter la soupe, ils ont déjà couché l'herbe d'une grande parcelle. Bruno est à bonne école car Mafioto est connu pour être bon faucheur. Comme il ne possède pas de cheval, c'est avec la force de ses muscles qu'il paie le voisin qui vient parfois le dépanner avec sa charrette. Faute de moutons, il se procure la laine pour tisser en échangeant une journée de fauche contre dix kilos de laine non lavée. Le troc est toujours d'actualité dans les villages du Maramureş où peu d'argent circule.

Tout autour sur les pentes, les faucheurs ponctuent le paysage car le long hiver carpatique commande d'engranger large quantité de fourrage. Les collines sont inondées de l'odeur du foin qui sèche en meules dorées et un bruit se répand partout, celui du marteau et de la pierre qui affûtent la faux. Tout ici se fait à la main, raideur des pentes oblige. Armés de râteaux de bois, les paysans tournent et retournent l'herbe coupée les jours précédents, la transportent sur des perches de bois formant civière jusqu'à la meule dont les strates montent autour d'un grand mât central.

Plus bas dans la pente, s'alignent les minuscules champs de blé, de maïs et de pommes de terre que les femmes binent à la houe. Gestes séculaires, travail harassant de l'aube jusqu'à la tombée de la nuit pour tirer sa subsistance de deux ou trois hectares de terre.

Mais c'est sans doute l'âpreté de cette nature qui a mis les paysans à l'abri de la rage collectiviste du régime communiste. Car comment regrouper et mécaniser des parcelles disséminées sur les pentes au hasard du relief et non du plan quinquennal ? Pendant toute cette période, les paysans conservèrent leurs terres, mais l'État prélevait la dîme en lait, viande et oeufs. Seuls quelques villages, mieux lotis en terrains de plaine, ne purent échapper aux ordres venus de Bucarest.

Le village de Corneşti garde comme souvenir de ce temps maudit l'ancienne étable de la coopérative agricole, bâtiment qu'on a saccagé, de peur, sans doute, que les nouveaux maîtres du pouvoir ne s'avisent de remettre en vigueur ce système honni.

Călineşti fut une de ces rares communes où les terres furent collectivisées et, même s'il faut maintenant dépasser ce sombre pan de l'histoire, Ion A. ne peut oublier :
« Avec nos trois hectares de terre, nous n'étions pas de riches propriétaires mais nous avons été obligés de les céder à la coopérative et nous avons reçu trente ares à cultiver personnellement, comme chaque famille. Les communistes nous ont pris aussi nos outils, même la charrette, et les quelques animaux que nous avions. Nous avons pu garder une vache mais sans foin pour la nourrir, que pouvions-nous faire ? Je travaillais au combinat forestier où je recevais un salaire et nous devions donner aussi du temps de travail à la coopérative en fonction du plan de production. Mais ils ne nous payaient pas, on recevait des pommes de terre, des betteraves ou du maïs. J'ai passé comme cela quarante ans de ma vie ! »
A l'époque, presque tous les hommes avaient un travail à l'extérieur, dans les mines de Baia Sprie ou de Borşa, au combinat sidérurgique de Sighet ou dans les exploitations forestières. Ils cumulaient donc trois emplois, à l'usine, à la coopérative et chez eux ; ils avaient de l'argent -et rien dans les magasins !-, alors ils investissaient dans ces grandes maisons de brique ou de parpaings, que l'on voit maintenant, non terminées pour certaines parce que l'économie s'est soudain cassée la figure et tout s'est arrêté.
Si les coopératives agricoles du sud du pays engrangeaient de bonnes récoltes, ici dans les montagnes, avec des terres peu fertiles et impropres à la mécanisation, il en fut tout autrement. Faible production, animaux mal soignés par manque de fourrage, manque de motivation des ouvriers-paysans pour le travail à la coopérative : le résultat ne fut pas à la hauteur des chiffres prévus par les grands ordonnateurs du plan.
A la révolution, les terres furent redistribuées entre les anciens propriétaires, ce qui créa nombre de conflits, certains s'accaparant indûment des terrains, alors que d'autres furent lésés et ruminent toujours l'injustice dont ils furent frappés. Quant aux animaux et

matériels de la coopérative, la plupart se volatilisèrent mais ne furent pas perdus pour tout le monde.
« Nous avons récupéré nos trois hectares, maintenant je peux travailler ma terre et boire le lait de ma vache. »
A plusieurs reprises, Ion insiste sur cette vache qui est maintenant la sienne et le nourrit, lui et sa famille.
Sous le même toit, vivaient jusqu'à récemment quatre générations : l'arrière-grand-mère de 92 ans, Ion, son fils de 72 ans et sa femme, sa petite-fille de 47 ans et son mari, et les deux arrière-petites-filles qui viennent de quitter la maison familiale pour se marier en ville. La cinquième génération n'est pas encore née mais ne saurait tarder. Alors que nous faisons nos adieux à la famille, la vieille grand-mère, recroquevillée par le passage des ans mais la tête claire, intervient :
« Est-ce que mon fils vous a dit qu' " ils" nous ont volé notre terre ? »
Ion la rabroue gentiment :
« C'est du passé, tout ça maintenant. »

Tirer un trait sur le passé. Mais l'avenir, de quoi sera t-il fait ? L'économie a sombré, mines et usines ont fermé, la forêt est saccagée. Il ne reste plus qu'à partir. Mais pas pour toujours. On est trop les fils de cette terre pour la quitter à jamais. Partir pour quelques mois à Satu Mare ou au sud du pays, là où les anciennes coopératives agricoles ont été récupérées par des entreprises privées qui embauchent une main d'œuvre bon marché. A l'automne, Mafioto, Maria et tant d'autres quitteront le village pour quelques semaines, laissant la garde de la maison et des animaux à la grand-mère. Nourris et logés par l'entreprise qui les emploie, ils toucheront leurs salaires en kilos de maïs livrés à domicile par l'employeur.
Bon nombre d'hommes jeunes se risquent à partir pour quelques années à l'étranger, vers cette terre promise, vers ces rêves de soie et d'or, de vie et d'argent faciles, distillés par les séries télévisées. Ils quittent leurs montagnes pour un destin incertain, pour un travail au noir sur un chantier, mais qui leur assurera un retour en fils prodigue, gonflé de prospérité. De quoi ouvrir un petit commerce ou se faire construire une maison. Sans doute ne diront-ils pas tout de ce que furent ces années dans la clandestinité, à la merci des mafias, des employeurs au noir usant et abusant de cette main d'œuvre taillable et corvéable à merci. Pour ne pas ternir l'image du héros auréolé de dollars ou d'euros.

Maintes fois, à Sârbi et ailleurs, les hommes nous abordent pour nous demander que nous leur trouvions un travail en France, voyant en nous la clé vers le paradis. Et quand Mafioto nous demande :
« Si je viens en France, pourriez-vous me trouver du travail comme faucheur ? »
Que répondre à cette question qui traduit tout le pathétique de la situation ?

Au Bureau de la recherche agricole de Sighet, l'ingénieur agronome nous avait donné des chiffres : on calcule que dans le Maramureş, l'agriculture peut faire vivre un quart de la population actuelle, et qu'un autre quart pourrait s'y maintenir pour les services, l'éducation, etc.
« Et la moitié restante ? » avions-nous demandé.
« Ils devront partir. »
Pour aller où ? En ville, à Bucarest, à l'étranger. Calculs de technocrates qui n'ont sans doute pas d'autre solution à proposer face au rouleau compresseur de l'économie mondialisée. Les paysans quitteront ces montagnes qui les ont vus naître et grandir, qui abritaient les leurs depuis le début de l'Histoire, pour aller vers les eldorados citadins ou étrangers qui ont fait de la consommation leur idéal, du marché leur paradis. Certains réussiront à se glisser dans le rêve, à y construire leur part de bonheur ; d'autres, moins chanceux, iront rejoindre la cohorte des sans-papiers, des sans-abri, des sans-avenir.
Les sirènes de la consommation feront vite oublier à ces paysans tenaces et fidèles la fierté de leurs espaces ancestraux, là où ils puisaient équilibre et certitudes, dans la continuité des générations. Loin de leurs montagnes, de leurs forêts, de leurs églises et de leurs fêtes, à quelle fontaine de vie puiseront-ils des forces pour donner sens à leur existence ? Les racines prennent mal dans le béton. Puissent-ils au moins se souvenir de ces proverbes qui, puisés aux deux extrémités du monde, nous disent la même chose. L'africain met en garde : « Si tu ne sais pas où tu vas, rappelle-toi toujours d'où tu viens. » et l'oriental nous avertit : « Si tu brises tes chaînes, tu te libères. Si tu coupes tes racines, tu meurs. »

A Călineşti, Ileana Rad nous parle d'un de ses amis qui va prochainement se marier.

« Que fait-il comme métier ? » lui demandons-nous au cours de la conversation.
« Il n'a pas de métier. »
« Vraiment ? Mais ce n'est pas possible, il a bien un travail ? »
« Ah oui, il est paysan. Mais ce n'est pas vraiment un métier. »
Celle qui est devenue citadine par ses études, a déjà oublié la dignité de ces gestes millénaires qui produisent le plus essentiel, le plus vital, le plus crucial pour la vie de tous : la nourriture. La culture scolaire et universitaire fait oublier si vite la culture de la terre car c'est souvent à l'école qu'on apprend à oublier, et même à mépriser, les savoir-faire traditionnels. Cet échange avec Ileana fait dire à Bruno :

"Féconde d'éléments nourriciers, d'identité et de sens à la vie, la terre est pour tous les paysans du monde cette richesse unique à laquelle ils sont liés corps et âme. Un attachement fait de sueur, de douleur et de gratitude. Partout l'élimination de la petite paysannerie va s'accélérant. Avec elle, s'anéantit une part de l'humanité qui a mis des siècles à se faire et qui ne se reconstruira jamais plus. Préparer la terre et les cultures prend du temps et il faut plus de huit jours pour devenir paysan. On est en train de saccager le plus ancien savoir-faire, le savoir-faire paysan, le travail de la terre, tous ces savoirs spécifiques qui se sont accumulés au cours des générations... N'est-ce pas un risque terrible pour l'avenir ? On détruit une mémoire, notre mémoire à tous, celle d'une civilisation fondée sur le rôle nourricier de la terre, un monde riche d'expériences humaines individuelles et collectives. On jette aux oubliettes tradition et coutumes, un mode de vie où tant de gens pourraient encore être heureux. Je ne pense pas être tourné vers le passé, être attaché à de vieilles valeurs qui ne correspondraient plus à la réalité. Ce dont je suis sûr, c'est qu'aucun pays ne peut sacrifier impunément ses paysans.
Il n'y a plus de place pour ces petites fermes archaïques, diront certains. Trois petites fermes valent mieux qu'une grande, répondront les autres, comme dans la chanson. Produire soi-même les éléments de base de la vie, nourriture, vêtements, habitat, c'est assurer son autonomie et sa liberté. D'ailleurs, certains économistes commencent à dire que l'avenir de l'agriculture, pour nourrir une humanité toujours croissante tout en préservant au mieux notre planète, pourrait bien venir des petites exploitations familiales plutôt que de l'agro-business. Une agriculture qui tout en utilisant les nouvelles technologies, ferait

la part belle à l'homme et reviendrait à son rôle premier : celui de nourrir sainement tous les habitants de cette planète.
Mais nos politiciens et économistes discutent toujours budget, gains de productivité, techniques et aides financières. Jamais il n'est question du bonheur des hommes qui peuplent ces campagnes, du devenir de ces villages, lieux de vie où les gens se connaissent et se reconnaissent. Pourtant une civilisation ne se juge t-elle pas au degré de bonheur qu'elle engendre ?
Quand donc un politicien éclairé proposera-t-il de remplacer le PNB, Produit National Brut dont on nous rebat les oreilles, par le Produit National Bonheur ? Mais il est vrai que la félicité se mesure difficilement en courbes. Notre pensée matérialiste a du mal à accepter comme réalité des choses qui ne peuvent être mesurées, pesées, quantifiées. Alors pour nous rassurer, nous mettons le bonheur en statistiques en le liant directement aux courbes ascendantes de notre niveau de vie."

7 - LES ÂNES CHASSÉS DU TEMPLE

Voilà des jours et des jours que nous sommes là à Sârbi, à découvrir la vie du village, à écouter battre son cœur, à goûter l'essence même du pays. Cette campagne-là cultive les vertus de l'hospitalité et nous retient en son sein, malgré nous. Mais il faut bien se décider un jour à aller voir ailleurs puisque le temps nous est compté et que nous voulons connaître un peu plus les vallées du Maramureş. Au dernier matin sous la tente, avant de sortir de nos duvets pour vaquer aux tâches du départ, nous imprimons en nous pour les garder dans notre tête ces bruits qui nous sont devenus familiers : le chant des coqs qui se répondent de maison en maison, le hennissement des chevaux qui viennent boire à la rivière tout près de nous, les faux que l'on aiguise pour une nouvelle journée de labeur.

Sans doute Vera et Doina ne voient-elles pas d'un très bon œil la fin de leurs vacances, elles qui vivaient là au paradis des ânes, n'ayant rien d'autre à faire de la journée que de se reposer à l'ombre, couchées dans l'herbe tendre.

La reprise de la randonnée se fait d'autant plus difficilement qu'aujourd'hui la température frise l'irraisonnable. Sur la route de Văleni, le goudron fond littéralement et nos animaux y laissent pour la postérité l'empreinte de leurs sabots. Pas un souffle de vent, tout est immobile, comme écrasé ; une chape de plomb s'est abattue sur le paysage et nous avançons à pas lourds. En haut de la montée, une ferme accueillante nous offre l'eau fraîche de son puits.

« A la télévision, ils ont annoncé 40° aujourd'hui » nous informe la brave femme qui nous a appelés depuis sa cour pour nous inviter à nous désaltérer.
La descente s'effectue à travers une vallée largement ouverte où s'étirent des dizaines et des dizaines de parcelles alignant leurs meules de foin. En fin de journée, alors que nous approchons du village de Bârsana, nos pas sur le sentier sont accompagnés par tous les paysans qui rentrent des champs, portant faux ou râteau, avec sur l'épaule leur sac à damiers noir et blanc qui a servi à emmener le casse-croûte de la mi-journée et à la main, le petit pot en émail qui contenait la soupe du midi.
En franchissant le pont sur la rivière Iza, nous décidons de nous arrêter là pour la nuit pour bénéficier d'un hôtel avec salle de bains. Pour l'instant, la salle de bains en question est occupée par toute une armée de lavandières qui frappent leur linge au battoir, le tordent et le retordent, le rincent au fil du courant rapide. L'homme qui se repose à l'ombre d'une meule de foin, nous donne la permission de camper dans son champ, même s'il s'étonne que nous soyons assez « fous pour venir en Roumanie, ce pays où rien ne va ». Ce qui ne l'empêche pas de revenir une heure plus tard nous apporter deux litres de lait « pour les enfants ».
Pour la nuit, nous nous plaçons sous la protection d'une troiţă ornée d'une figure de Christ, ce sanctuaire des champs qui est posé là au milieu de nulle part. Quand les chemins se font tranquilles, qu'il ne reste plus que quelques rares charrettes rentrant au crépuscule, que l'obscurité gagne peu à peu, nous pouvons enfin nous offrir le luxe d'un bain, nous plongeant avec délice dans la fraîcheur de la rivière après cette journée torride qui nous a laissés encrassés de poussière et noyés dans notre sueur. C'est un privilège de voyageur que de s'offrir une nouvelle salle de bains chaque jour, dans l'aube naissante pour débuter de frais une journée en accord avec la nature qui s'éveille, ou sous les étoiles, pour se régénérer après la fatigue de la journée, toujours dans un caravansérail de verdure.

Alors que nous entrons dans le village, la journée commence sous les meilleurs auspices : un paysan propose un petit déjeuner de foin à nos ânes et une femme qui faisait un bout de route et de causette avec nous met un billet de cinq mille Lei dans la main de Vincent, en insistant malgré nos protestations :

«Si, si, c'est pour qu'il s'achète une glace. »
Ici, les rôles sont inversés : ce n'est plus le touriste qui est constamment sollicité pour distribuer quelques miettes de sa richesse, c'est le voyageur qui se trouve comblé de cadeaux. Le lendemain, un groupe d'enfants accourra vers nous, non pour piailler des sous, mais pour nous offrir un bouquet de cerises. Le tourisme de masse n'est pas encore passé par-là pour créer une mentalité de mendiants ou de profiteurs. Les relations sont simples, franches, aimables et on entre en contact avec l'étranger pour le plaisir. Il y a dans cette relation un quelque chose de rafraîchissant et de candide qui nous touche profondément.

A Bârsana habite un célèbre sculpteur, malheureusement absent en ce moment car parti exposer ses œuvres à Washington. Sur l'immense portail de chêne, il a gravé des croix, des tresses et le poisson biblique de Jonas pour exprimer sa foi en Dieu et en la communauté. Sa femme qui tient une petite épicerie, nous prie de prendre un peu de repos dans la cour. Les voisines défilent à la boutique et dans leurs conversations, Ildikó surprend de nombreuses allusions à nos petits animaux et au symbole évangélique qu'ils représentent pour ces paysans qui ne connaissent pas l'âne comme bête de somme, mais comme porteur de la Sainte Famille ou de Jésus entrant à Jérusalem. Et quand Ildikó entend « Les pauvres ! » revenir constamment dans les commentaires, elle ne peut deviner si les femmes parlent de Vera et Doina ou de nous-mêmes.
« Il faut décharger vos ânes, sinon ils vont se fatiguer. Jésus aussi voyageait sur un âne. »
La femme qui nous donne ce conseil, nous explique aussi que sa fille a été opérée à l'hôpital de Târgu Mureş et que là-bas, elle a été secourue par des étrangers qui la comblaient de présents.
« En souvenir des cadeaux reçus par ma fille, il faut absolument que vous veniez manger chez moi. »
C'est à nous, étrangers, que s'adresse cette invitation qu'elle répète avec insistance. Rendez-vous est donc pris pour le déjeuner qu'elle s'empresse d'aller préparer, ne nous laissant que le numéro de sa maison : 362. Précision suffisante dans ces villages constitués presque uniquement de la rue centrale.
Il est déjà midi et demi quand nous quittons l'atelier du sculpteur pour partir vers notre déjeuner sous une chaleur écrasante. La route étire

son long ruban de bitume entre les maisons et portails, certains de bois sculpté, d'autres de ferraille rouillée. Les numéros défilent lentement : 400, 380… puis bientôt 314. En toute logique, le 362 doit se trouver entre le 314 et le 380. Nous avons dû le manquer et repartons donc en arrière. Mais le numéro en question reste introuvable, malgré nos recherches attentives et nos questions aux villageois qui, s'ils connaissent tous leurs voisins, ignorent pour la plupart les numéros des maisons. En expliquant que la fille de la famille a été opérée à Târgu Mureş, les éclaircissements se font peu à peu et on nous renvoie vers l'entrée du village, près du sculpteur. L'ordre des numéros a, paraît-il, été modifié.
Abrutis de chaleur, nous hésitons à refaire tout le chemin inverse mais la pensée de la femme nous attendant avec la table prête, nous ennuie fort. Ayant trouvé un coin d'ombre pour abriter l'équipage, je repars avec Ildikó vers notre point de départ, à la recherche du fameux 362. Réexpliquant à chaque fois l'histoire de l'opération, et malgré maintes et maintes demandes, les renseignements restent toujours flous mais renvoient inévitablement vers la même direction, en arrière. Qui n'a jamais traversé une bourgade du Maramureş à pied, en plein midi sous un terrible soleil, ne pourra jamais saisir que ce village, c'est une rue qui commence au début et finit on ne sait jamais où, loin, beaucoup plus loin. Avançant à pas lourds, nous faisons la demande de la dernière chance, bien décidées à abandonner là l'introuvable hôtesse et son repas. C'est alors que l'homme abordé nous montre une bâtisse délabrée avec sur la grille, une plaque rouillée à peine déchiffrable portant le numéro… 362. Juste à côté, la maison voisine affiche haut et clair un très visible 420 !
La femme rencontrée ce matin chez le sculpteur, nous accueille fort gentiment et nous fait entrer dans une pièce sombre et fraîche. Là, elle sort une vieille boîte en carton remplie de photos ; tout y passe : le mariage de sa fille, son voyage dans un monastère… Il n'est plus question de repas. Nous n'écoutons guère, nous lançant des regards interrogateurs. A première vue, rien n'est prêt pour le déjeuner malgré la pressante invitation du matin, et nous décidons de ne pas nous attarder, même si notre hôtesse nous poursuit de ses commentaires jusqu'au portail. Il ne nous reste plus qu'à parcourir dans l'autre sens les kilomètres si difficilement avalés tout à l'heure. Quand nous rejoignons Bruno et les enfants, deux heures se sont écoulées depuis

que nous avons commencé à chercher ce numéro 362. Ildikó n'arrive pas à comprendre qu'une telle incurie puisse régner dans le pays :
« Mais enfin, il y a une administration dans ce village. Ce n'est quand même pas compliqué de mettre les numéros en ordre, surtout quand il n'y a qu'une seule rue. Mais c'est vrai qu'en Roumanie, les aberrations de ce genre sont courantes. On préfère souvent en rire. »
Ordre et rigueur ne semblent point vertus roumaines. Et il arrive qu'une même maison ne compte pas moins de trois numéros aussi divers que 505, 562 et 634 ! Ce qui lui vaut une photo souvenir.

L'équipage repart en traînant la jambe car la température reste toujours aussi peu raisonnable. Quelques vieillards assis à l'ombre près d'un portail, nous regardent passer, incrédules. Le village s'étire sans fin et nous désespérons d'arriver à notre but. Enfin, nous apercevons les deux clochers de bois indiquant le monastère que nous cherchons. Une route goudronnée bordée de jardinières fleuries y monte et débouche sur un vaste espace planté de jeunes arbres et parcouru d'allées où s'épanouissent œillets d'Inde et pétunias. La région, plus portée à l'insouciance qu'à la rigueur, ne nous a guère habitués à un tel décor de verdure soignée. Les fins clochers de bois rivalisent en hauteur avec la pointe des sapins qui s'étagent au flanc de la montagne.
Ayant attaché les ânes à un arbre, nous nous enquérons auprès d'une religieuse de la possibilité de les laisser là le temps de la visite du monastère. Elle nous oriente vers la mère supérieure qui se trouve dans le bâtiment principal et nous attendons sagement au bas des marches, le temps qu'elle aille quérir la responsable du lieu. Soudain, une furie toute vêtue de noir de la tête aux pieds, descend les escaliers en criant :
« Comment ? Il y a des ânes ici ? Mais qu'est-ce que c'est que ça ? Allez les mettre chez des paysans ! »
Ildikó tente de nous présenter mais l'autre n'écoute pas, toujours vociférant :
« C'est inadmissible de venir ici avec des ânes. Sortez-les tout de suite. Ils vont tout salir, on a assez de mal à tenir propre. »
Le temps que la supérieure reprenne sa respiration entre deux hurlements, notre interprète arrive à glisser que nous voulons juste visiter le monastère -qui est ouvert au public, précisons-le-.

« Revenez ici en touristes normaux. Il y a de la place pour garer des voitures. Mais des ânes ! »
Au comble de l'indignation, elle n'arrive même plus à reprendre souffle, tellement outragée que quelqu'un ait pu se permette une telle ignominie.
Je glisse à Ildikó :
« Dis-lui que Jésus voyageait avec un âne. »
Mais cela ne calme guère la tornade, alors que nous ne comprenons toujours pas quelle mouche l'a piquée et quel crime nos douces Vera et Doina ont commis en entrant ici.
« Laissez Jésus tranquille. Sortez les ânes d'ici » crie la religieuse hystérique qui tourne les talons et remonte les escaliers quatre à quatre, s'engouffrant dans la maison dans une envolée de robe noire.
Abasourdis par tant de fureur, nous revenons auprès de nos ânes, objet bien involontaire de tout ce remue-ménage. Un ouvrier qui travaillait près de là aux plantations, vient nous dire, en jetant des regards apeurés vers la maison, de sortir rapidement « sinon, la Mère va se fâcher. »
Nous prenons cependant le temps de marquer un tel accueil sur la pellicule en faisant poser Vera et Doina devant l'entrée. C'est à ce moment là qu'arrive un imposant camping-car immatriculé au Danemark. Il passe l'entrée près de nous, manœuvre sur le parking, le chauffeur et sa passagère jettent un coup d'œil à l'église par la vitre de leur habitacle et le véhicule repart. Nous avons le souffle coupé de constater qu'ils ne descendent même pas de leur camping-car pour saisir la beauté du lieu. Voilà sans doute le tourisme qu'apprécie la mère supérieure. Mais des ânes ? Quelle horreur !

Recherche d'un numéro fantôme, accueil au monastère, chaleur insupportable : c'en est assez pour aujourd'hui. En bas du monastère, au bord de la rivière, un beau terrain herbeux sous les pommiers nous invite au repos. La propriétaire sollicitée pour la halte de la nuit nous répond tout de suite positivement. La religieuse avait raison de nous dire d'aller chez les paysans ! Pardon ma sœur, mais nous vous suggérons de les fréquenter, ces paysans, pour y glaner quelques leçons d'hospitalité. Il est 17 h quand nous sortons enfin les provisions pour le pique-nique qui fera office de déjeuner et de dîner. Prenant un bain dans le courant tiède de l'Iza, Bruno improvise sur un rythme de

blues une chansonnette qu'il dédie à notre aimable rencontre de tout à l'heure :
«Oh ma sœur de Bârsana
Vous allez crier Hosanna
En me voyant tout nu dans l'Iza.
J'ai perdu ma savonnette
En me lavant la quéquette.
Je préfère les nonnes de Voroneț
Qui sont plus coquettes »
Sans doute le ciel gronde-t-il contre ces vers impies car bientôt un vent violent secoue les frondaisons au-dessus de nos têtes, l'azur se couvre d'encre et l'orage se déchaîne.

Au matin, la rivière gonflée par les pluies de la nuit, charrie des eaux brunes et impétueuses. Ayant prudemment laissé nos ânes sous la surveillance de notre hôtesse, nous remontons tranquillement pour visiter le monastère, nous fiant aux paroles de la Mère qui nous avait invités à revenir en « touristes normaux ». Sans notre équipage, nous passerons incognito et nous contenterons de prendre quelques photos. Mais la mère supérieure est à son poste sur le balcon de sa maison. Elle doit avoir une vue perçante car dès que nous pénétrons dans la cour, elle crie ses ordres à un messager qui accourt vers nous. La nonne est aussi peu aimable que son chef :
« Qu'est-ce que vous êtes revenus faire ici ? De toute façon, vous n'avez pas le droit de prendre des photos. Partez ! »
Ildikó tente d'expliquer qu'hier nous avons vu des touristes filmer l'église et qu'il n'y a aucune indication interdisant les photos. Mais la supérieure crie toujours depuis son balcon et son cerbère s'énerve. Il vaut mieux renoncer. Non seulement nous n'aurons pas visité la chapelle mais nous repartirons sans comprendre ce qui a pu motiver une telle animosité à notre égard. Dommage.

Alors que nous préparons Vera et Doina pour le départ, un homme descend du monastère, poussant une charrette à bras chargée de grands bidons en fer. D'un geste tranquille, il vide les bidons un à un dans le talus surplombant la rivière. Après son départ, nous nous approchons, intrigués, pour découvrir que la pente est jonchée de détritus sur une trentaine de mètres. Bouteilles et sacs plastique, papiers, toutes les poubelles des nonnes finissent là, dans la nature, attendant qu'une crue de la rivière les emporte au loin. Et la Supérieure qui nous accusait hier de salir son monastère ! Les quelques petites crottes que nos ânes risquaient d'y déposer, ne sont qu'une offrande nourricière et bienfaisante pour la terre-mère, alors que ces plastiques et autres déchets industriels sont pour elle des verrues indestructibles et infectieuses. Le monastère nous avait frappé par sa propreté mais nous comprenons maintenant comment le ménage se fait dans ce saint lieu.

Profitons de cette anecdote pour préciser ici comment nous gérons en randonnée les résidus de notre digestion, détail qui a son importance. Une pelle pliante fait toujours partie de notre équipement et nous permet de creuser un trou dans chacun de nos terrains de camping. Sur le départ, la cavité est soigneusement rebouchée, et nous laissons la terre ensemencée d'engrais nourriciers. C'est propre, net et écologique. A recommander à tous les randonneurs. Seul problème : Vincent, en enfant "civilisé" habitué à s'asseoir dans les toilettes, ne sait pas baisser culotte dans la nature, ne sait pas utiliser un WC à la turque. Il lui a fallu un long temps d'apprentissage pour réapprendre ce geste instinctif.

Bientôt nous quittons l'Iza pour nous enfoncer dans l'étroit couloir de la vallée de la Sl□tioara très encaissée, à peine trente mètres de large entre les deux parois. Peu à peu, la combe s'élargit pour faire place sur la gauche à des prairies qui grimpent à l'assaut des pentes pour disparaître tout là-haut dans un infini de forêts sombres. De place en place, des troncs d'arbres jetés au-dessus du courant servent de passerelles pour rejoindre les champs de fauche. Près du cours d'eau, un paysan fait paître tout son capital : deux vaches, deux chevaux et cinq moutons. Peu à peu le bitume s'échenille et la route se fait chemin de terre jusqu'au village baptisé du nom de la rivière. Puis le sentier monte doucement vers le village de Glod. Deux enfants sortis d'on ne sait où, nous accompagnent un long moment sans mot dire, observant curieusement notre équipage et nos montures.
Quand nous débouchons dans le village, notre arrivée fait sensation et les enfants se précipitent vers nous en criant de joie. Alors que nous prenons un peu de repos sur un banc, un jeune homme s'approche pour faire connaissance avec notre jeune et jolie interprète. Au fil de la conversation, Ildikó raconte notre histoire et déjà Ion l'entraîne dans la maison de ses parents toute proche ; avant qu'elle ait eu le temps

d'exprimer la moindre demande, on lui montre la chambre où nous pourrons dormir ce soir.
La famille paraît aisée, et sa demeure fort bien tenue contraste avec les cours voisines où tout s'entasse pêle-mêle, et où à la première pluie, les caniveaux de purin débordent . Ici, autour de la cour empierrée, la grange et l'étable alignent leurs portails sculptés, et à travers le potager, un passage ombragé de vigne mène à la grande maison crépie de jaune clair. Dans le prolongement de la grange, une petite habitation de bois abrite la cuisine et le lit de la grand-mère. C'est là que nous dînons d'une excellente soupe de légumes à base de pommes de terre, oignons, carottes, enrichie de crème épaisse et aromatisée de paprika et de livèche. Ion et sa sœur Marioara entraînent Ildikó pour retrouver le groupe des jeunes qui se réunissent sur la place.
Comptant profiter d'une soirée calme pour coucher les enfants de bonne heure et ensuite écrire le journal de bord, nous nous retirons dans la chambre qui nous a été attribuée, meublée de canapés et d'un imposant buffet vernis. Mais l'hospitalité impose ses devoirs aux voyageurs qui se doivent d'être présents à leurs hôtes, de répondre à leurs sollicitations, à leurs questionnements toujours renouvelés ; ce qui n'est pas une mince affaire après une journée de marche au terme de laquelle on ne désire qu'une chose : le repos. Alors quand les membres de la famille défilent un à un dans notre chambre jusqu'à une heure avancée de la nuit, nous ne pouvons que les accueillir en souriant. Ayant abondamment questionné Ildikó, ils savent déjà tout de nous, enfin tout ce que nous-mêmes sommes capables de leur dire en roumain pour nous présenter. Pour une conversation plus élaborée, nous avons besoin de notre interprète, et comme elle n'est pas là ce soir, le père résout cette impossible Babel en apportant un autre outil de communication, l'eau-de-vie dont il nous abreuve -trop-généreusement.

Le lendemain matin, nous avons du mal à avaler la copieuse et grasse assiettée de mămăliga au fromage et au lard que nous essayons de faire descendre avec de grandes lampées d'eau fraîche. Pour débuter la journée, nous préférons nous contenter de cette saine boisson plutôt que d'accepter le verre de ţuica, l'eau-de-vie, toujours proposé avant le petit-déjeuner. Ceux d'hier soir nous ont suffi.
« Avant, on avait de l'argent » se plaint le père, attablé avec nous. Avant, au temps des communistes.

« Les communistes ont fait de bonnes choses. C'est vrai que nous devions donner de la viande et du lait à l'Etat. Maintenant, nous n'en donnons plus mais nous ne sommes pas plus riches pour autant et on ne peut même plus acheter d'animaux car c'est trop cher. La démocratie, c'est le régime des voleurs ; sous le communisme, la police avait plus de pouvoirs alors que maintenant, elle est impliquée dans la corruption. Le communisme a été bon ; Ceauşescu a fait bâtir des logements pour ceux qui n'en avaient pas, il a fait construire le métro. »
L'homme se fait virulent et nous n'osons demander ce que le métro de Bucarest a pu lui apporter, à lui paysan d'une vallée perdue dans le Maramureş ! Mais sa nostalgie d'un temps qui n'est plus, d'un temps où l'Etat était garant d'une certaine stabilité, ne l'empêche pas de reconnaître que Ceauşescu a fait aussi des erreurs, notamment en détruisant des églises, des monastères.
« La religion, c'est sacré. Il ne fallait pas y toucher, même aux églises greco-catholiques. »
Il vient pourtant de vociférer violemment contre l'empire du mal qu'est cette religion liée à Rome, allant jusqu'à l'accuser d'avoir introduit la pornographie en Roumanie. Il est facile d'influencer certains esprits peu au fait de l'histoire et de la réflexion et de leur inculquer l'amalgame : greco-catholique = Rome = Occident = pornographie = le mal, et d'en tirer la contestable conclusion que greco-catholique = le mal.

La famille part au foin et nous pensons les rejoindre un peu plus tard quand nous serons prêts. Marioara insiste pour que nous partions tout de suite avec eux car la prairie n'est pas loin, dit-elle ; nous pouvons y aller sans les ânes que nous reviendrons chercher ensuite pour reprendre notre route.
« Pas loin, vraiment ? »
« Oui, oui, c'est tout près d'ici. »
Je serais tentée de la croire mais Bruno se méfie et malgré les protestations de Marioara, nous préparons nos montures. Bien nous en prend car « pas loin », c'est près d'une heure de marche. L'aller-retour nous aurait fait deux heures supplémentaires. Dans nos régions, la distance se mesure désormais en terme de kilomètres-heure à l'aune de la vitesse des voitures, ce qui nous a fait perdre la notion de distance telle que la conçoit le marcheur qui n'avance qu'à la vitesse

de ses pas. Car cinq minutes pour un automobiliste, c'est une bonne heure pour le marcheur. Mais ce n'est pourtant pas l'usage du moteur qui fait que les paysans d'ici apprécient les distances autrement que nous. Plutôt une autre notion du temps. Car qu'est-ce qu'une heure quand on a l'éternité devant soi ?
Sur notre carte, la route qui rejoint Poienile est marquée d'un trait rouge indiquant « route non modernisée ». Effectivement un véhicule "moderne", une voiture, serait bien incapable de s'aventurer sur ce chemin jonché de pierres et labouré par le passage des charrettes et les sabots des bêtes. Notre avancée se poursuit à travers les prairies par des sentiers abrupts, traverse un bois où nous laissons les ânes à l'ombre, et nous amène dans le pré où travaille la famille. Marioara n'est pas très active avec son râteau. Elle confesse qu'elle n'aime pas aller aux champs, surtout dans cette chaleur. Ayant passé son baccalauréat, elle ne rêve plus que de son prochain départ vers la ville et l'université. Pour nourrir ses trois vaches et ses deux chevaux, la famille doit amasser chaque année près de quarante meules de foin. Comme l'orage menace de nouveau, Bruno donne un coup de main pour reprendre l'herbe qui a séché sur des claies de bois et qui doit être maintenant transportée vers la grosse meule où elle sera à l'abri de la pluie. Un travail long et harassant sous la chaleur lourde, à gravir et descendre sans cesse les pentes raides. Le vent s'est levé et chasse plus loin les lourds nuages noirs menaçants.

Pour nous éviter de redescendre tout en bas sur le chemin, Ion va nous guider vers Poienile par des raccourcis à travers les collines. Ce qui est loin de lui déplaire, lui fournissant l'occasion de continuer sa cour auprès d'Ildikó. Nous continuons à grimper à travers le damier des prairies et des champs minutieusement façonnés par les paysans, tapissés de maïs, d'avoine mûrissante, de betteraves, de choux et de potirons. Les collines ondulent en amples et profonds mouvements, dessinant le paysage en lignes courbes. Les prairies où la faux n'a pas encore fait son œuvre regorgent de vert, de fleurs et de lumière et nous nous enfonçons avec délice dans l'herbe haute, là où nous appelle un étroit sentier parmi marguerites et bleuets. Le vent léger fait frémir et chanter le moindre brin d'herbe.
Bientôt le chemin creux disparaît entre les prairies, traverse un bois, repart à grimper pour nous mener sur la ligne de crêtes. Dans ces douces et moelleuses montagnes, point d'aspérité ; tout n'est que

rondeur et harmonie des couleurs et des formes. Quelque chose en nous se met à l'écoute et vibre à l'unisson de cette symphonie, pour qu'elle s'inscrive tout au fond de notre mémoire. Au détour du sentier, la vue plonge soudain dans la vallée, avec le village de Poienile tapi loin là-bas, tout au fond. Les mots sont impuissants à dire la merveille de l'instant, et nous restons là, dans une contemplation silencieuse, absorbés par ce paysage qui nous éblouit.

Arrivés au village, nous faisons halte sur un banc près du magasin, pour vider des litres d'eau fraîche. Aujourd'hui encore, le déjeuner est passé aux oubliettes, et pour le goûter, nous améliorons l'ordinaire en tartinant notre pain avec de la confiture, trouvaille qui a pourtant un goût d'une autre époque dû à un trop long séjour sur l'étagère de la boutique. Pas question, pourtant, de la jeter. Parce que toute nourriture est sacrée et plus il y a rareté, plus cette sacralisation augmente. Alors, ne faisons pas la fine bouche, et estimons-nous heureux d'avoir de la confiture aujourd'hui pour changer du fromage et du saucisson. L'abus de ce dernier ayant produit quelques ennuis boutonneux chez plusieurs membres de la famille en principe végétarienne, nous avons restreint la charcuterie pour nous consacrer principalement à la dégustation de fromage. Même si celui-ci ne supporte pas toujours très bien les séjours dans les sacoches sous 35° à l'ombre et répand alors des odeurs venues d'ailleurs.
Parfois nos papilles gustatives s'affolent et s'indignent. Refus d'obéissance ! Personne n'arrive plus à avaler. Alors de grâce, ne faisons pas les difficiles pour un petit goût de moisi et d'aigre dans un pot de confitures. Sinon il ne nous restera plus comme alternative gustative que le sandwich au pain. Il est vrai que le pain que l'on trouve en Maramureş est excellent et se conserve parfaitement pendant plusieurs jours. Heureusement pour nous car le réchaud tout neuf, acheté spécialement pour cette randonnée, ne fonctionne déjà plus. Il était pourtant « made in USA » et garanti trois ans ! Nous en sommes donc réduits aux sandwichs trois fois par jour.

Nous pensions continuer jusqu'à Botiza mais c'en est assez pour la journée. Quand nous demandons la permission de camper sur un petit terrain fauché, la propriétaire nous invite plutôt à passer la nuit chez elle, toute ravie d'accueillir des Français. Car son mari est chez nous, en France, parti avec quelques hommes du village ; ils travaillent au

noir dans le bâtiment depuis plus d'un an. La cour compte deux maisons, l'une en brique que nous pensons récente car elle n'est pas encore crépie, et la seconde en bois, à deux étages. Nous apprendrons plus tard que la construction de briques date de 1967, quand les emplois du régime communiste procuraient des revenus et que les matériaux se vendaient à bas prix. Elle compte quatre pièces de réception, avec canapés, buffets vernis, piles de couvertures tissées et broderies au mur. Un musée jamais dérangé, jamais habité, toujours plongé dans le noir.
Dans la maison de bois, la chambre du haut qui nous est réservée, se fait aussi musée, mais un musée moderne celui-là puisque s'y alignent comme des trophées une télévision couleur, une playstation, un radio-réveil, un magnétophone et un réfrigérateur. Mirifiques cadeaux apportés par celui qui vit loin de sa femme et de son fils, mais qui revient au village les bras chargés de tous les attributs indispensables à une vie moderne. Plus étonnant encore, la maison comporte une salle de bain alors que rares sont les maisons neuves qui disposent de l'eau courante.

En ce dimanche matin, le clocher de bois se tait. L'appel à la messe vient de la nouvelle église. C'est sous le communisme que les orthodoxes ont élevé ce nouveau lieu de culte. Si entre 1948 et 1964, le régime a mené la vie dure à toutes les Eglises, y compris à l'Eglise orthodoxe, cette dernière a, contrairement aux greco-catholiques, conservé sa liberté du culte. Tolérée par le régime -et bien souvent complice de celui-ci-, elle a pu construire monastères et églises. Comme dans beaucoup d'autres villages, la nouvelle église de Poeinile détonne par sa taille, immense, et par son matériau, du béton. La juxtaposition des deux bâtiments, l'ancien et le nouveau, choque dc par la disproportion de grandeur, et si la vieille église de bois plonge ses racines dans le paysage, la nouvelle a du mal à s'y inscrire. Les peintres y travaillent encore pour orner l'intérieur de fresques, les travaux avançant au rythme des financements collectés auprès des villageois. La messe a commencé à 10 h, mais, prudents, nous ne pénétrons dans l'édifice que vers 11 h 30. Tout le village est là, hommes devant, femmes derrière même si la séparation coutumière dans les églises de bois entre nef et narthex, n'existe plus.

Après l'office, le père de notre hôtesse nous invite à visiter la vieille église de bois qui se dresse sur la colline, barrière séculaire contre les puissances du mal. Sur le toit, une croix de fer forgé repose sur un curieux socle en forme de croissant renversé. Les historiens ont beaucoup disserté sur cette particularité, certains y voyant la victoire de la Croix sur le Croissant, symbole de la suprématie chrétienne sur la foi des détestés Pachas de Constantinople, longtemps maîtres du pays[1]. Peut-être s'agit-il tout simplement d'une stylisation d'ornements floraux comme on en voit souvent sur les croix byzantines. Nul ne le sait.

Notre guide, 78 ans, bon pied, bon œil, sert à l'église depuis 1950 et en est le gardien des clés. L'église de Poeinile s'enorgueillit de fresques murales datant de 1783, et notre hôte nous explique qu'il est absolument interdit de faire des photos au flash pour ne pas abîmer les peintures, ce qui ne l'empêche pas d'y poser les mains pour mieux nous les expliquer !

Depuis deux siècles, le diable n'a rien perdu de sa superbe. Oiseau féroce avalant les pécheurs, diables cornus labourant le ventre du voleur ou jouant du violon sur le lit d'un mourant pour mieux l'attirer dans son antre : le Vilain n'est pas à court d'idées pour mieux tourmenter ses victimes. Là, c'est une sorcière qui de son vivant avait le pouvoir de tarir les vaches des voisins, qui se trouve punie par où elle a péché, se faisant encorner par deux bestiaux. Est-ce pour un crime d'infanticide qu'une femme est condamnée, nue, les mains enchaînées derrière le dos, à manger un bébé que le diable lui enfourne dans la bouche ? Le peintre n'a pas hésité à décrire de façon explicite les démons sodomisant des pécheurs à l'aide d'instruments aussi bizarres qu'un énorme soufflet et un pieu enfoncé à coups de marteau. Quand nous demandons à notre guide quelles fautes étaient punies de cette façon, lui qui était si disert sur les autres scènes, répond que « c'est à cause de leurs péchés » et passe rapidement à autre chose. Je note que ces tableaux pour le moins instructifs se trouvent peints dans la partie de l'église réservée aux femmes, leçons à incruster dans les âmes pendant les longs offices liturgiques.

---

[1] Malgré une résistance courageuse, les principautés qui forment la Roumanie actuelle furent soumises aux Turcs à partir du 15e siècle. Elles conservèrent cependant une certaine autonomie moyennant paiement du tribut à Constantinople.

A la sortie du sanctuaire, nous faisons connaissance avec deux jeunes filles de Bucarest, actuellement en vacances ici chez leur grand-mère. Elles disent venir au village « pour recharger leurs batteries » loin de l'agitation de la ville. C'est aussi près de la vieille église de bois qu'elles viennent se ressourcer.
« Même pour nous qui n'habitons pas ici, cette église est importante, nous y venons depuis que nous sommes petites et nos grands-parents nous ont appris à l'aimer. Pour les villageois, le lien est encore plus fort ; ils y sont attachés, ils en sont fiers et même si elle ne sert plus pour les offices, ils vont continuer à l'entretenir. »

Après déjeuner, les villageois se rassemblent près du magasin qui fait office de bar, pour prendre un peu de repos. Car ce serait une offense grave que de travailler en ce jour du Seigneur. Même si aujourd'hui une vieille femme grommelle contre cette interdiction, regrettant que « par ce beau temps, on ne puisse pas travailler ; avec un soleil pareil, on devrait être aux champs à faire le foin. » Mais on ne saurait bousculer sans dommage cette loi de l'Eglise. Ne nous a t-on pas raconté l'histoire de ce mécréant partant travailler aux champs le jour de la St Pierre et Paul ? A un voisin s'en étonnant, l'homme avait répondu en blasphémant. Le soir même, il fut retrouvé aveugle et malade et il mourut quelques années plus tard. En ces contrées, l'autre monde avec ses forces obscures n'est jamais bien loin du monde d'ici-bas, et qu'une vache ne donne plus de lait ou qu'un homme tombe soudain malade sans que le médecin puisse en trouver la cause, on fait appel aussi bien à la sorcière qu'au prêtre pour lutter contre les mauvais esprits. Deux précautions valent mieux qu'une.

En ce jour de repos, les femmes s'installent sur un long banc pour apprécier la vie de la rue qui est aussi lieu de loisirs le dimanche, faute de moyens de locomotion pour aller ailleurs. Les hommes préfèrent l'ombre du café pour bavarder ou jouer aux cartes. Les filles vont bras dessus-bras dessous, faisant le va-et-vient sur la route sous le regard observateur de leurs aînées qui bâtissent pour elles des projets matrimoniaux. Elles rient en croisant les groupes de garçons qui leur lancent plaisanteries et œillades.
Comme partout dans le monde, ce sont les hommes qui ont abandonné les premiers la tradition vestimentaire. Les jeunes gens sont vêtus aujourd'hui de jeans et chemises de fabrication industrielle, quand ils

n'arborent pas un maillot aux couleurs d'une équipe de foot et des casquettes à la gloire de marques de vêtements de sport. La palme du style revient sans doute à un homme d'âge mûr qui sur un maillot vert fluo portant des inscriptions en anglais sur le "fun"[1] qu'est la planche à voile, n'a pas craint d'endosser son gilet de cuir brodé de bleu et de rouge.
Les filles, elles, ont abandonné les tabliers rayés pour inventer une nouvelle mode villageoise avec leurs jupes et leurs fichus fleuris. Si elles conservent précieusement pour les fêtes les anciennes blouses brodées, elles préfèrent en ce chaud dimanche revêtir des chemisiers de nylon blanc, moins pesants. Quelques-unes pourtant ont adopté le modèle vanté par la télévision et par les boutiques de la ville, des robes longues, haut-fendues sur la cuisse ou des mini-jupes. L'une d'elles attire les regards des garçons avec son chemisier de voile noir sous lequel se dessine nettement un soutien-gorge à balconnet.

Triste uniformisation des vêtements et des modes de vie qui fait disparaître sous toutes les latitudes l'extraordinaire richesse et la diversité des cultures locales. Quand les métiers à tisser sont abandonnés, on oublie le sens des motifs qui inscrivaient au creux des fibres les racines et l'appartenance à une culture, quand les broderies transmises de mère en fille racontaient les histoires des hommes et des villages afin que nul ne les oublie. On troque les vieux costumes, signes d'identification, pour endosser un banal uniforme, sans âme aucune mais symbole d'un mode de vie qui fait rêver et que l'on voudrait bien adopter. Par la télévision, le rouleau compresseur de la publicité apporte à domicile les valeurs et les images de la société occidentale qui se veut universelle et de ce fait, cherche à uniformiser la planète toute entière en bousculant et détruisant tout ce qui existait auparavant.

Il ne s'agit pas d'enfermer les gens du Maramureş dans une image folklorique où il serait fort romantique d'aller puiser l'eau au puits et de laver le linge dans la rivière glacée. Sans doute avons-nous tendance à idéaliser ces images de notre passé qui sont le présent d'ici. Alors que les gens d'ici justement sont avides de ce qu'ils n'ont pas, et que nous, Occidentaux nantis, possédons et dont nous cherchons peut-

---

[1] « fun » : amusement, distraction

être à nous débarrasser en venant dans ces contrées où le temps s'est arrêté.
Se barricader dans le passé pour s'opposer à la modernité serait une défense bien illusoire. Les techniques et les sciences sont là avec leurs acquis positifs et il ne s'agit pas de les nier, mais plutôt de les relativiser et de les réconcilier avec l'homme.
Existe t-il une autre voie, un juste milieu entre une tradition figée et le modernisme à tous crins ? Comment intégrer les bienfaits du progrès sans renier son âme ? C'est un chemin encore à inventer car personne n'a jusque là trouvé la réponse à ces questions qui s'adressent autant aux paysans du Maramureş qu'à nous-mêmes, membres des sociétés technologiquement développées. Un chemin difficile car les gens d'ici sont confrontés à la vague déferlante de la modernité qui ne fera que s'amplifier avec l'entrée dans l'Union européenne : productivité à tout crin, élimination des agriculteurs, chômage, transfert des populations des campagnes vers les villes, frustrations d'un rêve de consommation inaccessible, pollutions diverses…
Le "progrès" nous plonge souvent dans le règne de la quantité au détriment de la qualité ; toujours plus d'objets, plus de diversité, toujours plus vite, toujours plus loin. « On nous fait croire que le bonheur, c'est d'avoir, on nous inflige des désirs qui nous affligent » chante Alain Souchon. Les mégalopoles et les supermarchés nous inondent de superflu, nous faisant croire qu'une nouvelle voiture ou un nouveau magnétoscope vont construire un éden planétaire.
C'est là le rôle de la publicité, formidable machine à décerveler, qui réussit fort bien dans sa vocation à contrôler notre imaginaire, à nous prouver que la joie d'exister vient par le pouvoir d'achat. Une seule alternative à ce lavage de cerveau : la résistance par nos gestes quotidiens ; ainsi il est fort simple de refuser que le facteur déverse chaque semaine dans notre boite à lettres plus d'un demi-kilo de prospectus publicitaires. N'oublions pas qu'une dictature de ce genre ne se maintient que par le consentement exprimé ou tacite des citoyens.
Toujours est-il que dans notre monde, on vibre à l'immédiat, on zappe d'une image à l'autre, perpétuellement insatisfaits, essayant de combler le vide, le manque de sens, par une boulimie de consommation. Et le bonheur là-dedans ? Constamment tirés vers l'extérieur, submergés de sollicitations, pris au piège de la technique, nous ne savons plus habiter notre propre vie. Le salut n'est-il pas dans

le retour vers une certaine frugalité, vers un peu plus de silence et de lenteur, là où l'homme peut reprendre source, se construire des racines. Toutes choses qui se vivent au Maramureş et que les gens d'ici vont fuir ou qu'on va les obliger à abandonner pour devenir prisonniers d'un mode de développement, pour le pire plutôt que pour le meilleur.

Lenuţa, jolie blonde aux yeux clairs, rit beaucoup avec sa bande de copines mais se fait sérieuse pour parler de sa vie.
«Le dimanche et les jours de fête, j'aime bien porter le costume traditionnel quand je suis au village, comme l'ont toujours fait nos ancêtres. Parce que c'est l'habitude et j'aime bien ça. De même que j'aime broder comme me l'a appris ma mère et que j'espère pouvoir transmettre cela à mes enfants. C'est important. Mais si je vis en ville, ce n'est pas sûr que je pourrai continuer cette tradition. »
Et son avenir ? Lenuţa, actuellement lycéenne à Sighet, souhaite faire des études universitaires pour devenir professeur de français.
« Mais si je n'ai pas la possibilité d'étudier, je me marierai. »
Se marier et avoir des enfants, c'est la voie tracée par la coutume. Une tradition que respecte Anişoara, même si elle la refuse pour elle-même. Elle est là en ce dimanche, vêtue du costume traditionnel, mêlée aux jeunes villageois qu'elle retrouve avec plaisir pendant les vacances, alors qu'elle vit toute l'année à Baia Mare où elle est pensionnaire dans un lycée. Comment être de ces deux mondes ?
« J'aime revenir au village pendant les vacances car j'y retrouve mes parents, ma grand-mère, mes amis d'enfance. J'aime les gens d'ici, que je connais depuis toujours et avec qui je me sens parfaitement à l'aise. Ils sont simples, gentils, ils gardent leur foi vivante. Quand je reviens ici, j'essaie d'oublier la vie de la ville pour m'intégrer dans cette atmosphère, devenir le plus possible comme eux. Mais c'est un peu dur parfois car avec mes amis, je ne peux pas vraiment échanger. Pour eux, la vie, c'est celle du village, ils n'ont aucune ouverture sur le monde. Alors que moi, j'aime parler littérature, musique, mais avec eux, ce n'est pas possible. »
Anişoara aime revenir au village, là où elle retrouve ses racines, les arbres, cette atmosphère calme et tranquille qui lui redonne la paix intérieure. Mais elle avoue qu'elle ne pourrait pas y vivre en permanence. Elle rêve d'un métier passionnant, de voyages.

« Ici, on ne peut pas être différent de la norme, des habitudes. Comme les gens vivent toujours ici, ils sont tous un peu semblables, suivant le même modèle. Il faut suivre le chemin tracé et ne pas s'en écarter. Sinon, on est rejeté et les gens qui savent être si gentils peuvent alors être très durs. Si tu n'es pas comme eux, ils ne peuvent pas te comprendre et t'accepter. »
Et de nous citer le cas d'une de ses amies que ses parents avaient forcée à épouser un homme dont elle ne voulait pas. L'union fut un désastre et la jeune femme demanda le divorce quatre ans après.
« Les gens du village l'ont très sévèrement condamnée et complètement rejetée. Car pour eux, le divorce est un péché grave. Pour moi aussi, c'est un péché mais il faut comprendre les situations et je trouve que cette fille a été très courageuse de prendre cette décision alors qu'elle en connaissait les conséquences. »

Quand, en fin de journée, nous rentrons chez nos hôtes, le grand-père nous accueille avec enthousiasme, un sourire dans les yeux et sur les lèvres pour nous annoncer qu'ils ont préparé pour nous un plat typique du Maramureş, un délice auquel nous devons absolument goûter. Il est tout excité de la surprise qu'il va nous faire, comme un enfant qui a préparé un cadeau en secret.
Quand nous voyons arriver sur la table une potée de mămăliga au fromage et au lard, nos sourires gourmands se figent quelque peu. A la vue de l'épaisse couche de graisse qui surnage, Bruno a un haut-le-cœur mais il faut bien faire contre mauvaise fortune bon cœur et nous nous devons d'y goûter. Agréable surprise car cette mămăliga-là se révèle tout à fait comestible, et même d'un goût agréable, et nous ne devons pas nous forcer pour remplir nos assiettes. Vincent, lui, reste toujours réfractaire à cette bouillie de maïs et se contente d'un verre de lait au cacao. Heureusement que nous disposons de ce cacao salvateur qui nous permet de gérer les invitations à déjeuner sans trop de crises. Sarah, elle, apprécie les longs fils du fromage de la polenta locale.

Les jours suivants, Anişoara nous accompagne dans notre découverte du village, et pour la remercier Bruno lui offre un de ses petits vélos dont il a le secret. C'est pendant le voyage autour du monde qu'il a appris à faire ces petites merveilles en fil de fer, pour garnir un peu notre bourse de voyageurs en les vendant dans la rue. Rappelons au passage que pendant huit ans, nous n'avons fait appel à aucun sponsor, ayant choisi d'assumer nous-mêmes la réalisation de notre rêve et de ne dépendre de personne. Nous travaillions habituellement dans des familles, échangeant notre labeur contre gîte et couvert, un moyen idéal pour établir des liens, mais nous avions aussi besoin d'assurer notre autonomie financière pour payer billets d'avion, vêtements, visas, photos, etc. A notre panoplie de conférences, vente d'articles à des magazines, emplois salariés, nous avions donc ajouté la vente des petits vélos.

Bien sûr, il ne s'agissait pas de gagner des sommes folles à investir en bourse, mais cela contribuait à mettre du beurre dans les épinards, ou plutôt dans notre bol de riz quand dans certains pays, comme à Hong Kong ou Singapour, on se les arrachait littéralement. Bruno avait alors ajouté à sa collection les vélos boucles d'oreilles et, pour les farceurs, les vélos-lunettes, toujours en fil de fer. C'était aussi une monnaie d'échange : un petit vélo contre un bol de nouilles ou en remerciement d'un passage en stop. Un cadeau qui nous a ouvert bien des portes et des cœurs, d'autant plus apprécié que nous n'avions pas de langue en commun si ce n'est celle du cœur.

Pareil au potier qui donne vie à une masse informe d'argile, ses doigts transformaient un banal fil de fer en un objet qui faisait le ravissement des enfants et des adultes sous toutes les latitudes. Partout, ce fut un extraordinaire moyen de contact. Ainsi, un Palestinien rencontré alors que nous proposions les petits vélos aux passants dans une rue de Tel-Aviv, nous invita à venir chez lui. Un séjour qui se prolongea une semaine. Dans un village chinois, un vélo offert à un vieil homme avec qui nous ne pouvions communiquer par le langage, nous ouvrit les portes de sa maison. Un petit cadeau qui est loin d'être anodin pour Bruno :

"A ceux qui nous font la grâce de leur hospitalité, en Maramureş ou ailleurs, je tiens à laisser une marque de voyageur, celui qui est passeur de rêves, passeur d'ailleurs. Au fil des années de voyage, sur la terre bulgare, coréenne ou bolivienne, j'ai développé cet artisanat. Y suffisent une pince, quatre-vingt quinze centimètres de fil, de la patience et un peu de dextérité. Quand le langage des mots vous rend absent à transmettre les émotions, le travail manuel offert transcende les barrières culturelles pour parler le langage du cœur. Il faut s'apprivoiser et savoir remercier. C'est alors que le bonheur advient."

8 - LE CIMETIÈRE JOYEUX

Pour rejoindre Botiza, un chemin part de derrière l'église et s'élance, raide et tortueux, à l'assaut de la colline. Bien vite, nous laissons derrière nous les toits du village pour nous enfoncer dans une mer bruissante de hautes herbes, de marguerites et de bleuets. Autour de nous, l'horizon s'inscrit en un cercle de croupes arrondies et douces et de fraîches odeurs jaillissent des haies et des bosquets de noisetiers. Un petit monastère se cache dans ce décor de paradis, son église toute neuve en bois à peine finie. Une paysanne se reposant près de là à l'ombre d'une meule de foin, nous dit qu'un moine vit ici dans la solitude, mais est absent en ce moment.

Nous faisons halte quelques instants pour nous imprégner de la quiétude du lieu et inscrire en nous ce spectacle de vie et de lumière. Une vie, non pas comme un fougueux torrent en perpétuel mouvement, en constante agitation, mais comme un ondoiement, quand le temps s'écoule simple et tranquille, à fines gouttelettes, et que l'on se contente du plaisir d'être là, d'exister. Jouissance sans hâte du temps qui passe, du silence : nous sommes loin de nos contraintes habituelles de bruit et d'urgence, loin d'Internet et du téléphone portable, symboles même de la hâte qui régente nos vies, quand il faut être joignable et disponible à tout instant et partout et qu'il faut réagir dans la seconde. Nous sommes ici dans un vieux pays rural, dans un monde de lenteur où s'égrènent au fil du temps les saisons, les travaux agricoles et les générations, dans un cycle toujours renouvelé qui donne de la solidité aux racines.

Randonner en ces régions, c'est une vraie cure de désintoxication, loin des sollicitations constantes qui nous agressent et nous étouffent.

Notre esprit devient libre comme l'oiseau et le vent, quand il se détache pour un temps des nouvelles assénées à longueur de journée par la presse, la radio, la télévision. A la maison, nous ne sommes pourtant pas des drogués de l'info puisque nous vivons sans petit écran et écoutons les nouvelles à la radio à raison d'un quart d'heure par jour environ. Il y a la santé de la Bourse, les guerres et les famines en direct, les grèves pour toujours plus, les pédophiles, les scandales et les affaires. Nous sommes noyés dans un flot noir et impétueux qui nous submerge, nous engloutit.
S'il est bien évidemment nécessaire de se tenir informés de ce qui se passe à l'autre bout du monde et chez soi, que faisons-nous de cette information ? Transforme t-elle nos vies positivement en nous amenant à l'engagement, à changer notre comportement ? Nous aide t-elle à vivre plus pleinement notre condition d'être humain pensant et sensible aux malheurs et bonheurs des autres ? Ou l'absorbons-nous comme une drogue dont nous ne pouvons plus nous passer, alors même qu'elle ne fait que nous plonger dans le désespoir ? A moins qu'elle ne serve à nous conforter dans notre chance d'être là, à l'abri des guerres et des massacres, et nous confirme ainsi notre supériorité de "civilisés" sur les autres peuples ?
Balançant sans relâche des bribes de connaissance ici ou là, elle ne donne que partiellement les clés historiques ou culturelles qui permettraient de comprendre. Les nouvelles sont consommées puis rapidement oubliées ; on passe à autre chose dans la plus grande indifférence. Un présentateur ne craint pas d'aligner sans transition aucune un tremblement de terre qui a fait quelques centaines de morts dans un coin reculé du globe, avec les dernières nouvelles du foot, ces dernières paraissant largement aussi importantes que la première.
C'est quand on a réussi à s'en détacher, qu'on peut enfin s'interroger sur ce qui fait notre quotidien. D'ailleurs, de retour à la maison après un voyage qui nous a coupés de ce flot d'informations pendant deux ou trois mois, nous avons toujours une hésitation avant d'appuyer à nouveau sur le bouton de la radio. Il s'écoule souvent deux ou trois semaines avant que nous ne prenions la décision de faire ce geste qui, nous le savons et l'appréhendons, va nous replonger dans la médiocratie.

Nous retrouvons bientôt le chemin empierré qui rejoint Poienile à Botiza pour arriver aux premières maisons du village. Mais nous

sommes encore loin du centre car le gros bourg de quatre mille habitants s'étend le long de trois rues disposées en forme de Y. A la rivière, les femmes battent le linge avec énergie et les vaches viennent boire à l'abreuvoir où nous nous désaltérons nous aussi.
Le village bénéficie de l'aide de l'association Opération Villages Roumains et quelques signes sont là pour montrer un embryon de tourisme rural : des panneaux indicatifs pour les maisons d'artisans, un bureau d'information et un sentier de découverte. Les maisons d'hôtes sont clairement indiquées, propres et fleuries de parterres. Il y a même quelques poubelles où nous pouvons déverser le sac de déchets qui encombre nos sacoches depuis un certain temps. Car si les épluchures de fruits et les croûtes de fromage disparaissent sans problème dans un trou creusé en terre ou sur les tas de fumier, que faire des quelques boites de conserves, sacs de riz ou de nouilles, dans une région où le service d'éboueurs est inexistant ? Nous les gardons soigneusement jusqu'au moment où nous rencontrons une de ces précieuses et rares poubelles. Même si, nous ne nous faisons guère d'illusions, la poubelle sera sans doute déversée quelque part dans la nature.
Nous nous offrons le luxe de pique-niquer sur des tables dans le parc municipal qui nous offre un terrain herbeux planté de quelques arbres autour d'une sorte de kiosque à musique chapeauté de bois. La halte-déjeuner ne saurait être complète sans une bonne sieste. Vera et Doina se couchent à l'ombre et les enfants font de même, Vincent allongé sur un banc et Sarah sur sa couverture qui lui sert de rassurant "doudou". D'ordinaire, quand l'équipage est en route, c'est sur Vera, sa tranquille monture, qu'elle trouve un sommeil réparateur. Il suffit qu'elle s'allonge en travers, la largeur des sacoches étant suffisante pour lui offrir une couche confortable.
Notre arrivée n'est pas passée inaperçue et des bandes d'enfants nous observent, curieux. Derrière la palissade, nous voyons dépasser quelques têtes et des rires étouffés nous parviennent car seuls quelques-uns, plus hardis, ont osé entrer dans l'enclos pour mieux nous voir. Jamais dans les villages, nous n'avons rencontré d'enfants agressifs ou même moqueurs, qui nous auraient nargués. Tous apparaissent calmes, restant un moment à distance respectueuse, nous observant sans hâte et sans crainte. Ils sont le reflet de leur monde lové dans sa tranquillité et son éternité.

Quand Vincent et Sarah se réveillent, les enfants n'hésitent plus et s'approchent pour faire connaissance avec ces compagnons de leur âge. Les garçons, regroupés autour de Vincent, meurent d'envie d'essayer nos montures et Vera se prête de bonne grâce à leurs chevauchements incertains dans l'enceinte du parc. Une fois l'attrait des ânes épuisé, nous les observons se lancer dans deux concours, d'abord le concours de crachats, à qui visera le plus loin, puis celui de rots, à qui se fera le mieux entendre. Vincent n'a pas besoin de longs discours d'explication pour comprendre la règle du jeu et se jette rapidement dans la bataille qui fait rage. Les filles, elles, entourent Sarah qui joue la star, toujours installée sur sa couverture, avec autour d'elle une cour de demoiselles qui la font rire à gorge déployée, alors qu'elle ne comprend goutte à leurs discours.

Au Bureau de l'Agriculture où nous nous rendons pour glaner quelques informations, la secrétaire appelle l'ingénieur agronome à son domicile et bientôt la femme de celui-ci vient nous chercher pour nous emmener chez eux. Dans leur grande maison neuve, ils font chambre d'hôtes et nous proposent de suite de nous héberger pour la nuit. La demeure est fort propre et agréable, et les chambres sont équipées de salle de bain avec eau chaude. Mais les prix nous font reculer, à raison de près de treize euros par personne pour le dîner, la nuit et le petit-déjeuner, soit plus de cinquante euros pour trois adultes et deux enfants comptant pour une personne. Ildikó est choquée qu'un tel tarif soit pratiqué dans un village, alors que comme institutrice, son salaire mensuel est l'équivalent de cinquante-deux euros et qu'un ingénieur gagne environ quatre-vingt dix euros par mois. Sans doute, pour les touristes européens, s'agit-il de prix raisonnables et même bon marché pour notre niveau de vie. Le lendemain, nous rencontrerons Mihai, un Roumain vivant en France depuis vingt ans. Lui aussi se dit scandalisé par de tels prix car il voyage ici avec des amis de Bucarest qui sont tout à fait incapables de payer de tels tarifs, disproportionnés par rapport au coût de la vie locale.
Dans le village, un tel programme ne risque t-il pas de créer inégalités et jalousies entre ceux qui possèdent des maisons confortables capables d'accueillir des touristes, donc déjà les mieux lotis, et qui vont engranger des sommes sans commune mesure avec les salaires locaux, et la masse des autres villageois sans aucun revenu monétaire ?

Bien que nous ayons décliné son offre d'hébergement, Vasile nous propose de bavarder un moment. Il nous dit son découragement au sujet de son travail car il n'y a ici ni espoir ni avenir pour l'agriculture.
« L'hiver est long et le climat rude, les fermes comptent en moyenne trois hectares et quelques animaux. Si presque toutes les familles possèdent une ou deux vaches, quatre ou cinq moutons, des poules et un cochon, elles ne sont que 30 % à être propriétaires d'un cheval. »
Quand lui, l'ingénieur, conseille l'engrais pour accroître les rendements et les aliments concentrés pour les animaux, ses paroles restent lettre morte car les villageois n'ont pas d'argent pour se procurer ces produits.
« Ils vendent bien un peu de lait, du fromage, de l'eau-de-vie et parfois des animaux ; mais il n'y a pas grand-monde pour acheter ces derniers, là encore faute de moyens. Les prix agricoles sont ridiculement bas. Un kilo de laine équivaut au prix d'une bière, et un litre de lait leur est payé la moitié du prix d'une petite bouteille de jus de fruit. Il faudrait que des industries s'installent ici pour que les paysans puissent avoir des revenus et dégager un supplément pour investir dans leurs fermes. »
Avant, l'exploitation de la forêt fournissait nombre d'emplois mais elle a pratiquement cessé car on a beaucoup coupé sans se préoccuper de replanter. Il en reste suffisamment pour les besoins personnels et chacun peut abattre du bois s'il possède un permis qui s'obtient après nombre de démarches et beaucoup de temps. Mais un petit geste pour le garde-forestier règle l'affaire beaucoup plus vite. Ce qui explique le très bon état de santé financière des fonctionnaires de la forêt.

Le village de Botiza est connu pour ses tissages et nous en découvrons de superbes chez Maria. Ici la demande des touristes a fait oublier les couleurs synthétiques criardes pour faire réapparaître les teintures végétales à base de pelure d'oignon, d'herbes ou de brou de noix. Maria tisse depuis toujours, depuis qu'elle a regardé faire sa mère et sa grand-mère et que s'est inscrit en elle cet art au féminin. Pendant l'été, elle court la montagne à la recherche de ces feuilles, racines et fleurs qui, séchées dans l'ombre, donneront de superbes gris, bruns et verts, reflets du paysage.
La vitalité et la puissance créatrice des femmes transforment ces fils de laine en tapis et tableaux dans lesquels elles mettent tout ce qui fait

leur vie : la forêt, le portail, le puits à balancier, la danse du dimanche. Sans oublier le peigne à carder la laine ou la chauve-souris qui chasse le mauvais sort. Alors qu'ailleurs les tissages sont souvent lourdement chargés de couleurs et de motifs qui se superposent et s'entrechoquent en un amas bariolé, ici tout n'est que sobriété et douceur. Pour une fois, il faut remercier le tourisme d'avoir rénové et enrichi cet art populaire traditionnel.
Maria nous propose de camper chez elle, mais la configuration du jardin nous fait refuser car nos deux compagnes à quatre pattes ne peuvent y trouver place.
« A défaut d'hébergement, pourriez-vous nous préparer une soupe de légumes ? » lui demandons-nous, tentés par autre chose qu'un éternel sandwich. Elle acquiesce de suite et nous nous informons du prix.
« C'est 3 € par personne »
Elle n'y va pas de main morte, la tisserande ! La dernière soupe mangée au restaurant nous a coûté soixante-seize centimes d'euros. Nous préférons renoncer à notre repas, non pas tant pour le coût tout à fait supportable pour notre porte-monnaie, mais plutôt parce que nous n'aimons pas être pris pour des vaches à lait. Alors tant pis, nous nous contenterons encore de pain pour ce soir.

En fin de semaine, Botiza sera en fête et nous décidons d'attendre quelques jours pour assister à l'événement. Nous profitons de ce temps disponible pour nous rendre en bus à Săpânța, le village qui abrite le "cimetière joyeux". C'est là qu'un maître-charpentier s'est fait peintre et poète pour apprivoiser la mort en célébrant la vie. Chaque défunt y a sa stèle de bois.
Ion Pătraş, c'est son nom, a peint les croix d'un bleu intense, venu tout droit du ciel, disait-il. Sur ces totems de la mort, il a gravé des épitaphes pleins d'humour et de sagesse et il a croqué en un tableau naïf ce qui a fait l'essence même de la vie du disparu. En un petit poème, en quelques mots simples et justes, il trace la biographie du défunt. Ce paradis bleu, c'est la chronique vivante d'une communauté. Voici le paysan vêtu de son large pantalon blanc coupé à mi-jambes, qui pose dans la prairie avec sa faux ; à côté, le pâtre environné de tendres agneaux et la ménagère qui pétrit le pain pour sa maisonnée. Sa voisine file la laine et l'autre nourrit sa basse-cour. Ils sont tous là : le forestier, la meunière, le jardinier, et tous les autres.

Le berger se fait philosophe : « Une grave maladie m'a touché et il n'y avait rien d'autre à faire que de mourir », tandis que la fileuse quitte ce monde, l'esprit tranquille : « Je laisse le monde en paix, pour que les autres vivent ici. Car cette vie sur la terre, c'est comme courir après le vent. »
Cet homme-là est mort dans un accident, renversé par une voiture, et l'alcoolique attablé devant sa bouteille, médite sur son triste sort :
« J'étais quelqu'un de bien
Jusqu'à ce que je commence à boire.
Si une femme me laissait,
Par la boisson, je la remplaçais.
Regardez-moi bien, mes amis,
Pour que ça ne vous arrive pas aussi.
Car la ţuica et les cigarettes
Ont détruit ma vie.
Maman, ne m'en veux-pas
Car mon destin, c'était comme ça.
Mais fais une prière à Dieu
Et pour mon âme aussi. »
Toutes les générations disparues sont là, toujours présentes par quelques vers et de jolis traits de pinceau, parmi des frises de motifs géométriques et de fleurs où éclatent les blancs, les rouges et les jaunes d'or. Parfois la décoration s'agrémente d'un couple de colombes blanches. Le maître lui-même a pris sa place au milieu des siens lors de son décès, et un de ses disciples continue son œuvre chaque fois qu'un villageois disparaît. Nous sommes à mille lieues des stricts et austères alignements de marbre gris ou noir. Ici, sous le soleil, les couleurs explosent de vivacité et de force et nous parlent plus de la vie que de la mort.

En cette fin de semaine, Botiza est en liesse pour le Maramuzical, un festival où les paysans-musiciens du Maramureş accueillent des instrumentistes venus de l'Europe entière. C'est que l'héritage est exceptionnel. Les grands musiciens ne s'y sont pas trompés, les Béla Bartók, Kodály et Dvořák qui sont, en leur temps, venus au Maramureş pour écouter ces mélodies et s'en inspirer pour leurs propres compositions. La musique traditionnelle toujours vivante s'inscrit dans les racines de la Roumanie profonde et ce sont eux, musiciens modestes et lumineux, qui font danser les villages au son de

rythmes immémoriaux. A la fougue de leurs violons, ces aristocrates de la musique mêlent les sonorités d'une guitare à cinq cordes tenue verticalement et d'une grosse caisse chapeautée de cymbales frappées le plus souvent à l'aide d'un banal tournevis.
Cette année, le Maramuzical qui se veut la semaine européenne du violon et des musiques de villages, a invité des artistes d'autres régions de Roumanie, mais aussi d'Ukraine, de Slovaquie, de Hongrie, de Belgique et de France. Aujourd'hui dans la salle des fêtes de Botiza, toute la population s'est réunie pour assister à un concert où chaque groupe va interpréter un morceau. Auparavant, les troupes de danse ont défilé dans les rues, menées par des chevaux harnachés pour la parade de tapis brodés, rubans, guirlandes et clochettes. Puis les musiciens se répartissent dans le village ; des Tsiganes du Banat jouent dans le cadre enchanteur du jardin-verger de Maria Manţa, la tisserande. A l'ombre des pommiers, des tables ont été dressées, fleuries de bouquets pour accueillir les invités, et dans ce cadre champêtre les musiciens s'en donnent à cœur joie, jouant pour leur public mais prenant aussi un immense plaisir à faire vibrer leurs instruments. Violons, contrebasse, accordéons, voix, tout sonne et vit à l'unisson. Une rencontre éblouissante que cette musique vivante et fraîche. De partout, jaillissent des mélodies sur lesquelles les villageois entament des danses.

Le lendemain, dimanche, le flot des fidèles n'en finit pas de s'écouler de l'église à la sortie de l'office regroupant toutes les générations dont bon nombre de jeunes. Comme à Poienile, c'est un nouvel édifice érigé pendant la période communiste. A l'intérieur, le béton s'est habillé pour célébrer la splendeur divine et les fidèles y lisent comme dans un livre, les scènes de l'histoire sainte. Véritable bible en bandes dessinées, les murs racontent toutes les scènes de l'Évangile, depuis l'annonce faite à Marie jusqu'à l'Ascension en passant par Jésus au temple, les noces de Cana ou la rencontre d'Emmaüs. Continuité des anciens monastères dont les fresques instruisaient les paysans incultes, dispensant des leçons de théologie, proposant une œuvre de vie à un peuple recru d'épreuves ? Il semble que le souci actuel soit plus décoratif qu'éducatif. La fresque représentant le Christ guérissant les malades pose question à Vincent :
«Puisque Jésus est encore vivant et qu'il peut guérir les malades, pourquoi est-ce qu'il y a des médecins ? »

Les patriarches roumains gardent les portes et dans la coupole, les apôtres forment cercle ; partout des figures de saints et des anges enroulés dans leurs ailes, au milieu de frises de vignes et de fleurs. Murs et plafonds sont intégralement recouverts d'une profusion de formes et de couleurs. La foule des personnages peuple l'église d'une vie foisonnante dans des fresques qui vibrent et scintillent de leurs ors et de leurs couleurs vives. Cet éclat et la splendeur qui s'en dégage confèrent à l'édifice un sentiment de majesté et de grandeur, bien différent de la douce ambiance, intime et sereine que l'on trouve dans les vieilles églises de bois baignant dans une lumière de velours.

Une cérémonie de commémoration pour un défunt a lieu après l'office, cette fois dans le vieux sanctuaire, un peu plus haut sur la colline. Le nouvel édifice a heureusement été construit en bas, près de la rivière, si bien que son énorme masse de béton et ses clochetons de zinc brillant au soleil, ne gênent pas trop la perspective du vieux clocher de bois, sentinelle de toujours.
Ceux qui ont un jour quitté cette vie, continuent à faire partie de l'arbre familial et il convient de les honorer sept jours, quarante jours, un an et sept ans après le décès. Dans le petit édifice où le pope officie, ont pris place la famille et les proches. La veuve du défunt, une vieille femme toute courbée sous le poids des ans, pleure en silence. Ses yeux d'un étonnant bleu pervenche laissent couler ses larmes qui roulent sur ses joues ridées. Elle les essuie de temps en temps d'un revers de la main. Ses mains, abîmées par une vie de dur labeur, sont percluses de rhumatismes ; elle les tient jointes sur son tablier pour une prière silencieuse. Malgré la chaleur, elle a entouré ses jambes des épaisses bandes de feutre tenues par un laçage, et a revêtu sur sa jupe froncée noire, une de ces superbes blouses blanches anciennes, avec broderies et manches bouffantes. Son beau visage ridé si triste, son corps affaissé sous le poids des ans et de la douleur ont l'air de dire que la vie a été assez longue pour elle, qu'elle n'a plus qu'un souhait : s'en aller, elle aussi, vers le repos éternel. Elle paraît si fripée, si vieille qu'on a envie de prendre dans ses bras cette âme en peine pour la consoler comme un enfant.
Beaucoup de femmes préfèrent rester dehors, sur le banc qui court le long du mur de l'église, ou assises dans l'herbe parmi les tombes du cimetière. Les ancêtres « ici se reposent », ainsi qu'il est écrit sur les croix. Dans ce jardin des morts, les voisins se retrouvent à la même

adresse car on se souvient du proverbe : Même au paradis, il ne fait pas bon être seul. Point de rangées vides et sinistres, quand la mort honteuse se trouve étroitement canalisée par des allées tracées au cordeau. Chez nous, la mort se cache derrière les hauts murs des cimetières, comme si on voulait l'occulter, nier son existence. Ici, c'est plutôt un jardin ; les fleurs poussent dru et libres parmi les tombes, laissant les morts en fraternité avec la Création, proches des vivants. Au milieu des herbes folles et des arbres, les oiseaux piailleurs et chanteurs donnent un concert et le lieu bruit de couleurs, d'odeurs et de sons. De vie, tout simplement.
Nous aimons faire halte dans ces cimetières pour y goûter un peu de sérénité et saisir que la mort et la vie ne vont pas l'un sans l'autre et fusionnent pour un éternel recommencement de l'univers. Dans ce havre de verdure, le cœur et l'âme s'éveillent à la paix. On dit que le paysan roumain ne craint pas la mort, "cette fiancée du monde" qui ouvre la porte vers le mystère céleste où l'on pénètre "par des cols fleuris, seuils du paradis" comme le chante la légende populaire Miorița. Sans doute le long commerce qu'entretiennent les paysans et les bergers avec la nature leur fait-il accepter simplement la mort pour ce qu'elle est, l'inéluctable destinée de l'homme.
Après la cérémonie, une collation de sarmalés et gâteaux est servie à toute l'assistance. Il est de tradition de nourrir ainsi la famille mais aussi les passants et les pauvres. Nous faisons aujourd'hui partie des passants et en ce sens, on nous honore en nous mettant entre les mains une pleine assiette de sarmalés et quantité de gâteaux. Chacun repart ensuite chez lui avec un pain rond tressé en souvenir de la cérémonie et du défunt qu'on vient de commémorer.

Ce jour-là, nous ne quittons Botiza qu'en fin d'après-midi et le soleil de plomb additionné à ce départ tardif nous fait chercher un refuge pour la nuit à mi-chemin sur la route vers le village de Șieu. Sur notre gauche, un petit pont de bois enjambe la rivière et à travers la prairie, un sentier conduit à une maison adossée à la colline. Nous serions là à l'hôtel cinq étoiles : un beau terrain herbeux, de l'ombre sous les pommiers, la rivière qui chante et du trèfle pour nos ânes.
Justement, un homme arrive de la bâtisse. Il a vu notre équipage s'arrêter à l'entrée de son champ et il vient aux nouvelles. Bien sûr, on peut camper ici et il offre à Vera et Doina leur ration de foin. Sa femme, sollicitée, accepte de bonne grâce de nous préparer un potage

de légumes que nous lui réglons au tarif d'un restaurant. Une fois les tentes montées dans l'ombre bienfaisante des vieux arbres, il ne nous reste plus qu'à attendre que le dîner nous soit servi. Quel luxe ! Voilà, la soupe est prête et arrive accompagnée d'une délicieuse miche de pain cuite à la maison, dorée et craquante, d'un pot de crème fraîche, avec en prime, une assiette de gâteaux qui fait la joie des enfants. Un délicieux repas, un bain dans la rivière, une auberge de verdure et la paix du soir : cela vaut tous les Hilton du monde et nous savourons cette généreuse hospitalité. Nous goûtons plus particulièrement cette tranquillité après plusieurs soirées passées dans des familles où il faut constamment surveiller les enfants pour qu'ils ne dérangent rien, ne cassent rien dans la maison, et que nous hésitons toujours à fermer notre porte pour dormir, de crainte de froisser nos hôtes.

Le lendemain, le soleil est de nouveau au rendez-vous, si chaud que les enfants demandent à profiter de la rivière, et nous nous accordons une longue matinée dans la fraîcheur de l'eau. Avec l'aide de son papa, Vincent s'est confectionné une superbe canne à pêche avec un bâton, un bout de fil de fer à vélo tordu en hameçon et un morceau de plastique qui fait office de bouchon. Il prend sa mission très au sérieux puisqu'il nous a promis de nous rapporter une friture pour changer du saucisson. Quelque peu découragé par le manque d'enthousiasme des poissons à mordre à son hameçon, il se lance ensuite dans la construction d'un barrage avec les pierres qui bordent la rivière ; il apporte les petites, Bruno les grosses. Un vrai travail de castor.
Un peu plus tard, Bruno doit abandonner la compétition de ricochets car Doina a encore fait des siennes. Attachée loin de Vera, elle a dû prendre peur et a une nouvelle fois cassé son licol à force de tirer dessus pour essayer de se rapprocher de sa copine. Bruno effectue de nouveau une réparation de fortune, en pestant contre le vieux bourrelier de Sârbi qui n'a guère soigné son travail.
En repartant, il faut de nouveau faire traverser le petit pont à nos peureuses compagnes. Après une rapide étude du terrain, Vera s'y engage sans hésiter bientôt suivie de Doina. Il faut reconnaître qu'elles ont fait beaucoup de progrès depuis les tout premiers ponts qu'il nous fallait un temps infini pour franchir. Vera, toujours la première, reniflait avec suspicion ces planches disjointes sous lesquelles on apercevait le flot mouvant, hésitant à engager ses sabots, effrayée sans doute par ces trous où sa patte pourrait bien glisser. Il ne

fallait surtout pas la brusquer, lui laisser le temps de tester, de prendre confiance. Puis elle avançait doucement, analysant le terrain, posant ses sabots là où il le fallait. Il faut dire à leur décharge que les vieux câbles rouillés qui grincent et couinent, de même que le vacillement des planches sous notre passage ne sont pas faits pour rassurer nos craintives voyageuses.

Le village de Şieu s'étend sur près de sept kilomètres avant de rejoindre la route qui longe la vallée de l'Iza. Alors que le vent envoie quelques volées de gouttes en éclaireurs avant l'orage, nous nous abritons sous l'auvent d'un portail, ce qui suscite l'attroupement immédiat des femmes du voisinage. Assise à mes côtés sur le banc, une grand-mère m'embrasse tendrement et me dit plein de choses avec ses yeux rieurs. Les ânes reçoivent eux aussi leur cadeau de bienvenue sous forme d'épis de maïs, une friandise que ces demoiselles apprécient grandement. Les femmes y vont de leurs commentaires, de leurs rires, et Ildikó en charge de notre service communication, se doit de répondre aux innombrables questions, toujours les mêmes, sur notre équipée.
Parmi les voisines qui nous entourent, une jeune femme nous annonce qu'elle part samedi prochain pour l'Europe. Dans la voix et le regard, un peu de fierté, beaucoup d'angoisse. Elle s'en va rejoindre son mari qui travaille depuis un an aux Pays-Bas dans l'horticulture. Et combien de temps restera t-elle là bas ? Elle ne sait pas :
« Un an peut-être, cela va dépendre du travail que je vais trouver. »
Mais elle laisse là ses deux petites filles de 2 et 3 ans, à la garde de la grand-mère. Aujourd'hui elles sont là, si jolies avec leurs grands yeux noirs, s'accrochant aux jupes de leur mère. Savent-elles que maman va s'en aller pour longtemps ? Bien sûr, elles auront toute l'affection de leur grand-mère. Mais maman ? Un an, c'est si long pour un enfant. Comment peuvent-elles comprendre qu'ici la vie est trop dure et qu'il faut s'en aller loin, dans un autre pays, dans l'inconnu, pour rapporter de l'argent pour la famille ? Faut-il que le désespoir soit grand pour que des parents abandonnent ainsi leurs petits. Mais comment résister à la perspective de gagner en quelques mois ce qui représenterait des années de travail ici ?

Sous le soleil revenu, nous continuons notre chemin, longeant les portails et les palissades. D'une cour dissimulée derrière sa barrière de

bois, monte un nuage de fumée. Quand nous passons devant la porte du jardin, le propriétaire nous fait signe d'arrêter et sa fille accourt avec une pleine assiette de beignets chauds et sucrés qu'elle est en train de faire cuire dans la cour. Vincent réclamait justement le goûter et son appétit est largement satisfait car survient encore une autre assiette de ces gâteries brûlantes et délicieuses, accompagnées d'un verre de lait.
De ces courtes rencontres sur le bord de la route, émane toujours beaucoup de sympathie, jamais d'agressivité ou d'intérêt déguisé. Une hospitalité spontanée, généreuse, sans arrière-pensée, qui s'offre tout simplement pour parler le langage du cœur. Des moments éphémères, mais qui laissent une profonde impression de connivence, de fraternité qui vous fait chaud au cœur. « Ce qui m'a le plus impressionné, c'étaient la bonté et l'hospitalité roumaines, écrivait le romancier allemand Hans Carossa. Les deux sont proverbiales. Je ne connais aucun peuple plus hospitalier que le peuple roumain ».

Ayant acquis quelque peu l'usage du monde au cours de nos voyages, nous partageons tout à fait l'opinion énoncée par l'écrivain au début du 20e siècle. Il est vrai que chaque peuple exprime son accueil selon sa personnalité. Ainsi certains, comme les Indiens, fonctionnent avec leurs émotions et vont accueillir leurs hôtes avec flamme et enthousiasme. Alors que les Japonais vont garder dans leur hospitalité la réserve qui les caractérise. On ne saurait pourtant comparer en terme de qualité ces deux traitements aussi différents. Ainsi, lorsque nous avons été accueillis dans une tribu canaque dans l'île d'Ouvéa en Nouvelle-Calédonie, nos hôtes étaient fort peu diserts comme à leur habitude, mais deux ou trois paroles échangées le soir autour du feu, nous ont fait percevoir combien nous étions bienvenus parmi eux. Il suffit parfois de peu de chose, d'un mot, d'un verre d'eau, d'une ombre bienfaisante offerte au voyageur fatigué.
Pour autant nous décernerions volontiers la palme d'or de l'hospitalité au peuple roumain, et la plupart des personnes fréquentant quelque peu ce pays se rangeront sans doute à cet avis. Une autre théorie pourrait faire également l'objet d'une étude : l'accueil spontané serait-il inversement proportionnel au degré de "développement" et de richesse des hôtes ? Il semble bien que la prospérité contribue à fermer les portes et que l'hospitalité offerte spontanément, sans conditions, à l'inconnu de passage, devienne fort rare en nos contrées dites

développées. Peut-être avons-nous trop de choses à protéger et à défendre. Nos égoïsmes et nos individualismes institutionnalisés ne peuvent plus accepter d'être dérangés dans les maisons en forme de prisons où ils se sont volontairement enfermés.

En fin d'après-midi, nous nous préoccupons de trouver du lait pour assurer notre dîner. La femme à qui nous nous adressons, n'en a plus en réserve mais comme la journée est bien avancée, elle se propose de traire tout de suite sa vache et nous aurons ainsi du lait extra-frais. Alors que nous attendons que la laitière nous livre sa production, Bruno donne un coup de main aux hommes de la maison qui fendent des bûches dans la cour. Un travail qu'il avait l'habitude de faire dans son enfance et qu'il aimait bien. Il s'y met donc avec enthousiasme. Ce qui fait dire à notre hôte : « On voit bien que vous n'êtes pas un travailleur communiste ; vous êtes un travailleur démocrate, car c'est comme cela, en travaillant, qu'on construit la démocratie. » Avec cette boutade un peu simpliste, notre homme n'a pas vraiment tort. Nous avions demandé et payé deux litres de lait, mais la femme insiste pour que nous en emportions un litre supplémentaire « pour les petits ».

Arrivés sur la route qui relie Vadu Izei à Săcel, il est temps de chercher un coin où dormir. Nous nous enfilons dans un petit chemin qui mène vers la rivière et bientôt une paysanne nous conduit jusqu'à un terrain fauché où de grands arbres vont nous permettre d'attacher les ânes en toute sécurité. L'installation du campement est juste terminée quand s'annonce un violent orage ; les nuages confinés jusque là à l'horizon viennent à vive allure former une chape noire au-dessus de nos têtes. Bientôt la pluie tambourine sur les parois de la tente, assourdissante.
Il est 22 h et nous nous apprêtons à nous glisser dans nos duvets quand arrive une jeune fille du village ; elle a entendu dire qu'il y avait des Français ici, et elle souhaiterait que nous emportions un cadeau à une famille qu'elle connaît en France. Elle nous prie instamment de venir chercher le paquet chez elle. Nous n'avons absolument aucune envie de revisiter Şieu de nuit sous la pluie, et alors qu'elle insiste, nous ne voyons pas d'urgence à aller chercher un cadeau qui, de toute façon, ne sera remis à son destinataire que dans un mois à notre retour en France. Rendez-vous est donc pris pour le lendemain matin.

Au réveil, notre tente est entourée d'une troupe de garçons de 13 ou 14 ans, venus en curieux alors qu'ils gardent leurs moutons près de là. Casquette américaine sur la tête et baskets aux pieds, ils jouent les affranchis en tirant ostensiblement sur leurs clopes, loin du regard de leurs parents. Intrigués et attirés par les ânes, ils prennent grand soin de Vera et Doina et les bichonnent, leur apportent des poignées de trèfle et des betteraves chapardées dans les champs voisins. Nos bourricots apprécient grandement ce petit-déjeuner inhabituel, surtout les feuilles de betteraves. Les garçons sont ravis de nous aider à bâter et à mettre en place notre chargement.
Nous sommes fin prêts quand Ileana, la fille d'hier soir, nous rejoint et nous réinvite chez elle. Ce n'est pas de refus vu le temps. Ce matin, les montagnes environnantes disparaissent dans une vilaine brume épaisse et les gros nuages noirs qui s'amoncellent commencent à crever en gouttes épaisses et denses. Nous avons le temps de tremper chaussures et pantalons avant d'arriver à la grande maison.
Nous ne sommes plus chez des paysans mais chez un entrepreneur qui assure le transport d'essence avec son camion et la nouvelle richesse s'affiche haut et clair. Dans l'entrée sont disposées comme objets décoratifs des canettes de bière Heineken pour mettre tout de suite les visiteurs au parfum : ici on ne boit pas de la bière locale bon marché, mais des boissons de qualité venues de l'étranger. Car marques et produits européens ou américains sont les emblèmes de la nouvelle classe qui peut se permettre de consommer. Ainsi pour la lessive, on achète -très cher- une boite d'Ariel. On se contente ensuite de Bona, la lessive produite localement à un prix plus abordable, en prenant la précaution de la verser dans la boite d'Ariel afin que les visiteurs puissent juger du niveau de vie.
Ileana nous fait pénétrer dans un premier salon meublé d'un immense buffet-bibliothèque et de canapés, puis dans une deuxième pièce décorée « à la manière paysanne », précise t-elle avec un brin de dédain dans la voix, en nous montrant les tapisseries et broderies traditionnelles. La salle de séjour s'enorgueillit d'un téléviseur grand écran et d'un magnétoscope. Ileana veut jouer la fille moderne et nous propose pizza et frites. Comme nous venons de prendre le petit-déjeuner, nous déclinons son offre bien que cela nous changerait agréablement de la m_m_liga.
Comme le ciel continue à déverser ses trombes d'eau, nous restons un moment à l'abri dans cette maison luxueuse, et Ildikó en profite pour

se laver les cheveux à l'eau chaude dans la salle de bains. Car si notre interprète s'est adaptée de façon remarquable à notre style de vie, elle qui n'avait jamais randonné ni campé, il est une chose à laquelle elle n'a pu se faire : se shampouiner à l'eau froide dans la rivière. A noter que notre hôtesse ne nous parle plus aujourd'hui de ce cadeau qui semblait si urgent hier soir !

9 - HISTOIRE D'UNE COUCHE-CULOTTE

C'est à l'entrée du village de Ieud que nous nous installons dans une prairie au bord de la rivière. Le propriétaire nous invite à nous servir des toilettes de la maison si nous le désirons. La petite cabane de planches érigée à côté du tas de fumier n'est pas facile à aborder car après les pluies, elle se trouve plantée au milieu d'une mare de purin et il faut jouer l'équilibriste pour y arriver sans dommage, en sautant d'une pierre à l'autre. A l'intérieur, l'occupant a le temps de réfléchir à l'usage de la démocratie car ce sont des tas de bulletins de vote d'élections passées qui font office de papier toilette. Selon son opinion politique, il peut donc choisir de salir un candidat plutôt qu'un autre. Un recyclage qui ne manque pas de symbolisme dans un pays où tous les politiciens sont considérés comme corrompus.
A moins que ce ne soient de vieux livres scolaires ou les cahiers de devoirs des enfants qui terminent là une vie honorable au service de la culture. Sans doute n'est-ce pas très gratifiant pour les instituteurs de voir finir ainsi leur travail. Il y a quelques jours, dans un de ces lieux d'aisance, Bruno avait feuilleté un livre qui avait ainsi contribué à former l'esprit des petits Roumains. Il en avait sauvé une feuille où s'étalait une phrase du grand poète Eminescu : La richesse d'un peuple, ce n'est pas son argent mais son travail.
Devant l'état des lieux, nous préférons creuser un trou derrière la haie selon notre habitude. Nous avons également à notre disposition la plus belle des salles de bains qui soit, au bord de la rivière Ieud, large et peu profonde en cet endroit, qui roule doucement ses eaux claires et chante entre les pierres, bordée d'une plage de galets ronds et doux. Au fil de cette randonnée, à l'instar des riches qui installent plusieurs

cabinets de toilette dans leurs demeures, nous nous offrons le luxe d'une nouvelle salle de bains chaque matin. Certaines sont spacieuses, nous offrant une baignoire large de plus de dix mètres, d'autres, profondes et tourbillonnantes, constituent de vigoureux jacuzzis.
Mais celles que nous affectionnons le plus, ce sont les salles de bains intimes, quand la rivière se fait discrète et se cache sous une arche de verdure. La radio y est avantageusement remplacée par le chant des oiseaux et le bruissement des feuillages sous la brise. Quel délice de se glisser dans l'eau fraîche et de laisser le flot courir sur soi quand il fait si chaud et qu'à 10 h du matin, on ruisselle déjà de transpiration.
Mais la voisine qui est venue faire la lessive, s'étonne :
« L'eau est trop froide ! C'est mauvais de se baigner comme cela. »
Il est vrai que nous ne voyons jamais personne d'autre que nous-mêmes s'adonner aux joies du bain, car en ces contrées on se lave discrètement, et les gens d'ici semblent avoir de la chaleur une conception différente de la nôtre. Si les jeunes filles se découvrent en été pour revêtir jupes courtes et corsages légers, les femmes âgées ne quittent guère leur pull-over et les épaisses bandes de feutre portées en guise de chaussettes par quelques vieilles, indiquent que la tradition n'est pas toujours adaptée au climat. Les hommes âgés revêtent souvent le lourd gilet de laine qu'ils portent plié sur l'épaule comme s'ils craignaient, en quittant la maison, de tomber soudain sous la froidure. Quant aux bébés, on les affuble le plus souvent d'un bonnet de laine sous lequel ils transpirent abondamment.

Ce matin, je m'attelle à la corvée de lessive qui n'a pas été faite depuis longtemps ; pas moins de cinquante-quatre pièces de vêtements à tremper, savonner, frotter, rincer, tordre. Au début du séjour, Vincent réclamait souvent un short propre le matin si celui de la veille était un peu taché ou poussiéreux. Nous lui avions expliqué que nous ne pouvions plus vivre comme à la maison, qu'il fallait rééduquer nos gestes quotidiens puisque nous n'avions plus à disposition tous ces objets et techniques qui sont tellement présents dans notre vie et dont nous pensons ne plus pouvoir nous passer. L'occasion de réapprendre le travail manuel et de redonner aux choses leur vraie place : la tache sur le short, est-ce si important ? Ce matin, Vincent se porte volontaire pour m'aider dans ma tâche. Plein de bonne volonté, il prend un torchon, le pose sur une pierre et commence à taper dessus avec un bâton comme il a vu les femmes le faire avec un battoir. Puis le

pantalon et le short sont savonnés, brossés et il s'acharne sur le pyjama de Sarah taché de cacao.
« C'est dur, j'ai mal au bras. »
« Tu comprends maintenant pourquoi je rouspète quand tu te salis trop. Après, il faut laver et c'est vrai que c'est dur. »
Il recommence à frotter sans mot dire puis lance, après mûre réflexion :
« De toute façon, ça me fait un entraînement. Comme ça quand je serai marié, si ma femme n'aime pas faire la lessive, moi je pourrai le faire car je saurai comment m'y prendre. »
Quelques minutes plus tard, il me tend un T-shirt :
« Ça y est, il est lavé. Est-ce que je peux arrêter ? »
J'examine le maillot resté taché et je remercie mon garçon en riant :
« Oui, tu m'as bien aidé, merci. Mais dis-donc, si tu laves les vêtements comme cela, ta femme ne sera pas très contente ! »

Ieud s'étire sur plusieurs kilomètres le long d'une route qui ne mène nulle part, sinon dans la forêt. Le village a conservé nombre de ses très anciennes maisons de bois avec leur prisp_, la galerie couverte, et les vieux portails comptant seulement trois poteaux et une croix, comme il en était à l'origine. Les livres traitant du Maramure_ évoquent tous les magnifiques villages de bois de la région, mais certains auteurs ont dû se laisser entraîner par leur lyrisme pour parler de « campagnes magnifiques et vierges, sans un panneau, sans un poteau ». Il ne faut quand même pas oublier que la fée électricité -et c'est tant mieux- est arrivée jusque là depuis belle lurette. Mais l'insouciance locale mêlée à la déliquescence des services publics font que les fils électriques ou téléphoniques s'entrelacent parfois en de curieux embrouillaminis en haut des poteaux quand ils ne pendouillent pas tristement. A examiner ces nœuds gordiens, on se demande comment la communication peut passer par là.
Au premier coup d'oeil, les villages risquent de décevoir. Souvent, on y découvre d'abord un mélange hétéroclite de barrières et de portails en bois ou en ferraille plus ou moins rouillée, parfois branlants. Au second plan, les maisons forment un assemblage où l'œil a du mal à trouver une harmonie, entre les maisons de bois et les nouvelles en briques ou maçonnerie qui donnent l'impression d'être en chantier permanent, attendant depuis plus de dix ans un crépi qui ne vient pas faute de finances. Certaines ont été recouvertes d'une couche de

ciment gris dans lequel on a tracé des lignes incertaines comme avec une fourchette dans la purée, ce qui leur donne également un air d'inachevé. Rares sont les demeures vraiment terminées mais quelques-unes s'égaient de mosaïques colorées qui leur donnent un petit air pimpant.
Les toits font aussi dans la variété, depuis les vieilles couvertures de bardeaux jusqu'aux tuiles de terre en passant par les plaques de fibrociment gris ou la tôle rouillée, et quelques rares tuiles de bois clair, toutes nouvelles. Dans tout ce fouillis, il faut y regarder de plus près pour voir émerger la beauté de ces villages : un portail ou une troiţă de bois magnifiquement ouvragés, un balcon sculpté, une barrière harmonieusement tressée, un entourage de fenêtre peint de mauve éclatant sur le bois sombre, des tapis de laine multicolores qui sèchent sur la barrière de bois, une prispă où s'alignent des casseroles en émail de toutes les couleurs…

Le centre de Ieud s'enorgueillit d'une enseigne lumineuse toute neuve, blanche sur fond bleu, Romtelecom, accrochée au mur de la Poste. C'est le moment d'envoyer nos lettres écrites depuis plusieurs jours, qui traînent dans notre sac en attendant de trouver des timbres. Oui, il y a un bureau de poste à Ieud mais il était ouvert… hier, le mardi étant le seul jour de fonctionnement. Et mardi prochain, nous ne serons plus là. Pour peu que ce jour-là, nous soyons dans un village où la Poste n'ouvre que le vendredi, nos parents risquent d'attendre nos nouvelles pendant un moment !

Le village est connu pour ses églises de bois dont la plus ancienne est déjà mentionnée dans les écrits du 14e siècle. Il est probable que l'église actuelle a été érigée au 17e ou 18e sur l'emplacement du bâtiment d'origine qui aurait comme beaucoup d'autres au cours des siècles, été détruit par le feu, soit par accident, soit par les envahisseurs tatars. Elle est toujours là sur la colline, entourée de son cimetière où croissent les herbes folles parmi les tombes. Les croix de bois brun surmontées d'un petit toit de planches se fondent dans la verdure. Nous sommes là à goûter la paix du lieu, propice à la prière, à la méditation ou tout simplement à la tranquillité de l'esprit, quand arrive un groupe de touristes autrichiens.
Jeune troisième âge, shorts, appareil photo sur l'estomac proéminent. Le guide ne fournit aucun commentaire sur l'histoire de l'église et sur

les fresques pourtant difficiles à déchiffrer sans explication. Il se contente de dire aux premiers qui rentrent dans l'édifice qu'il est interdit de prendre des photos au flash pour ne pas abîmer les peintures. Message qu'il ne prend pas la peine de répéter au fur et à mesure que rentre le reste de la troupe qui s'échelonne en raison de la montée un peu raide qu'ils ont dû parcourir à pied, le car ne pouvant les déposer à l'entrée du lieu à visiter comme c'est le cas habituellement. On entre, on jette un coup d'œil en murmurant « sehr schön »[1], on fait crépiter le flash pour montrer à ses amis, de retour chez soi, « ces merveilleuses églises de bois du Maramureş ».
Comment goûter la beauté et la paix du site, son essence même, celle d'un vieux monument bâti avec amour pour la gloire du Très-Haut, là où ont prié des générations et des générations de villageois, comment s'imprégner de toute cette atmosphère quand on passe en coup de vent avec autour de soi quarante-neuf autres personnes qui prennent des photos, mâchent du chewing-gum, parlent du dîner d'hier soir ou de leur pelouse à la maison qui ne va pas être tondue pendant une semaine ? Chaque lieu a son caractère propre ; pour que le site commence à nous parler, il faut se donner un temps d'imprégnation. Alors, on entre dans l'esprit du lieu, honorant par là-même les hommes qui ont construit ces œuvres, y ont mis tout leur être. Mettons-y tout le nôtre en offrant un temps de présence. En courant d'un lieu à l'autre, on ne se respecte pas et on ne respecte pas ceux qu'on est venu voir.
Le gardien de l'église, un jeune villageois d'une trentaine d'années au visage souriant, n'a rien osé dire en ce qui concerne les flashs. Dieu fasse que ce genre de tourisme ne se développe pas trop en Maramureş et que chaque visiteur soit conscient de la valeur du lieu, sinon les fresques de 1782 ne vont pas résister longtemps à ces nouveaux barbares.

Quand nous redescendons dans le village, arrive une caravane de trois camping-cars rutilants immatriculés en Suisse. Les rues sont le domaine des gamins qui en font leurs terrains de jeux, guère gênés par les rares voitures qui traversent Ieud. Mais cette fois, les enfants sont bien obligés de s'écarter devant l'imposante caravane. C'est alors que les passagers du premier véhicule baissent leurs vitres et jettent

---

[1] sehr schön : très joli, en allemand.

quelque chose sur la chaussée. Cela ne ressemble pourtant pas aux Helvètes, champions de l'hygiène et de la propreté, de se délester ainsi de leur superflu. Nous nous approchons pour voir ce dont il s'agit et constatons, incrédules et choqués, que ce sont des poignées de bonbons. Le dernier des camping-cars est déjà passé, filant vers un autre zoo ethnologique où distribuer ses cacahuètes.

Ieud nous offre l'occasion de changer de notre traditionnel menu de pain-fromage-saucisson, car le village est bien pourvu en commerces. Une grande bâtisse rectangulaire de ciment gris témoigne de la laideur architecturale du temps communiste, et abrite maintenant deux boutiques. La première affichant sa fonction de « Bufet », est une vaste salle au ciment poussiéreux où quelques tables bancales attendent les clients. Le propriétaire somnole sur son comptoir. Sert-il à manger ?
« Non, répond-t-il en relevant à demi la tête, mais à côté vous pouvez acheter quelque chose. »
L'autre partie est en effet une boutique bien approvisionnée, le supermarché de Ieud en quelque sorte, qui vend de l'épicerie, des vêtements, de la papeterie, des produits d'hygiène, et propose même, oh merveille, des fruits et légumes. Nous sommes au paradis ! Nous nous empressons d'acheter tomates et concombres, et raflons même sur le comptoir -incroyable !- quatre bananes qui se trouvaient là par le plus heureux des hasards. Provisions faites, nous retournons nous attabler dans la salle de "bufet" où nous commandons une grande bouteille de limonade pour arroser notre banquet. Depuis le temps que nous rêvions de crudités ! Notre enthousiasme et nos rires réveillent le patron qui, pour nous recevoir convenablement, prend la peine d'étaler sur la table en formica une nappe… toute trouée.
C'est vraiment jour d'abondance car dans l'après-midi, Vincent se voit offrir quelques pommes vertes par des enfants venus jouer avec lui. Nous leur demandons s'il est possible d'acheter quelque part ces petites merveilles. Les gamins détalent et les voilà bientôt de retour avec un sac de pommes pesant près d'un kilo. Nous les dédommageons généreusement et peu après ils reviennent avec un deuxième sac « en supplément pour vous ». A vrai dire, ces fruits qui manquent de maturité ne sont guère agréables au goût mais nous mangeons tellement peu de crudités en ce moment, que nous nous faisons un devoir de croquer ces pommes.

Alors que nous longeons la rivière, une jeune femme sort de chez elle, un bébé dans les bras et une couche sale dans la main. Elle n'a qu'à traverser la rue pour aller jeter le paquet malodorant… dans la rivière, ce qu'elle fait sans hésitation. A défaut de service d'éboueurs, la rivière sert souvent de dépotoir à des sédiments disgracieux qui partiront plus loin au fil de la prochaine crue. On y jette de tout : chiffons, bouteilles et sacs plastique, et sur les berges on retrouve ici de vieilles bottes en caoutchouc, là un pneu usagé ou une antique cuisinière. Sans doute a t-on toujours fait ainsi. Mais auparavant, les objets quotidiens étaient faits de bois, de laine, de cuir, matières bio-dégradables qui retournaient à la nature dont elles étaient issues, ce que ne sauraient faire les nouveaux matériaux. Alors, insouciance, inconscience ? Ni le gaspillage ni l'écologie n'ont encore fait leur chemin dans ces campagnes à l'écart du temps. Pourtant le "progrès" est arrivé jusque là avec son corollaire de déchets et de pollution, et comme les services adéquats de collecte d'ordures n'ont pas été mis en place, c'est la nature qui en fait les frais.
Problème mondial qu'il ne faut pas être grand clerc pour comprendre quand on voyage quelque peu ; le long des voies ferrées en Chine, aux alentours des bidonvilles de Mexico ou aux abords des bourgs tunisiens, partout s'amoncellent des centaines, des milliers d'exemplaires de cette nouvelle plante vénéneuse qui pousse partout, se répand comme un poison disséminé par le vent, incontrôlable : le sac plastique.
Car désormais, le salut est dans l'emballage et ce nouveau credo se répand comme une traînée de poudre partout où s'infiltre l'économie marchande. En nos pays "développés", rien ne saurait être vendu sans un minimum de plusieurs épaisseurs de papier, carton et plastique. Le boulanger enfile la baguette de pain dans un long appendice en papier, le pharmacien met un minuscule tube de comprimés dans un sac plastique alors que la petite boite se logerait si facilement dans la poche du vêtement ou dans le sac à main, et au supermarché, le spectacle de gabegie des sacs plastique lors du passage aux caisses ne semble pas choquer grand monde. Pourtant, nous ne sommes jamais tombés malades pour avoir pris notre pain directement dans la main, et nous ne voyons aucune difficulté à emporter un cabas quand nous allons faire les courses.
C'est par cette acceptation générale d'un état de fait imposé par des irresponsables qu'on arrive au chiffre alarmant de un kilo de déchets

rejetés chaque jour par chaque Français, sachant que les emballages constituent la moitié de nos poubelles ! Imaginons notre terreur si comme au Maramureş, nous devions vivre sans service d'éboueurs : nous serions vite débordés, noyés, submergés sous nos déchets, fruits vénéneux de notre folle consommation. Nous constaterions alors combien nous sommes dépendants et fragiles. Mais cet assujettissement à un système dépend en grande partie du choix de vie de chacun de nous.

En regard de ce séjour en Maramures qui nous donne une nouvelle perspective sur notre propre vie en France, nous ne pouvons pas ne pas nous poser de questions sur notre manière de consommer, d'élever nos enfants, de vivre tout simplement. Avec l'espace que nous accordons au temps et à la relation aux autres, avec le choix possible de dériver dans l'abondance du matériel, abondance qui est en fait le vide, ou bien de retrouver le plein d'autonomie et de responsabilité.
Rien de tel que les longs moments de marche pour penser le monde à l'aune d'autres valeurs que celles habituellement convenues et reconnues comme convenables. Quand le corps aligne les pas, les sens moissonnent des images d'un nouvel environnement, l'esprit s'ouvre à un autre regard sur le monde et sur notre propre existence. Au fil des kilomètres parcourus, la pensée nous emmène profond en nous-mêmes tout en nous questionnant sur le devenir du monde.

Pour en revenir aux couches-culottes de cette maman de Ieud, nous n'osons imaginer l'état de la rivière si tous les bébés du village y envoyaient tous les jours leurs six ou huit couches quotidiennes ! Pour le plus grand bien du ruisseau, les couches sont beaucoup trop onéreuses pour les familles de paysans qui continuent de langer les fesses de leurs bébés dans un simple tissu.
C'est également ce que nous faisons, ayant pris la précaution d'apporter des couches en tissu pour Sarah qui en fait encore usage pendant la nuit. Un rinçage quotidien dans la rivière et un bon savonnage le jour de la lessive constituent une réponse simple et satisfaisante au problème. Sinon que faire des couches-culottes salies ? Les transporter pendant plusieurs semaines dans nos sacoches, voisinant avec les provisions ? Bonjour l'odeur sous 35 ° ! Les abandonner sans remords au bord de la rivière ou dans un coin de champ comme font tant de marcheurs qui, dans l'Himalaya, sur le très

japonais Mont Fuji ou ailleurs, laissent derrière eux des tonnes de déchets, si peu soucieux de la nature dont ils se disent pourtant assez amoureux pour venir l'admirer au prix d'efforts et de sueur ? Notre conscience écologique répond un Non formel et sans appel à cette révoltante suggestion.

Ce soir-là, nous nous contentons d'une glace en guise de dîner après notre plantureux déjeuner. La jeune fille en charge du commerce ne manque pas de travail car elle est la seule à proposer cette friandise à Ieud. Devant sa maison, elle a installé la machine qui débite la crème glacée et son affaire a du succès. Un seul parfum, la vanille, mais pour douze centimes d'euros le cornet, on ne saurait être trop exigeant.

Dans quelques jours, Ildikó fêtera son anniversaire et nous avancerons un peu celui de Vincent pour faire une célébration commune. Je me charge de prévoir des cadeaux tout en étant très dubitative sur ce que je vais pouvoir trouver dans le village en la matière. D'abord des bougies pour le gâteau. Au premier magasin, rien. Au deuxième, les deux jeunes filles de service me proposent d'immenses cierges d'un bon mètre de hauteur, utilisés lors des mariages.

« Plus petit, plus petit ». J'essaie de clarifier ma demande sans avoir recours aux services de traduction d'Ildikó à qui nous voulons faire une surprise.

On passe alors aux bougies, telles que nous en avons pour nous éclairer dans la tente.

« Plus petit, plus petit. » J'insiste en soufflant sur un gâteau imaginaire.

Ça y est, elles ont compris. Non, elles n'ont pas cela mais se proposent de m'emmener ailleurs pour en trouver. Sans aucune hésitation, elles ferment la boutique et m'entraînent dans une autre échoppe à quatre cents mètres de là. Au supermarché local, pas de bougies non plus. Mais en cherchant derrière les shampoings, je découvre un flacon de parfum. Voilà qui fera un cadeau fort appréciable pour Ildikó, surtout, détail non négligeable, qu'il s'agit d'un parfum français, même si on peut penser que l'indication «Fabriqué en France » est là surtout pour tromper le client. Pendant mes recherches, j'observe une jeune villageoise vêtue de la jupe à fleurs traditionnelle qui, derrière le comptoir, examine deux mini-slips en fine dentelle ajourée. Elle hésite entre le blanc et le noir et se décide finalement pour ce dernier. La tradition n'empêche pas la coquetterie. Après avoir déniché deux

petites voitures de course pour Vincent, je m'enquiers de papier-cadeau. Denrée inconnue, mais traînent sur le comptoir quelques feuilles de papier blanc qui servent à emballer le saucisson, et qui à défaut d'autre chose, feront l'affaire.
Puis la quête des bougies se poursuit. Au quatrième magasin, toujours rien. Souhaitant arrêter là, je veux remercier mes guides mais celles-ci ne se découragent pas et m'emmènent vers un autre commerce au fond d'une cour. Celui-ci, il faut vraiment le connaître pour y venir car aucun écriteau n'indique qu'on vend quelque chose dans cette maison. C'est une minuscule pièce noire avec le maigre achalandage habituel de biscuits, cigarettes et confiseries.
« Avez-vous des bougies pour gâteau d'anniversaire ? » s'enquièrent les deux aimables jeunes filles auprès de leur collègue.
« Oui, bien sûr.»
Je n'ose croire que j'ai bien entendu la réponse, il doit y avoir erreur. Mais non, le commerçant me propose un petit paquet qui après dépoussiérage, se révèle contenir vingt-quatre bougies de couleur. Précieux trésors que je cache vite sous mon pull. Quand je rejoins la famille, je retrouve Vincent puni et Sarah en larmes. Notre garçon, toujours actif, a voulu jouer à la bagarre avec sa petite sœur et lui a malencontreusement donné une bourrade dans l'estomac. Le résultat ne s'est pas fait attendre : la glace a refait le chemin en sens inverse et Sarah a vomi sur ses vêtements. Ce qui ne l'empêche pas de réclamer maintenant une autre glace.

Le festival du Maramuzical se poursuit pendant toute la semaine et ce soir, c'est Ieud qui accueille un concert prévu en extérieur dans la cour de l'école. Doivent s'y produire les musiciens et danseurs du village, le groupe tsigane du Banat que nous avons déjà entendu à Botiza, ainsi que la formation belge. Ces derniers ont passé une grande partie de l'après-midi à monter leurs micros et pupitres, leur matériel de sonorisation avec d'énormes enceintes, une impressionnante table de mixage et des câbles partout. Un système sophistiqué et lourd à gérer, pour pouvoir faire de la musique.
Mais voilà qu'au moment où le concert doit commencer, le ciel envoie une de ces averses dont il nous abreuve quasi-quotidiennement. Les Belges couvrent en hâte leur précieux matériel électrique et mettent à l'abri tout ce qui se démonte rapidement ; mais la pluie n'a guère envie de se calmer et semble s'installer pour la soirée.

Si le concert des invités belges tombe à l'eau -l'expression ne saurait être plus appropriée-, les musiciens locaux ne sont guère gênés par les intempéries. Il leur suffit de sortir leurs violons des étuis. Pas de micros et de câbles à brancher, pas de partitions. Ici rien n'est écrit, tout vient de modèles immémoriaux que les musiciens portent au fond d'eux-mêmes. Alors que l'installation sophistiquée des Occidentaux s'est trouvée ruinée par une simple averse, ce sont les violonistes du village qui à l'abri sous le préau, animent la soirée avec leurs rythmes tour à tour endiablés, langoureux ou mélancoliques.

Un jeune homme, l'air plus citadin que paysan, s'approche de nous pour offrir des bonbons à Vincent et Sarah. Il balbutie quelques mots d'anglais et malgré le peu de conversation que nous pouvons avoir dans cette langue, il reste planté là devant nous. Sans doute attend t-il quelque chose et les bonbons doivent être sa manière d'entrer en contact. Ildikó nous ayant rejoints, nous apprenons que Petre travaille à Vadu Izei comme coiffeur. Il ne se plaint pas de sa situation personnelle, pourtant il veut partir.
« C'est trop dur, j'en ai marre de voir des gamins qui ont faim et qu'ici rien ne fonctionne normalement. »
Ildikó approuve en partie ce discours. Elle aussi trouve que « la vie en Roumanie est ridicule. Les gens normaux qui ont un travail, un salaire, ne peuvent pas vivre décemment. Une de mes collègues institutrice est orpheline et elle n'a personne pour l'aider. Avec son salaire de cinquante-deux euros par mois et un loyer de vingt euros pour une chambre, elle ne peut pas joindre les deux bouts. Ce n'est pas normal de vivre ainsi sans espoir. »
Alors, Petre s'est décidé ; le mois prochain, il part en France, pour rester. Pour toujours. Il compare les salaires : cinquante euros ici, mille cinq cents euros en France, c'est ce qu'il a entendu dire. Nous tempérons son enthousiasme en expliquant que tout le monde ne gagne pas ces mille cinq cents euros, que s'il trouve un travail au noir dans la construction, il devra sans doute se contenter de la moitié et que le coût de la vie est élevé. Mais rien ne peut le faire reculer. Il est trop déçu d'ici, de la corruption, de la situation économique catastrophique, des mauvais politiques, de ceux qui s'en mettent plein les poches. Au fil de la conversation, il fait part de la demande qui l'a amené vers nous :
« Pourriez-vous m'aider à trouver un travail en France ? »

Il y a quelques jours déjà, à Botiza, une femme nous avait abordés pour nous demander de quel pays nous venions. Elle avait sorti de son cabas le passeport de son fils et nous l'avait présenté en termes élogieux : vingt-deux ans, un bon garçon, sérieux et travailleur ; et il ne fume pas, avait-elle précisé, avant de nous demander si nous pourrions trouver du travail pour lui dans notre pays.

Le lendemain à Ieud, quand l'orage déverse sur nos têtes l'habituelle averse de l'après-midi après la chaleur écrasante de la matinée, Dimitru nous invite à nous abriter chez lui. Dehors, l'orage se déchaîne et la grand-mère se signe à chaque éclair. A trente-huit ans, Dimitru vit chez sa mère avec ses trois enfants. Auparavant, il travaillait et habitait à Sighet, mais il a été licencié il y a deux ans quand l'usine a fermé. Alors, sans espoir de trouver un autre emploi, il est revenu vivre au village car la vie est plus clémente à la campagne que dans les villes ; ici on a la maison familiale, le potager, de quoi élever une vache et des poules. Sa femme, toujours employée à Sighet comme couturière, loge en ville et vient les rejoindre pour le week-end. Comme tant d'autres, Dimitru nous sollicite pour un travail dans notre pays de cocagne. Il aimerait rejoindre les hommes de Ieud qui sont déjà en France alors que d'autres se sont exilés en Allemagne, en Grèce ou en Espagne.

Les surlendemains du communisme sont amers et comme tant d'autres pays, la Roumanie voit partir ses forces vives alors qu'elle en aurait tant besoin pour se reconstruire. Pourtant dans les villages du Maramureş, la situation n'est pas désespérée comme dans certaines régions du monde où la fuite vers l'éden occidental apparaît comme la seule solution pour ne pas mourir de faim. Ici, la terre nourrit ses hommes. Mais l'argent fait cruellement défaut pour payer les notes d'électricité, les vêtements, les études des enfants, les soins médicaux…
On est aussi en quête d'une nouvelle vie, plus facile, avec de l'argent pour se procurer cette étourdissante gamme d'objets aperçus à la télévision ou dans les boutiques des grandes villes. Il n'y a plus qu'un modèle d'être humain : l'homo-consommatus, être standardisé dont la vie est enfermée dans la marchandise et sa consommation. Comment ne pas tomber sous la coupe de ce modèle qui fait rêver la planète entière, pourvoyeur d'une vie plus confortable et plus facile à bien des

égards, mais dont on oublie de dire qu'il engendre tant de maux et qu'il ne pourra jamais être généralisé à l'ensemble du monde ? Alors dans ce contexte là, vivre durement mais dignement du travail de sa terre ne fait plus recette. Effet de balancier : si les gens d'ici ne rêvent que des lumières de l'Occident, les habitants du paradis en question viennent oublier dans les Carpates le stress de leur vie quotidienne et viennent y chercher la tranquillité et la douceur de vivre qu'ils ont perdues et qu'ils essaient de capturer pendant une semaine ou deux.

Depuis quelques jours que nous séjournons à Ieud, Vincent et Sarah ont fait connaissance avec des enfants du village, notamment un jeune garçon, encore un Vasile, qui vient souvent nous rendre visite à notre campement. Il dit avoir dix ans mais semble plus âgé et tire déjà sur une cigarette d'un air entendu. Son petit frère, Stefan, et sa cousine, Maria, l'accompagnent souvent. Ce sont des enfants magnifiques ; leur chevelure sombre, leurs grands yeux noirs et leur teint basané nous font penser qu'ils sont Tsiganes. Vasile joue le grand frère bienveillant pour nos petits et Sarah l'adopte immédiatement.
En fin d'après-midi, nous le retrouvons sur la place du village. Jusqu'à présent, il ne nous a jamais sollicités, mais aujourd'hui il nous demande l'aumône en nous racontant son histoire. Sa mère est morte, son père est parti travailler à Satu Mare dans la construction, mais cela fait trois ans qu'il n'est pas revenu et lui vit chez sa grand-mère avec ses petits frères et sœurs. Il a besoin d'argent pour acheter du lait pour les petits. L'histoire est–elle vraie ? Quand nous lui demandons où il habite et que nous nous proposons de rendre visite à sa grand-mère, il répond :
« Notre maison est trop loin, à l'autre bout du village, dans la montagne.»
Est-ce parce qu'il vient de nous raconter des bobards ou parce qu'il a honte de nous montrer son logis ? Peu importe, nous lui donnons quelques milliers de Lei, et le soir il est de retour près de notre tente. Quand il nous quitte vers 23 h, il explique qu'il ne va pas rentrer chez lui, c'est trop loin, qu'il va trouver un endroit pour dormir quelque part. Ce gamin semble totalement livré à lui-même et pourtant il ne ressemble en rien à un enfant des rues, détruit par la trop dure réalité de la vie. Toujours gentil et aimable, il s'occupe de Sarah avec beaucoup de douceur et s'adresse à nous très poliment, nous observant en silence de ses grands yeux enjôleurs. Rire de l'enfance et gravité

trop adulte pour son âge se mêlent en ce garçon qui nous surprend encore plus le lendemain matin quand au sortir de la tente, nous le trouvons assis dans l'herbe, un bouquet de fleurs à la main. Il les a cueillies dans les champs et me les offre dans un sourire. Démuni de tout comme il semble l'être, d'où lui est venue cette idée d'offrir des fleurs ? Jamais il ne nous laissera percer son mystère.

Notre projet initial de randonnée devait nous emmener ensuite vers la Bucovine, plus à l'est du pays. Mais nous nous sommes tant attardés dans ces villages du Maramureş, nous nous sommes tellement mis au diapason de cette vie sans hâte, que le temps nous a rattrapés et qu'il nous manque maintenant. Nous n'avons d'autre choix que d'interrompre ici la randonnée pour profiter du peu de jours qui nous restent pour réaliser nos projets, non plus au rythme de nos pas, mais à la vitesse de… notre voiture. Quand Bruno part en stop récupérer notre véhicule toujours stationné à Călineşti, Vincent demande à l'accompagner, et c'est avec fierté que notre garçon lève le pouce sur le bord de la route pour la première fois de sa vie. Le chauffeur de camion qui les emmène jusqu'à Bârsana ne fait pas mentir la tradition d'hospitalité en invitant ses passagers à boire un café chez lui quand il est arrivé à destination, et en reprenant ensuite le volant pour aller les déposer un peu plus loin jusqu'au carrefour de la route de Văleni.

Ayant récupéré notre cheval mécanique, il nous reste à régler le départ de nos montures qui doivent retourner chez leur berger et maître. Ce n'est pas sans émotion que nous voyons Vera et Doina grimper dans la remorque, non seulement parce que cela signe la fin d'une belle aventure, mais aussi parce que nous nous étions attachés à nos deux petits ânes. La séparation ne va pas sans un pincement au cœur pour les parents et quelques larmes pour les enfants. S'il est vrai qu'au départ, leur attitude nous inquiétait quelque peu, nos deux bourricots se sont finalement fort bien comportés, après que nous ayons pris la mesure du caractère de chacune.
Vera, c'est la figure même de l'âne gentil, docile, véritable image d'Epinal, avec son air doux, sa tête baissée, les paupières à moitié fermées, et que l'on dirait toujours en train de dormir. Cela ne l'a pas empêché de mordre Bruno une première fois et de faire une seconde tentative ; cette dernière lui avait valu une solide raclée qui lui a ôté l'envie de recommencer. Mais elle a le pied sûr, et sans crainte elle

trace son petit bonhomme de chemin dans les sentiers les plus tortueux. Son seul problème ? La nonchalance. Elle n'avance pas et il faut constamment l'asticoter avec un bâton sinon elle se traîne lamentablement. Il est vrai qu'elle ne mange pas beaucoup non plus ; c'est une bête qui travaille peu et vit de peu, à son rythme.
Tout le contraire de Doina, vive, les oreilles dressées, à l'affût, le regard toujours en éveil, cherchant constamment d'où peut venir le danger. Elle s'est vraiment attachée à Vera qu'elle ne quitte pas d'un pouce. Craintive, elle suit sa compagne comme un petit chien, paniquant dès qu'elle ne la voit plus. Si bien que lors des arrêts sur la fin du parcours, nous n'attachions parfois que Vera, certains que Doina n'allait pas s'en aller bien loin toute seule.
Sans doute nos ânes ont-ils pesté quelquefois contre nous, leurs maîtres, qui les faisions marcher sous un soleil assommant alors que tout être normalement constitué devait se reposer à l'ombre. Mais nous leur accordions de larges temps de vacances quand nous nous arrêtions pour plusieurs jours dans un village, et elles ont été bien souvent gâtées, se voyant offrir de grosses brassées de foin odorant par les paysans.
Elles ont reçu aussi leur part de baisers et de caresses car Sarah s'était prise d'amitié pour elles et les entourait de toute son affection. Combien de fois avons-nous vu notre fille, grimpée sur un banc pour être à bonne hauteur, enlacer tendrement sa douce compagne, lui chuchotant des mots doux à l'oreille, lui caressant le museau. Des câlins que Vera et Doina non seulement supportaient sans impatience, mais semblaient fort apprécier. Et nul ne saura jamais tout ce que Sarah aura raconté à Vera pendant les longues heures passées sur son dos, notre fille trônant comme une reine sur sa couverture, admirant le paysage du haut de sa monture.

Ce soir, c'est la fête pour célébrer les anniversaires de Vincent et d'Ildikó ainsi que le départ de celle-ci qui va nous quitter demain. Pour leur réserver la surprise, nous annonçons que nous devons aller à Vişeu de Sus pour faire le plein d'essence de notre véhicule. Ce qui n'est pas mensonge car le réservoir est vide et les endroits pour se ravitailler ne sont pas légion : Sighet à quarante kilomètres à l'ouest, Borşa à la même distance à l'est, et Vişeu à vingt-cinq kilomètres au nord. Mais après la station d'essence, c'est dans une pâtisserie que nous nous arrêtons pour faire le plein de gâteaux, des babas à la

chantilly, et notre dernière étape nous conduit dans un restaurant annonçant des pizzas. Car ce soir, pas question de jouer dans l'ethno et de tancer les enfants pour leur faire avaler viande grasse ou mămăliga.
Il est tôt et les banquettes de skaï formant de petites alcôves séparées sont encore vides. Deux serveuses sont assises à la dernière table dans le fond, près des cuisines, mais ne prennent pas la peine de se lever quand nous entrons et nous devons aller nous-mêmes auprès d'elles demander la carte. Les pizzas sont délicieuses, les enfants relativement tranquilles, et le dîner se déroule dans une ambiance de calme intimité ; nous parlons peu, ne nous croyant pas obligés de meubler le silence, tout simplement parce qu'on se sent bien ensemble, en communion, profitant du moment présent, et que cela suffit.
Au moment du dessert, les enfants sont priés de disparaître sous la table, le temps de disposer les gâteaux et d'allumer les bougies si difficilement dénichées à Ieud. Sept pour Vincent et vingt-trois pour Ildikó. Notre petit coin de restaurant, un peu sombre, en est tout illuminé d'une douce lueur. Embrassades, distribution des cadeaux, chant d'anniversaire, un vrai moment de bonheur. Ildikó a elle aussi préparé un présent pour les enfants, un cadeau qui a d'autant plus de prix qu'elle l'a elle-même conçu et réalisé : une sorte de jeu de l'oie qui a pour héros deux petits ânes qui doivent franchir une rivière, se reposer à l'ombre d'un arbre, grimper une colline… Quelques cartons récupérés, des crayons de couleur, de la colle, et les petits ânes en carton jouent le jeu. C'est dans sa tente, le soir à la lueur d'une bougie, qu'elle a réalisé ce trésor d'imagination avec si peu de moyens. Ces derniers temps, nous nous étions étonnés de voir de la lumière si tard dans sa tente. C'est, nous l'avoue t-elle maintenant, qu'elle était occupée à ce travail, accroupie sur son matelas, coupant, coloriant, collant les cartons.

C'est avec beaucoup de regret que nous voyons partir Ildikó qui s'était tellement bien intégrée dans notre famille, immédiatement adoptée comme grande sœur par Vincent et Sarah. Bien sûr, l'expérience a souvent été difficile pour elle qui n'avait jamais randonné de la sorte, mais cela restera sans doute dans sa mémoire comme une aventure extraordinaire qu'elle n'aurait jamais pu imaginer vivre. Ce soir-là, elle nous avoue pourtant qu'à la bergerie, elle avait pensé abandonner la partie et nous quitter.

« C'était vraiment trop dur, je n'en pouvais plus. Sans doute mon état de santé de ce jour-là reflétait-il mon désarroi. Le premier soir où nous avons dormi dans la montagne, j'avais pris ma décision : je laissais tomber. Et puis, vous m'avez si bien soignée, vous vous êtes si bien occupés de moi alors que j'allais si mal, que le lendemain j'ai décidé de continuer avec vous. »

A la porte du restaurant, un enfant d'une dizaine d'années nous observe de ses grands yeux noirs. L'apercevant, nous nous sentons honteux de notre fête avec ces cadeaux, ces bougies, devant un gosse qui ne connaîtra sans doute jamais cette joie. Alors nous envoyons Vincent lui porter un des gâteaux. Le gamin disparaît sans mot dire avec la friandise. Bientôt il réapparaît accompagné de trois petites filles, ses sœurs à n'en pas douter d'après la ressemblance. Chacune reçoit une part de gâteau et les enfants repartent comme ils sont venus, sans bruit, mais un sourire aux lèvres.

10 - VAMPIRES ET ROSIÈRES

Sans Ildikó et sans nos ânes, compagnons qui faisaient partie de notre vie quotidienne, nous nous sentons tout désemparés. Mais déjà nous devons nous hâter si nous voulons assister à la Hora de Prislop, un grand festival de musique qui se tient en pleine montagne, au col de Prislop, sur la route de la Bucovine. Dès le samedi soir, les commerçants et visiteurs arrivent nombreux et se répandent dans les prairies aux alentours pour installer leur campement autour d'un feu.

Dans la nuit tombante, arrive soudain une caravane de voitures 4x4 qui passent rapidement au milieu des installations. Ils disparaissent bientôt derrière une crête, en file indienne, telle une armée d'envahisseurs, rutilants dans leurs armures chromées. Ils partent pour une guerre facile à gagner puisque le pays à conquérir ne peut opposer aucune résistance. Partout où elle passe, cette soldatesque laisse derrière elle son cortège de maux et de malheurs : pollution des gaz d'échappement, pétarades des moteurs qui viennent déchirer le silence de la nature, les chants des oiseaux et la vie tranquille des animaux, puissance des chars d'assaut qui sous leurs roues écrasent la végétation et creusent des ornières dans les chemins. La montagne, ils la prennent d'un coup, comme des violeurs imposant leur force. Quel goût a ce viol-là quand on arrive au sommet ? Sans doute un sentiment de fierté pour avoir poussé ses chevaux jusqu'au bout, renforcé par les interminables discussions avec les camarades de combat sur la façon d'aborder telle montée ou tel virage difficile à négocier. Alors que pour le marcheur, conquérir la montagne, c'est une vraie histoire d'amour. Une conquête non pas guerrière mais amoureuse, où la belle ne se laisse approcher que doucement, si on lui témoigne beaucoup d'égards. Et pour qu'elle se donne, il faut lui apporter des preuves d'amour. C'est une suite d'épreuves qu'elle impose à ses chevaliers servants, épreuves faites de fatigue, de souffle coupé, de courbatures, de pieds douloureux. Mais à l'arrivée au sommet, la fiancée se donne sans retenue à celui qui a su lui prouver la force de ses sentiments. Le marcheur connaît alors la jouissance d'un amour partagé et comblé.

Nos voisins d'un soir viennent nous rejoindre autour de notre feu, apportant leur provision de bois. Ils sont venus de Piatra Neamţ à deux cents kilomètres de là, pour faire du commerce demain à la fête. Ils vendent des chaussettes venues tout droit de Chine, deux paires pour soixante centimes d'euros. Nous échangeons autant que nous le permet notre vocabulaire roumain maintenant que nous n'avons plus d'interprète, et au cours de la discussion, ils nous demandent s'il y a des Tsiganes en France et comment ils vivent.
« Car nous sommes Tsiganes » clarifie l'un d'eux.
« Oui, mais des Tsiganes honnêtes, pas de ceux qui volent » enchaîne aussitôt son voisin.
Nous dînons ensemble de lard grillé sur la braise et passons une soirée fort gaie en leur compagnie, riant des pitreries d'un des hommes qui a sans nul doute raté sa vocation théâtrale.

Il ne saurait y avoir plus propice amphithéâtre que cet écrin des Carpates pour accueillir danses et chants d'un peuple qui porte en lui l'appartenance à ces espaces. Six heures de danse et de musique sous le soleil dans ce cadre exceptionnel de verdure, immense théâtre à ciel ouvert, fermé par des murailles de sapins vert sombre. A l'est, un passage s'ouvre dans cette forteresse, vallée menant vers la Moldavie voisine. Les spectateurs sont arrivés en masse, débarquant des voitures, bus et camions, et la foule s'est assise par terre dans la pente, dominant la scène où évoluent les groupes. Ce festival s'inscrit très loin dans les mémoires puisque dans les écrits du 13e siècle, on trouve trace d'une foire se tenant en ces lieux, au carrefour de trois régions : le Maramureş, la Moldavie et Bistriţa, et c'était déjà l'occasion de chanter et de danser.
Aujourd'hui, ils sont venus, ils sont tous là, les Moldaves, les gens de Codru, de Lăpuş, de Bistriţa, chacun avec ses rythmes et ses costumes, ballet multicolore de blouses brodées, jupons de dentelle, tabliers et

fichus. A côté des Moldaves en gilet de fourrure, les garçons de Chior arborent de hauts chapeaux de paille. Dans la plupart des groupes, ce sont les hommes qui mènent la danse avec une surprenante grâce et légèreté, se faisant remarquer par leur énergie et leur souplesse, enchaînant sauts et effets de jambe sur un rythme à vous couper le souffle. A moins qu'ils ne fassent démonstration de leur force virile, frappant le sol en cadence ou faisant claquer leurs mains sur leurs hautes bottes de cuir noir. Les femmes sont plutôt réduites au rôle d'accompagnatrices et de faire-valoir.
Jeu de la séduction, vers criés et martelés, rondes endiablées : chacun ajoute à sa manière sa part de vitalité et de souffle à la respiration de l'humanité. Tout tourne et virevolte, s'enflamme, les mouvements vont crescendo. Une énergie époustouflante s'en dégage, fort en contraste avec l'attitude paisible et lente des paysans. Ce festival folklorique n'a rien de passéiste et de figé comme le mot folklore peut le laisser entendre. Au contraire, la vie jaillit de partout avec flamme et exubérance car ce sont les musiques et les danses présentées aujourd'hui qui font toujours tourner les jeunes dans les mariages villageois.

Les commerçants sont montés jusque là et perpétuent la tradition de la foire moyenâgeuse. En ces temps de crise, tout un chacun cherche une planche de salut dans le commerce d'une invraisemblable camelote. Une multitude de vendeurs étalent des babioles en plastique, pour la plupart « Made in China », jouets, pinces à linge ou colifichets, tous les mêmes d'étal en étal. Certains se sont spécialisés dans les pièces détachées d'occasion, d'autres dans les fausses chaussures Nike. Seuls les restaurateurs qui proposent épis de maïs bouillis, viande grillée et fruits font de bonnes affaires.
La fête est finie, les spectateurs partis. Prislop retombe dans sa souveraine solitude. Il ne lui reste qu'une multitude de souvenirs abandonnés là par l'insouciance collective : papiers gras, verres en plastique, bouteilles vides, cartons et les incontournables sacs plastique. Dans la soirée, le vent se charge de faire un peu de ménage, chassant les plastiques multicolores vers les sapins qui deviennent arbres de Noël avant l'heure. La bise et la neige se chargeront bientôt de l'œuvre finale de nettoyage, quand l'oubli va retomber sur Prislop guère fréquenté l'été que par quelques bergers avec leurs troupeaux de moutons et de chevaux.

A moins que ce ne soient les vaches qui hantent ces parages, qui se fassent techniciennes de surface pour nettoyer les prairies souillées, comme nous le constaterons le lendemain matin. L'une d'elles s'essaie à manger des écorces de pastèque puis introduit son mufle dans un sac plastique, sans doute attirée par de bonnes odeurs. Elle mâche mécaniquement, sans enthousiasme, puis se rend compte que ce curieux aliment risque de lui poser quelques problèmes à la rumination. Alors elle recrache et va plus loin tenter de se remplir l'estomac de nourriture plus comestible. Si la vache paperophage existe depuis longtemps -nous l'avons rencontrée en Inde et ailleurs-, sa collègue plastophage ne semble pas encore née. Nos ingénieurs-manipulateurs, experts en génétique, devraient bien se pencher sur cette question d'amélioration de l'espèce qui représenterait un grand bienfait pour l'humanité.

Alors que tout le monde a quitté les lieux, nous restons encore une nuit pour jouir à nous tout seuls du paysage grandiose, de la solitude et du ciel étoilé. Ramasser du petit bois, le mettre en place en une savante pyramide aérée : la préparation du feu est une leçon de patience pour Vincent qui débordant d'énergie, agit habituellement avec fébrilité. Ce soir, le dîner sera fait de tartines grillées et de fromage. Bientôt de hautes flammes montent vers le ciel dans la nuit sombre et nous mesurons le bonheur d'être là, en famille, dans ce lieu magique des Carpates, aux marches de la Moldavie et de l'Ukraine. A eux seuls, ces noms-là évoquent tant de mystère, tant d'histoires et de légendes, qu'ils nous font entrer dans la magie du lieu.
Après quelques chansons sans lesquelles il ne saurait y avoir de feu de camp digne de ce nom, les enfants réclament des histoires et j'épuise tout mon répertoire de contes sur les loups. Le lieu est on ne peut plus propice. Tout autour de nous, il n'y a âme qui vive si ce n'est sans doute quelque berger ayant son chien pour seul compagnon, et le silence n'est habité que par le crépitement du feu et le vent léger caressant l'océan des sapins. Puis nous ne disons plus rien, nous laissant pénétrer par la beauté de cette nuit d'été et nous sentant infiniment petits dans ce fabuleux décor de ciel et de montagnes. Perdus dans la contemplation du feu, nous nous tenons blottis les uns contre les autres, et le seul fait d'être là, tous les quatre, à vivre intensément ce moment simple, nous rend immensément heureux.

Il nous reste quelques jours avant la fête du 15 août, et nous décidons d'en profiter pour aller rendre visite à ce cher Dracula. Au-delà du col de Prislop, la route descend vers la vallée de la Bistrița, encaissée entre de formidables forêts de sapins. Par endroits, la vallée s'élargit pour laisser place à quelques pâturages verdoyants. Comme nous regrettons de ne pas avoir Vera et Doina avec nous ; car l'envie nous démange de sillonner ce paysage enchanteur, non pas en voiture, piètre moyen de locomotion dans la nature, mais à pied pour jouir pleinement, longuement, de la beauté offerte à nos yeux, pour en apprécier chaque détail, en écouter toutes les musiques. Peu à peu, quelques villages nichés au creux des vallons, apparaissent, coquets avec leurs maisons de bois peintes de couleurs vives, leurs puits habillés d'un décor de bois ciselé. De longues barrières, elles aussi tirées de la forêt, clôturent les prairies en une harmonieuse géométrie quadrillant les collines. La route monte vers le col de Bârgău, là où le romancier britannique Bram Stoker situa le château de Dracula.

Vrai et faux Dracula

Le personnage historique est né vers 1430 dans la ville de Sighişoara et hérita de son père, chevalier de l'ordre du Dragon, le nom de Dracula, « fils du Dragon ». Prince de Valachie régnant sous le nom de Vlad II, guerroyant vaillamment contre les Turcs, sa ruse et sa férocité lui valurent le surnom de Vlad l'Empaleur, l'empalement étant un des supplices qu'il aimait infliger à ses ennemis malheureux. S'il est vrai qu'il fit couler beaucoup de sang en cette époque troublée où il vivait, là s'arrête la comparaison du prince Vlad avec un vampire.

En 1897, l'écrivain britannique Bram Stoker publia son fameux roman où il conte l'histoire d'un vampire nommé Dracula, suçant le sang de ses victimes et vivant dans un château de ces mystérieuses Carpates. Dans l'imaginaire populaire, l'amalgame ne fut pas long à se faire, brouillant les pistes entre le terrible personnage historique et la figure de fiction.

Si bien que le nom de Dracula est devenu une source de sang frais pour quelques voyagistes fort avisés. Les touristes se voient proposer des tours draculesques jouant à loisir sur le mythe et la réalité. S'y mêlent la visite de lieux historiques avec la maison natale du Prince Vlad, son château de Poienari, et les éléments tout droit tirés de la fiction littéraire. L'amateur d'histoires vampiriques peut ainsi dîner à Bistrița à l'emplacement indiqué dans le roman, à l'auberge de la Couronne d'Or, édifiée de toutes pièces pour les besoins touristiques. Il y choisira le même menu que Jonathan Harker, le héros du livre. En plusieurs lieux, il pourra même assister en soirée à l'exécution de quelques sorcières sorties tout droit du Moyen-Age. Le château de Dracula situé au col de Bârgău par Bram Stoker n'ayant jamais existé, il a suffi de le construire.

En arrivant au col après avoir monté parmi des murailles géantes de sapins, c'est un plateau vallonné qui nous accueille, ponctué de bosquets et de petites maisons de bois éparpillées çà et là dans le vert tendre du regain sous un ciel d'azur. Le château de Dracula est planté là dans ce paysage bucolique, bien loin des images angoissantes qui peuplaient notre imagination : mystérieuses et sombres forêts, repaire aux tours menaçantes, perché tel un nid d'aigle sur un piton rocheux au bord d'à-pic vertigineux. Sur le parking, quelques vendeurs proposent leurs marchandises. Une sculpture en bois de Vlad l'Empaleur voisine avec une représentation de la Vierge ; sous des cadres vitrés « à briser en cas d'urgence », des préservatifs, et un panneau décoratif propose comme programme d'activité de la semaine, une position pour faire l'amour, différente pour chaque jour. Heureusement, ce n'est pas ce cadeau-là qu'une vendeuse offre à Sarah, mais une petite flûte sculptée.

Si le lourd portail de bois de l'entrée peut faire croire qu'on pénètre dans un vieux château médiéval, l'impression est bien vite dissipée. Là où nous nous attendions à trouver de vieilles pierres, des tours, des donjons, des mâchicoulis, nous ne trouvons que de hauts murs de béton, rectilignes et d'un blanc immaculé. Pas un endroit où nicher la moindre chauve-souris, pas un recoin pouvant cacher l'entrée d'un souterrain, pas une encoignure obscure où dissimuler une strige. Tout est propre, net, peu propice à faire travailler l'imagination.

L'établissement propose la visite du tombeau de Dracula. La guide, une jeune femme sans enthousiasme qui débite son discours d'une voix morne, s'est munie d'une unique bougie et nous entraîne dans un étroit couloir plongé dans le noir. Dans l'obscurité, l'œil ne perçoit que l'étrange lueur qui brille dans un coin, illuminant un horrible masque. Les pieds hésitent, cherchant les marches pour descendre vers les profondeurs, sur le plancher qui craque, et la chaussure bute parfois sur quelque chose de lisse et poilu, une peau de bête servant de tapis : un loup, un ours ? Il y en a tant qui hantent les forêts des alentours. Et Dracula ne commandait-il pas les meutes de loups ?
Nous voici enfin dans le caveau, une petite pièce où trône un long cercueil de bois, et dont les murs sont peints de fresques évoquant la vie du comte Dracula. De sa voix de récitante blasée, la guide nous les présente les uns après les autres. Il y a là toute la vie du vampire, agrémentée de mains crochues, dents pointues et gouttes de sang : une jeune femme enchaînée à l'être maléfique, les trois maîtresses du comte, la diligence emportant Jonathan Harker vers son destin, l'esprit du maître des lieux vêtu d'une immense cape rouge.
« Désirez-vous voir l'intérieur du cercueil ? »
« Bien sûr » répond en chœur l'assistance plus amusée qu'effrayée.
La jeune femme a à peine le temps de soulever le couvercle qu'une horrible forme noire jaillit du cercueil comme un diable de sa boîte, et les lumières s'éteignent brusquement. Qui a crié ? Le fantôme de Dracula que nous avons dérangé et qui a disparu dans le noir, ou les touristes qui maintenant rient de leur frayeur, mais avec un soupçon de tremblement dans tout le corps ?
Parmi le petit groupe de jeunes espagnols, un des garçons jouant les fanfarons, veut faire poser son amie sur le cercueil. Elle rechigne à s'approcher de cette boîte d'où a surgi le fantôme noir. Mais en riant, il la force à s'asseoir à côté de lui pour la photo. Ils sont à peine en position que les lumières s'éteignent et le caveau est de nouveau plongé dans le noir pour quelques instants. Tout le monde rit, mais d'un rire un peu forcé où on sent bien quelque hésitation. On sait bien que tout cela, c'est pour rire, mais au fond, on n'est pas très rassuré par toute cette mise en scène.
Allez, le spectacle est terminé, il faut remonter vers la lumière. Mais soudain, en marchant dans l'étroit couloir, je sens une main qui s'accroche à ma jambe. Je n'ai que le temps de reculer précipitamment pour voir un bras noir disparaître dans une fente du mur. Il faut bien le

dire, j' hésite à repasser à cet endroit et c'est en courant que je franchis la passe dangereuse, n'ayant aucune envie d'être de nouveau happée par l'horrible vampire. En retrouvant la lumière du jour, chacun se sent mieux. Mais Dracula doit déjà avoir réintégré son cercueil car un autre groupe de touristes s'apprête à descendre vers les ténèbres.
Un étroit escalier monte vers le bar et la tour, et de la terrasse on domine tout le paysage environnant. Avec l'enseigne Dracula qui clignote en rouge et la musique ambiante, on a quelque mal à se représenter la frayeur de J. Harker quand il découvre l'à-pic sous ses fenêtres ou quand il dîne à la lueur des chandelles, servi par le comte-vampire lui-même.

En fin d'après-midi, nous reprenons la route du Maramureş pour être à pied d'œuvre au monastère de Moisei demain matin, jour du quinze août. Le stop est une pratique courante et le long des villages, à la sortie des villes, s'alignent des files de stoppeurs, soit parce qu'il n'y a pas d'autre moyen de transport, soit parce qu'ils préfèrent tendre le pouce plutôt que d'attendre un improbable autobus. Il est d'usage que le passager offre sa contribution pour participer aux frais de transport, suivant la distance parcourue.
Le stoppeur qui gesticule sur le bord de la route à grands coups de moulinets des bras, joint les mains en signe de prière de remerciement quand nous ralentissons à sa hauteur. Ils sont deux, qui reviennent de la forêt avec des sacs remplis de champignons. Ils ont dû avaler un verre à chaque bolet ou coulemelle ramassés car ils sont passablement ivres. Celui qui gesticulait en est fort gai, bavard et démonstratif. Il se lance dans d'interminables discours dont nous ne saisissons guère le sens, et sans doute pour mieux se faire comprendre, il nous crie dans les oreilles, se penche dangereusement vers nous, nous soufflant au visage son haleine empestée d'alcool. L'autre a les yeux vitreux et le sourire béat. Vincent chuchote à son père :
« Il me casse les oreilles. On ne devrait prendre en stop que les femmes ; elles, au moins, elles ne boivent pas. »
Il est heureux que ces gens ne soient pas motorisés. Les samedis et dimanches soirs, nous nous devons d'être particulièrement attentifs car les routes sont encombrées d'hommes zigzagant sur les bas-côtés quand ils ne jouent pas les fiers-à-bras au beau milieu de la chaussée. Le mal est moindre quand ils sont accompagnés d'un cheval qui connaît le chemin de l'écurie et les ramène à la maison, affalés dans la

charrette. Quoique ces véhicules ne soient pas sans danger, faute d'éclairage, quand au détour d'un virage, l'automobiliste découvre soudain dans ses phares cette masse noire devant lui qui avance lentement.

A la tombée du jour, nous quittons la voie principale pour nous enfiler dans une petite route mais hésitons quelque peu devant un pont qui enjambe la rivière. La première partie de l'ouvrage est en béton mais le reste a dû être emporté par une crue et a été refait avec deux troncs d'arbres et quelques planches de bois. Une charrette lourdement chargée de foin qui passe sans hésiter, nous indique que le pont est solide ; nous le franchissons à notre tour et nous installons sur un petit terre-plein au bord de l'eau en face de quelques maisons dont une assure la fonction de mini magasin-bar. Alors que la nuit est tombée et que nous dînons autour du feu, l'alcool nous montre encore son hideux visage.
Deux hommes également ivres sortent du café en se querellant. Si l'un est rendu amorphe par l'eau-de-vie, l'autre est agressif et commence à taper sur le premier qui tombe à terre. Le bagarreur, déchaîné, frappe à coups de pieds dans le visage de son compagnon et un long moment s'écoule avant que quelques hommes interviennent pour séparer les deux protagonistes. Le blessé gît dans la poussière, salement tabassé, et à la lueur de notre lampe de poche, seule lumière disponible, nous apercevons son visage en sang. Deux hommes le transportent sur un banc et la patronne du café apporte une bassine d'eau pour lui laver la figure. Le sang coule et le visage tuméfié n'est pas beau à voir mais la blessure principale paraît peu profonde. Le lendemain matin, il ne reste que quelques taches de sang séché sur le banc.
Avant de partir de bon matin, nous achetons un pain à la boutique. Le camp est levé, le moteur de la voiture tourne déjà quand la commerçante revient vers nous en courant, son tablier relevé. Avons-nous oublié quelque chose tout à l'heure dans son magasin ? De son sarrau, elle tire six œufs qu'elle nous offre avec un large sourire. Cette jeune femme blonde, édentée comme un corsaire, a un cœur de dentelle. Nous sommes totalement confus mais il est impossible de refuser ce cadeau donné si spontanément, d'un mouvement venu tout droit du cœur, sans calcul. De tels gestes transforment notre regard sur l'autre pour nous le faire percevoir si proche de nous-mêmes. Beauté de cette rencontre matinale qui ensoleillera toute notre journée.

Quand nous arrivons à Moisei vers 8 h, c'est déjà la foule des grands jours. Ici la religion n'est pas avare de fêtes, autant de journées de congé pour les paysans car ces jours-là, les villages sont frappés d'interdit de travail. Ils sont tous là, paysans et citadins, qui se sont mis en route dès l'aube, en bus, en camion, en voiture, en charrettes avec les chevaux harnachés de grelots et les harnais décorés de glaïeuls et de dahlias. Une des charrettes, bricolée avec des planches et des couvertures, ne transporte pas moins d'une bonne vingtaine de personnes. Ayant abandonné notre véhicule au bord de la route, nous montons au milieu de la foule les trois kilomètres du chemin qui mène au monastère. Tout au long du parcours, des gens se sont installés pour vendre victuailles, boissons et les quelques babioles habituelles. S'y mêlent des mendiants, essentiellement des personnes âgées, des handicapés et des enfants tsiganes. Les marchands de glace font des affaires jusqu'aux portes du lieu saint et une foire s'est établie dans le pré en contre-bas.

Dans l'enceinte du monastère, les fidèles allument nombre de cierges et s'agenouillent pour prier avec ferveur devant les stèles peintes d'images saintes. Devant les confessionnaux extérieurs, les files de pénitents s'étirent interminablement. Partout les popes sont occupés ; certains recueillent intentions de messe et oboles ; d'autres intercèdent pour les croyants agenouillés devant eux, la tête recouverte de l'étole sainte, implorant protection pour une maladie, un conflit, pour chasser le Malin.

L'office débute à 10 h, concélébré dehors par une dizaine de prêtres ; il ne se terminera qu'à 14 h. La liturgie se vit avec gravité et dévotion, le peuple est fervent dans son recueillement. Mais seulement pour un temps ! Si un petit noyau de fidèles autour de l'autel suit attentivement la célébration, la majorité des milliers de pèlerins n'écoute que par intermittence. Les uns s'absentent le temps d'aller faire un tour au marché ; d'autres installent leurs couvertures pour suivre la messe, confortablement allongés. Certains poussent même de sonores roupillons. La Bonne Vierge pardonnera sûrement le somme réparateur. Dame, on s'est levé tôt ce matin pour venir lui rendre grâce. Elle comprendra aussi que la nourriture céleste ne peut faire oublier les simples besoins terrestres.

Plus on s'éloigne de l'autel, plus l'ambiance est détendue. L'heure du déjeuner approchant, on tartine les sandwiches de lard et de fromage, on boit un coup et on découpe les pastèques en tranches juteuses pour

toute la famille. Un vendeur de stylos se fraie un chemin dans la foule assise par terre et fait des affaires. Cette décontraction apparente n'empêche pas de chanter avec ferveur cette foi immense qui porte le peuple des croyants, le soulève, le fait vibrer à l'unisson du Seigneur Dieu et de la Création.
Les icônes et bannières sont arrivées hier, venues de chaque église, de chaque village, avec leurs anges et leurs pures rosières toutes de blanc vêtues, coiffées de voiles diaphanes et de couronnes de fleurs. Après la messe, les processions se mettent en place, constituées essentiellement d'enfants et de jeunes filles. Portant haut les crucifix et étoffes brodées de leur église, elles tournent autour du sanctuaire, chantent, frémissent et palpitent pendant plus d'une heure. La prière vient du cœur, les enfants la clament avec ferveur de toute la force de leurs poumons. Les groupes tournent les uns derrière les autres autour de l'église et il y a peut-être entre eux un brin de compétition pour mieux faire entendre son chant auprès du Très-Haut.
Puis chaque groupe repart vers son village, toujours chantant, pour avaler les dix ou quinze kilomètres déjà parcourus hier. Dans les bourgades tout au long du chemin, les villageois attendent le passage des processions. Chaque croix, chaque troiță, chaque sanctuaire est honoré d'un arrêt et d'un nouveau cantique.
Il est 16 h quand la foule finit de quitter les lieux. Les préposés aux finances comptent la recette de la journée. A la fin de l'office, les prêtres ont béni individuellement chaque fidèle par une onction d'huile, et à côté d'eux, un assistant tenait un seau pour recueillir les billets de cinq mille ou dix mille Lei. Dévotions, confessions, bénédictions : généreux bilan monétaire pour les caisses du monastère.

A Suceava, la famille Bodale nous accueille en tant que membre du réseau d'hébergement espérantophone, Pasporta Servo. Ionel, Livia et leurs deux filles vivent dans un grand appartement au huitième étage, dans un ensemble d'immeubles à l'entrée de la ville. Le logement est agréablement meublé et confortable : une entrée spacieuse, un salon où trône une grande télévision couleur, une salle à manger, deux chambres et une cuisine. La famille a acheté l'appartement à l'époque communiste, quand Ionel était ingénieur dans une grande entreprise. Et puis Ceauşescu est tombé, l'économie s'est effondrée, l'entreprise a licencié. Alors Ionel s'est reconverti dans le commerce.

Au marché, il vend vêtements, cosmétiques et papeterie achetés en Ukraine. Son étal se résume à une petite table abritée sous deux parasols ; les soirs d'été, il revient brûlé de coups de soleil, et la pluie l'oblige à fermer boutique. Mais les affaires vont bien et il reconnaît gagner confortablement sa vie, surtout en comparaison du salaire de misère de sa femme, professeur de physique. Livia combine d'ailleurs son travail d'enseignante avec des voyages hebdomadaires en Ukraine pour s'approvisionner en marchandises. Née dans un village près de la frontière, elle a l'avantage de parler la langue. Ce commerce suppose bien sûr d'accepter les règles édictées par douaniers et fonctionnaires de tout poil qui veulent bénéficier de la manne et prélèvent leur dîme. La famille est prospère, mais la situation ne satisfait pas vraiment Ionel :

« J'étais ingénieur, responsable d'une section importante de l'usine, je connaissais et j'aimais mon métier. J'ai étudié jusqu'à l'âge de vingt-cinq ans. Tout cela pour vendre des chemises et du rouge à lèvres sur un marché ? Ce n'est quand même pas normal ! »

Et assez vite, on sent poindre un peu de nostalgie du temps d'avant où régnait la stabilité économique et où il était considéré en tant qu'ingénieur, bien qu'il se défende d'avoir jamais été communiste.

« Maintenant, on va m'appeler Monsieur le Commerçant ! » ironise t-il avec un brin d'amertume dans la voix.

Livia renchérit :

« Notre génération connaît le pire de tout : nos parents ont bénéficié de nombreux apports du communisme alors que nous n'avons connu que les mauvaises années de ce système, quand tout allait mal, avant la chute de Ceauşescu. Et maintenant, on paie encore les pots cassés avec ces premières années de libéralisme, quand rien ne fonctionne. Dans mon métier, c'est une catastrophe. Le budget de l'Education Nationale n'est jamais honoré de crédits correspondants, à l'école on n'a pas un sou pour acheter le moindre matériel et cela fait deux mois que nos salaires n'ont pas été versés. Depuis la révolution, tout va de pire en pire.»

« Sans doute, cette période transitoire est-elle très longue dans votre vie personnelle, mais à l'échelle de l'histoire du pays, c'est très peu. La Roumanie a sans doute besoin de temps pour vivre la transition de régime » avance Bruno, tout en sachant que cela ne peut être qu'une piètre consolation pour les Roumains.

« C'est sans doute vrai. A la révolution, les gens pensaient qu'après une ou deux années difficiles, tout irait bien. On croyait au miracle. Mais nous n'avons pas compris que pour remonter la pente, il fallait qu'on se mette au travail, et que ce serait dur et long. »
Quel avenir pour leurs filles ? Pourquoi ne pas émigrer au Canada ? Ces questions et bien d'autres taraudent nos hôtes. Mais après la discussion sérieuse, la bonne humeur de Ionel reprend le dessus et les soirées se passent gaiement, autour de délicieux repas. Sandre grillé arrosé de vin blanc de Cotnari, escalopes panées avec des frites, assiettes de porcelaine, jolis verres de cristal : nous apprécions la palette des goûts et la beauté de la table qui nous changent agréablement de la rusticité du pain et du lard qui sont notre quotidien depuis deux mois et demi.
Nous apportons notre contribution sous forme de pâtisseries, de bouteilles de vodka, et aussi de rêve. Car nos aventures de tour du monde et de randonnée, notre style de vie refusant la télévision et trop de consommation, font rêver Ionel qui garde au fond de lui un autre idéal que celui de gagner beaucoup d'argent en vendant des vêtements. Sous ses dehors de gai plaisantin et d'amateur de bonne chère, il cache une âme triste et un perpétuel questionnement sur le sens de la vie. Sa situation actuelle de commerçant ne le satisfait pas ; il s'en excuse presque :
« Nous avons manqué de tout pendant si longtemps ; maintenant nous voulons rattraper le temps perdu en consommant. »
Alors, ils vivent le plus confortablement possible : télévision satellite, four à micro-ondes, vacances au bord de la Mer Noire.

Le marché où travaille Ionel compte quelques boutiques mais l'essentiel du commerce se fait sur le trottoir. Etalages hétéroclites disposés sur un lit de camp ou sur des cartons ; tout le monde vend de tout. A côté des pinces à linge, du café voisine avec quelques slips, de la lessive et des piles électriques, des jouets en plastique, des déodorants… Un vieil homme propose quatre choux disposés sur un sac ; à l'entrée, une femme tend aux passants deux bouteilles de lait et un jeune homme a agencé une dizaine de paquets de cigarettes sur un tabouret. Commerces dérisoires qui font percevoir combien la vie est dure pour beaucoup ; chacun essaie de gagner quelques sous. L'espace réservé aux légumes croule sous les tomates, concombres, paprikas et

aubergines et dans les camions, des tonnes de pastèques attendent les acheteurs.
Ionel bénéficie d'un emplacement de choix, juste à l'entrée du marché, lieu de passage obligé. Sur trois étagères vitrées, s'alignent crayons bille, café, sacs plastiques, sachets de condiments et surtout ses produits fétiches, les cosmétiques. Rouges à lèvres, vernis à ongles, mascara, fards, les affaires marchent très fort grâce à une fidèle clientèle de jeunes femmes.
C'est en France que Ionel a compris les règles du commerce alors qu'il attendait dans une boutique derrière un autre client et que la vendeuse s'est excusée de le faire attendre. Dans les magasins d'Etat sous le communisme, on ne connaissait que des vendeuses revêches qui n'aimaient pas être dérangées dans leur ennui et leur indolence institutionnalisée. Ionel a adopté un autre style, celui du commerçant affable au service de sa clientèle. Il fait essayer ses produits, offre un petit cadeau, et ses affaires prospèrent alors qu'à côté, les autres vendeurs attendent patiemment derrière leurs étalages. Pourtant, nous nous étonnons qu'un commerce de cosmétiques marche si bien alors que tout le monde se plaint du manque d'argent. Les clientes de Ionel ne font pourtant pas partie des nouveaux riches, plutôt des employées, des enseignantes. Mais il y a une soif extraordinaire pour tous ces nouveaux produits ; dans la difficulté, les femmes mettent sans doute un point d'honneur à se garder belles et coquettes, comme pour faire un pied de nez aux vicissitudes de la vie quotidienne.
Le problème de Ionel en ce moment est de se procurer une pompe à eau pour sa Renault 4, pièce introuvable ici. Munis du numéro de moteur de la voiture, nous lui promettons de la lui envoyer depuis la France. Parole sera tenue.

Dans l'intimité des familles grâce à l'espéranto

Comme Antal à Oradea, Ionel nous a accueillis chez lui en tant que membres du réseau Pasporta Servo. Pendant notre tour du monde, nous avons beaucoup utilisé ces contacts qui nous ont permis d'aborder les pays à travers l'intimité, la vie quotidienne d'une famille. Ainsi pendant nos neuf mois de séjour au Japon, ce ne sont pas moins de vingt-deux familles qui nous avaient accueillis chez elles.

Pourtant quand nous avions posé le pied sur le sol nippon, les perspectives ne s'annonçaient pas bien encourageantes. Nous avions lu dans différents guides : "les touristes étrangers auront peu de chance de voir l'intérieur d'une maison ; encore moins nombreux seront ceux qui pourront y passer une nuit." Notre expérience allait faire mentir ces tristes prédictions. Peu après notre arrivée dans le pays, Umiko Kuroyanagi, épouse d'un cadre supérieur de chez Toyota, nous initiait aux arts traditionnels en nous emmenant à ses cours d'art floral et de cérémonie du thé. En Chine, c'était Wei Chi qui nous accueillait en espéranto dans son village au fin fond de la province du Shaanxi. Nous pourrions ainsi multiplier les exemples aux quatre coins du monde. Un bel échantillonnage de milieux sociaux, depuis l'ouvrier bulgare jusqu'à l'ambassadeur australien en passant par l'enseignant hongrois ou le paysan japonais. Maintenant que nous ne voyageons plus guère mais que nous disposons d'une maison, c'est à notre tour d'accueillir les étrangers de passage. Notre petit village de Landemont dans le Maine-et-Loire a vu défiler récemment un Ukrainien, une famille chilienne, des Japonais, un Brésilien, un couple polonais, un Vietnamien... Nous n'allons plus vers le monde, mais le monde vient à nous et c'est l'espéranto qui nous donne cette fenêtre ouverte sur l'humanité.

On ne saurait venir en Bucovine sans voir quelques-unes des merveilles de cette province, les monastères, et nous nous attardons à ceux de Voroneţ et Suceviţa, véritables joyaux d'images et de lumière. Les murs des églises, intérieurs et extérieurs, sont tout enluminés de fresques contant l'épopée de la Bible, la vie des saints, l'enfer et le paradis.
Arrivés en soirée près de Voroneţ, nous établissons le camp dans un large terrain herbeux sur les rives de la Moldova, qui fait office de camping libre. Les seules commodités à disposition sont une cabane en planches servant initialement de toilettes, mais la porte a été arrachée et le lieu est si sale, avec des excréments dispersés partout, qu'il en est inabordable. Ce qui n'empêche pas les employés

municipaux de passer tous les soirs percevoir la redevance auprès des campeurs.
Quelques familles sont réunies joyeusement autour de barbecues ; certaines ont planté la tente, mais beaucoup passent la nuit dans les voitures faute d'équipement adéquat. Le soir venu, nos voisins installent leurs deux enfants le plus confortablement possible sur le siège arrière de leur Dacia, et les parents passent la nuit assis à l'avant. Quand nous les voyons s'étirer le lendemain matin, nous imaginons les courbatures qui doivent être les leurs. Nous sommes réveillés par les meuglements et les clochettes des vaches qui arrivent en grand troupeau pour pâturer le peu d'herbe du terrain. Ce sont les animaux des villageois, confiées à un gardien pour la journée. Dans la matinée, il les pousse un peu plus loin dans la vallée, et le soir, nous les retrouvons, de retour de leur promenade quotidienne à la recherche de nourriture.
La visite du monastère nous ayant occupés une grande partie de la journée, nous décidons de rester là encore une nuit. Comme chaque fois que nous sommes près d'une rivière, Vincent passe son après-midi dans l'eau, occupé à pêcher d'improbables poissons. Il lui est arrivé quelquefois de ne pas rentrer bredouille, mais chaque fois ce sont des poissons crevés qu'il a attrapés à la main. Et comme il a l'esprit collectionneur, il voudrait bien les conserver, ce à quoi je m'oppose formellement. Nous transportons déjà des pierres, des capsules de bière, et il a soigneusement arrangé un bocal avec de la terre, des cailloux, des vers de terre, des fleurs, pour constituer un cadre de vie agréable à un insecte capturé on ne sait où. Ce soir, Vincent installe même un système de nasses, faites de bouteilles en plastique découpées, espérant qu'un poisson va venir s'y faire prendre pendant la nuit. Hélas, le lendemain matin, les pièges sont vides.
Le terrain est abondamment fourni en poubelles mais la plupart n'ont pas de fond. L'endroit est jonché de détritus laissés par les promeneurs et campeurs. Une image assez habituelle dans les endroits fréquentés, comme si les Roumains n'avaient aucune considération pour les lieux publics. La famille Robineau passe donc une partie de la soirée à nettoyer un petit bout du terrain, suivant en cela sa devise : laisser plus propre en partant. Il y a fort à faire ; nous ramassons tout ce qui traîne, brûlons tout ce qui peut brûler.
Car l'enseignement de la propreté à nos enfants, surtout par l'exemple, nous semble essentiel. Non seulement la propreté du corps et de son

lieu de vie, mais aussi la propreté de la maison-Terre, pour qu'ils acquièrent la conscience que le maintien d'un bel environnement, c'est l'affaire de chacun, et que la terre-mère qui est génératrice de vie, doit être respectée et honorée. Le travail se fait dans la bonne humeur et Bruno explique à Vincent :
« Plus tard, quand tu auras des enfants, tu leur enseigneras aussi ce que nous faisons en ce moment et tu leur diras qu'eux-mêmes devront l'enseigner à leurs enfants. »
Ainsi la vie se continue et s'embellit.
« Papa, quand tu seras vieux, est-ce que tu continueras à voyager ? »
« Je ne sais pas ; cela dépendra si je suis en bonne santé. Pourquoi me demandes-tu cela ? »
« Parce que si tu ne voyages plus, je pourrai prendre ta pelle pour nettoyer dans les endroits sales. »
Les parents sourient, heureux de cette petite parcelle de joie de vivre, de bonheur, qu'il est bon de savourer. Dans ces moments-là, on se dit que nous avons réussi à transmettre quelque chose de nous à nos enfants.

Nous voici de retour à Sârbi pour une soirée d'adieu avec les familles de Mafioto et Coucou qui nous avaient accueillis il y a quelques semaines. Avec grand plaisir, Vincent retrouve son copain Vasile et leurs jeux complices ; ils se taillent des bouts de bois pour faire des pistolets, se cachent derrière les arbres pour simuler les tirs, s'amusent d'un rien et rigolent comme des fous sans avoir à se parler. Malgré l'eau-de-vie et les sarmalés offerts par la famille, les bouteilles de bière et de jus de fruits que nous avons apportées, et la bonne humeur qui règne dans la maison, c'est une soirée pince-cœur pour nous. Ils nous font promettre de revenir et Coucou essaie de nous appâter en nous assurant qu'il y aura beaucoup de țuica à Noël.

11 – TRIBULATIONS POUR UNE DACIA

"La vie est trop courte pour être économisée". C'est en feuilletant négligemment un livre à la bibliothèque que cette phrase me saute aux yeux. C'est vrai, la vie est si courte. Nous la remplissons tellement notre vie, avec le travail, les loisirs, les engagements. Une vie si active, dont on nous dit qu'elle doit l'être toujours plus, pour pouvoir exister aux yeux des autres ; qu'il ne nous reste plus guère de temps pour être tout simplement ; plus guère de temps pour vivre le temps. Comme si, en nous agitant frénétiquement de tous côtés, nous pensions reculer l'échéance qui nous attend tous, le jour où nous quitterons cette terre ; comme si nous avions peur du vide.
Allons, laissons de côté la gestion de l'agenda et du porte-monnaie pour jouir pleinement de ce que la Vie nous offre.
Et ce qu'elle nous propose en ce moment, la Vie, c'est un nouveau voyage en Roumanie. Bruno rêve d'y retourner pour voir le Maramureş enfoui sous la neige, et vivre quelque temps avec une famille au creux de l'hiver, quand hommes et bêtes hibernent, attendant que passe la froidure. Et si nous y allions tous, en famille, passer Noël dans les Carpates ? Le soir même, la décision est prise. "La vie est trop courte pour être économisée". Là-bas, nous allons retrouver le Temps.
Nous sommes déjà fin novembre. La douceur angevine tant vantée par notre poète local, Joachim du Bellay, nous pèse, avec son cortège de nuages bas et gris n'apportant pas de froid, mais encore et toujours de l'humidité. Sous cette grisaille mélancolique, on se prend à rêver d'azur éclatant, de soleil illuminant des paysages d'une blancheur immaculée, d'un froid vif, piquant et stimulant.

« Les enfants, que diriez-vous d'aller en Roumanie voir Vasile ?»
Les fourchettes s'immobilisent entre bouche et assiette.
« Quand cela ?»
« Maintenant, cet hiver, dans une ou deux semaines.»
La proposition les déconcerte et Vincent ne sait quoi dire. Sarah attend de voir la réaction de son frère pour exprimer la sienne. Pour se faire une opinion, notre aîné questionne : quand part-on ? qu'est-ce qu'on va faire là-bas ? Où ira t-on ?
Mais soudain, lui vient à l'esprit une question primordiale :
« On sera en Roumanie pour Noël ?»
La réponse positive fait naître une objection, de taille celle-là :
« Mais alors, comment va faire le Père Noël pour les cadeaux ?»
Et oui, notre garçon a beau avoir sept ans, fréquenter le CE1 et se poser parfois des questions métaphysiques, il croit toujours au Père Noël ! Et nous n'osons briser ce rêve d'un coup de vérité bien matérielle. Le silence se fait à table face à cette grave question. Mais Vincent trouve lui-même la solution :
« On laisse la clé sous une pierre et on met un mot sur la boîte aux lettres, que le Père Noël peut prendre la clé et entrer pour déposer les cadeaux.»
Mais déjà il enchaîne avec une objection rendant cette solution impossible :
« Si c'est un voleur qui lit le petit mot et prend la clé ? Non, ça ne va pas. Alors, on laisse la clé chez les voisins, et ils viennent entrouvrir une fenêtre la veille de Noël pour que le Père Noël puisse entrer, et ils viendront refermer la fenêtre le lendemain.»
Chacun y va de sa proposition pour faciliter le travail du Père Noël, et c'est finalement après une longue discussion que la solution est trouvée : on ne dit rien au Père Noël et il fait comme d'habitude ; il laisse les cadeaux chez Mamie, comme si on y était. Là-bas, il ne rencontrera pas de problème puisqu'il pourra se glisser par la cheminée.
Nous irons donc vivre Noël dans le Maramureş. Puisque nous sommes dans un millénaire qu'on nous annonce interculturel, autant débuter l'année en beauté, en la fêtant hors de nos frontières françaises. Dans une autre "tribu" qui n'est rien d'autre que le prolongement de la tribu nationale à laquelle nous nous sentons appartenir en raison de notre naissance ici, comme nous nous sentons également membres de la tribu européenne et planétaire.

La décision prise, il faut faire vite quelques préparatifs, notamment pour s'habiller chaudement, surtout pour les enfants. Un caleçon, un pantalon et une combinaison de ski : avec ces trois épaisseurs, les voilà parés pour affronter les -20° de l'hiver carpatique. Gants, bonnets, bottes fourrées complètent la panoplie. C'est l'occasion pour Bruno de sortir du placard pour la première fois sa chapka chinoise ; il y a bien là une petite erreur géographique mais l'épais bonnet de fourrure acheté en Chine dans les surplus de l'armée de Mao, fera aussi bien son office pour un voyageur des bords de la Tisa que sur la tête d'un soldat du Fleuve Jaune.
En ce début décembre, les magasins débordent de cadeaux et il nous faut en faire quelques provisions pour offrir à nos hôtes. Nous connaissons déjà tant de monde là-bas, à Sârbi, à Călineşti, à Poienile Izei... Mais le voyage en avion nous oblige à limiter le poids. Alors, qu'emporter ? Nous avons beau chercher partout, et Dieu sait si l'offre est grande, nous ne trouvons pas grand-chose qui puisse s'adapter à notre demande. Des petits objets, pas trop encombrants, pour les caser dans nos bagages ? Laissons de côté toutes les babioles décoratives dont l'usage questionnerait fort nos hôtes. On ne s'encombre guère de ces choses-là dans un village des Carpates.
Voyons du côté des parfumeries et objets de toilette. Je serais bien tentée par de jolis coffrets, mais tous sont conçus pour des salles de bain. Que faire d'un gel douche et d'un bain moussant quand la toilette se fait dans une bassine près du puits ? Deux styles de vie si différents d'un bout de l'Europe à l'autre. Le choix est plus vaste pour les femmes. Un joli foulard ? Voilà qui leur sera utile puisqu'elles ont toujours la tête couverte, que ce soit pour sortir ou à la maison. Mais là encore, le choix n'est pas facile car si là-bas il existe différents modèles de fichus, par leurs motifs et leurs couleurs ils sont partie intégrante du costume régional. Ce n'est pas à nous, passants, d'introduire une nouvelle mode dans les ensembles traditionnels. Nous tenons à respecter le code éthique du voyageur qui a toujours guidé nos pas et nos actes : Ne prenez rien sauf des photos, ne tuez rien sauf le temps, ne laissez rien sauf vos empreintes, ne changez rien sauf vous-même.
Au rayon des jouets pour les enfants, la sélection se doit également d'être sévère. Nous écartons radicalement tous les jouets à piles car ils ne fonctionneraient que le temps d'une courte vie de pile. Impossible pour les parents de remplacer ces trop coûteux gadgets. Nous faisons

également attention à ne pas apporter de jouets trop inconnus, trop novateurs pour l'environnement du village, jouets qui ne pourraient que créer des jalousies entre les enfants, et des envies qui ne pourront jamais être satisfaites. Pas de place pour les Legoland ou les Barbie superstar. D'ailleurs, nous nous sentirions fort mal à l'aise de proposer aux petites villageoises, si belles avec leurs jupes fleuries et leurs fichus, ces poupées-femmes aux jambes démesurément longues, vêtues en skieuses, cavalières ou femmes d'affaires, symboles d'une esthétique et d'un mode de vie qui ne sont en rien ceux du Maramureş.
Après bien des hésitations et des questionnements, nous finissons par remplir un sac à dos de chocolats, fruits secs, paquets de café et savonnettes parfumées ; pour nos jeunes amies, petits coffrets de maquillage et jolies barrettes à cheveux, et les enfants se verront comblés de crayons de couleurs, cahiers de coloriage, cordes à sauter, billes...

Enfin, les sacs à dos sont bouclés et notre première étape nous conduit à la gare de Nantes. Vincent est fort excité car c'est la première fois de sa vie qu'il prend le TGV, et c'est avec un enthousiasme réel qu'à peine installé dans le train, il commence à écrire ses premières impressions dans son journal de bord qui va lui servir d'école pendant quelques semaines. Son père et sa petite sœur sont beaucoup moins enthousiastes que lui sur la haute technologie des TGV : Sarah vomit et Bruno ne se sent guère à l'aise, souffrant du mal des transports dans ce mode de déplacement trop rapide pour son gré. A Roissy, la forme est revenue. Bagages et enfants sont hissés sur un chariot dirigé de main de maître par Bruno, slalomant entre les comptoirs, les voyageurs et les valises, pour la plus grande joie de nos bambins perchés en haut de la pyramide et riant aux éclats. Mais, manque de contrôle du conducteur, soudain tout s'écroule. Pas de mal, on rit et on repart de plus belle. Avec les enfants, l'aventure est permanente.

Faire connaissance avec la Roumanie par l'aéroport de Bucarest, c'est s'imaginer un pays moderne, propre et efficace. Change, passage de la douane et contrôle des bagages : en vingt minutes, toutes les formalités sont réglées. A la sortie de l'aéroport, dans la nuit glaciale, le comité d'accueil qui attend les voyageurs est celui des chauffeurs de taxi. Ils sont tous là, engoncés dans leurs épaisses parkas, et font cercle autour de nous. Car ils ont tout de suite flairé la bonne affaire : une famille d'étrangers aux poches pleines de dollars. La couleur est annoncée sans hésiter : 20 $ pour la gare du Nord. 20 $ pour rouler en Dacia, 20 $ pour se faire rouler ! Presque le double du tarif normal. Allant de l'un à l'autre, essayant de les prendre à part, je m'enquiers du prix ; mais tous tiennent le même discours : 20 $. Comme nous refusons tout net et faisons semblant d'envisager la solution du bus, ils discutent entre eux, et alors que nous faisons une dernière proposition à 12 $, celui qui semble être le chef de la bande, baisse à 15. Les autres ne semblent pas d'accord et une vive discussion s'engage entre eux.

« 15 $? c'est bon, on y va !»

Une vingtaine d'hommes nous encercle ; rien ne sert de s'attarder car le ton monte. Les bagages sont vite empilés dans la première voiture de la file et on s'engouffre dans la Dacia, en répétant « Gare du Nord, 15 $» . Le chauffeur a l'air mécontent car ce n'est pas lui qui a proposé les 15 $, mais il démarre en trombe. Il passe sa colère sur l'accélérateur. Veut-il nous prouver qu'il a tourné dans une course-poursuite dans un film américain ? Malheureusement sa frustration ne passe pas aussi vite que la vitesse Mac 2 qu'il atteint, et nous ne pouvons que nous accrocher aux portières, en silence pour ne pas l'énerver encore plus. Ou peut-être veut-il nous montrer ce qu'est la merveille de la coopération technique franco-roumaine incarnée dans la Dacia, cette Renault 12 produite en Roumanie ? Le slalom se poursuit autour des ronds-points et sur les avenues, doublant par la droite, par la gauche. Soudain, alors qu'il en est à doubler une voiture par la droite, cette dernière se rabat brutalement. Notre cascadeur freine in extremis, on se frôle mais pas de mal. Il finit de passer sa rogne sur le klaxon puis reprend peu à peu son calme, et file sur les boulevards à une allure soutenue mais raisonnable. Il nous a montré qu'il sait incontestablement maîtriser ses chevaux intérieurs et extérieurs ; sans doute a t-il pris notre silence pour un acquiescement ; ayant fait ses preuves, il peut retrouver une conduite normale.

Arrivé à la gare, l'homme se montre peu coopératif pour ouvrir le coffre. Bruno tend les 15 $ convenus mais il en réclame cinq de plus ; il veut les 20 $. S'engage alors une longue discussion, plutôt un dialogue de sourds puisque le client parle en français et le chauffeur en roumain. Il s'agit de se montrer diplomate car l'homme mesure dix centimètres de plus que Bruno et sa forte carrure impressionne. Ses

mains sont à la mesure de sa corpulence et Bruno se dit que s'il reçoit ces battoirs sur la pomme, il ne lui restera pas beaucoup de pépins à l'intérieur ! La discussion a déjà attiré quelques passants qui font cercle autour du véhicule et l'un d'eux intervient en anglais :
« Allez, payez, cinq dollars, c'est rien pour vous.»
Mais Bruno n'a pas l'intention de céder et à défaut de se faire comprendre en paroles, il alterne dans la voix fermeté et humour. L'autre sait bien de quoi il s'agit. Soudain, avec vivacité, Bruno s'approche de son interlocuteur comme s'il voulait l'empoigner. Ce qu'il se garde bien de faire, restant hors de portée des poings du costaud. Tout en montant le ton, Bruno le regarde toujours droit dans les yeux. L'autre sourit d'un air narquois et détourne le regard. C'est là son point faible : s'il était franc, il soutiendrait le regard. Une technique apprise lors des cours de t'aekwondo, la self-défense coréenne : observez bien le jeu de l'adversaire afin de déceler le plus vite possible son point faible. Comme rien ne se débloque, Bruno apostrophe les passants autour de nous :
« Y a t'il quelqu'un qui parle anglais ?»
Un jeune chauffeur de taxi s'approche et baragouine. Bruno explique en quelques mots que nous avions convenu quinze dollars et que notre homme doit respecter le contrat. Après un moment d'accalmie, notre chauffeur menace de partir avec les bagages. Bruno sourit toujours, mais tient ferme son attitude et son discours :
« Allez, ne faites pas d'histoire, ouvrez le coffre et on se quitte bons amis.»
A un moment où on perçoit qu'il va lâcher, Bruno lui met la main sur l'épaule, et d'un signe de tête lui indique qu'il doit l'ouvrir, ce coffre. Il s'exécute. Bruno lui serre alors la main en le regardant toujours droit dans les yeux. Force du regard qui donne une partie de soi-même, une partie de son âme. L'homme nous quitte avec un sourire. Bruno a respecté son code d'honneur personnel, la non-violence, et est satisfait d'avoir ainsi maîtrisé une situation qui aurait pu mal tourner.
Il est certes fâcheux de constater ce type d'attitude mais on peut comprendre le point de vue du chauffeur. Il a tenté sa chance de nous soutirer un peu plus d'argent puisque nous sommes potentiellement des sources inépuisables de dollars. Il y a des moments où cette attitude nous excède, mais comme nous venons de poser le pied sur le sol roumain, il vaut mieux prendre cela comme une parenthèse ludique, une introduction d'un style un peu particulier.

Gare du Nord. La caissière à laquelle nous nous adressons, a l'amabilité de fermer son guichet (tant pis pour ceux qui attendent derrière !) pour nous conduire personnellement dans un autre hall où se vendent les billets pour trains-couchettes. Après la roublardise, la gentillesse. Munis de nos tickets pour le train partant dans une heure pour Baia Mare, nous cherchons à nous réfugier dans un endroit moins aéré que ces immenses halls glacials où le vent s'engouffre par les portes grandes-ouvertes. Il est à noter que pour pénétrer dans la galerie commerciale donnant accès aux salles d'attente et aux quais, il faut payer si vous ne devez pas prendre bientôt un train. A chaque entrée, un cerbère en faction exige votre ticket de chemin de fer ou vous déleste de 2000 Lei.

A côté du Mc Donald illuminé et décoré pour Noël, la salle d'attente, grise et triste, est tout aussi glaciale que le hall mais a le mérite de nous préserver du vent. Sur les bancs, sommeillent des voyageurs emmitouflés sous plusieurs épaisseurs de pulls, manteaux, la tête disparaissant sous les écharpes, bonnets ou hauts chapeaux noirs façon astrakan.

Epuisée par cette longue journée et par tant de nouveautés, Sarah dort profondément, mais pour le reste de la famille, la nuit dans le train n'est pas très bonne. Les conditions sont pourtant excellentes : des couchettes confortables, un compartiment bien chauffé où nous sommes seuls. Après tant de nuits passées dans des bus, des trains ou des halls de gare, c'est bien la première fois de notre vie que nous nous offrons des couchettes et le luxe que représente le fait de passer une nuit, allongé plutôt qu'assis. Alors que nous nous installions le plus confortablement possible, Bruno avait trouvé charmant le bruit des essieux, tel qu'on l'entend dans les vieux films.

« Ça, c'est un vrai train, pas comme le TGV ! » avait-il dit, gardant une rancœur contre l'engin à grande vitesse qui l'avait rendu malade le matin même.

Mais le « vrai train », avec son trop vrai et trop bruyant mouvement d'essieux, nous empêche toute la nuit de dormir, habitués que nous sommes aux véhicules modernes glissant sans bruit sur les rails. Pas moyen d'échapper à ce lancinant mouvement, au grincement des freins à l'entrée en gare, au tangage quand dans les grandes lignes droites, le train prend soudain de la vitesse. Vincent se plaint :

« Je ne peux pas dormir, le train fait trop de bruit ; on dirait qu'il donne des coups de pied ! »

Ce n'est qu'en fin de nuit que la fatigue nous plonge dans un demi-sommeil.

Dans la clarté blafarde du petit matin, nous traversons un paysage gris : gris le ciel, grises les montagnes aux forêts dénudées, bruns les champs de terre lourde et grasse. Nous sommes bien loin des lumineux paysages que nous attendions. Lorsque nous descendons en gare de Baia Mare, la neige commence à tomber, une neige molle qui fond aussitôt et vire en gadoue. Dans l'immense hall gris et froid, les employés lavent le sol à grande eau avec un jet. Pour échapper à l'inondation, nous trouvons refuge dans la salle d'attente vide, squattée par un homme couché sur le radiateur qui dispense une bien maigre chaleur.
Première chose à faire pour commencer la journée d'un bon pied : manger. De l'autre côté de la place, un bar est ouvert. Cet été, nous y avions pris une glace en terrasse et l'établissement nous avait paru plutôt sympathique. Aujourd'hui, dans la salle enfumée, quelques hommes emmitouflés sirotent des bières. J'y vais de mon plus beau sourire et de mon meilleur roumain.
« Pourrions-nous avoir du thé, s'il vous plaît ? »
« N-avem » (nous n'en avons pas) ;
« Alors du lait, s'il vous plaît ? »
« N-avem » c'est tout ce que j'obtiens, sur un ton peu aimable.
Pour pouvoir rester au chaud, nous prenons un café et je pars à la recherche d'un petit déjeuner dans les magasins des alentours. J'en ramène du pain et un petit pot de confiture. Ce qui nous laisse le temps d'observer à loisir les subtilités du commerce dans cet établissement. Du bar où elle se cantonne, la serveuse ne peut voir le buffet où sont présentées sous un néon trois assiettes de saucisses et de pommes de terre. Un premier client qui s'est muni d'un plateau attend patiemment qu'on veuille bien s'intéresser à lui, mais aucune des trois employées qui passent à ses côtés en sortant des cuisines ne lui adresse le moindre regard. Il essaie d'attirer l'attention, mais sans grande conviction. Il attend encore un peu puis se résigne à remettre son plateau et quitte l'établissement sans mot dire.
Peu après, arrive un second client qui a visiblement envie de manger. Il attend patiemment, ne demandant rien, coutumier des commerces roumains où le client est loin d'être roi. Une dizaine de minutes se passent ; l'homme est toujours devant les assiettes de saucisses, la

serveuse derrière son bar, les bras croisés. Enfin, le client s'enhardit à formuler sa demande à une employée qui passe par-là. La dame accepte de le servir de mauvaise grâce, avec un air de si profond ennui et un soupir si exaspéré que cela a de quoi gâcher la digestion des saucisses !

Un taxi nous emmène en ville à l'agence de tourisme Mara qui loue des voitures. Une discussion avec le patron -peu amène-, une chef de service qui porte bien son nom de Militaru, et une sympathique réceptionniste parlant français, fait baisser le prix initial de 20 $ par jour à 15 $ pour une Dacia. Le prix est élevé en comparaison des 55 € par semaine que nous confirme au téléphone, Zoltán S. rencontré cet été dans une agence de Sighet. Nous décidons donc de partir pour Sighet, non sans avoir rendu visite auparavant à notre ami espérantiste Emil, qui habite tout près. Le temps d'échanger quelques nouvelles et nous voilà replongés d'un coup dans les difficultés quotidiennes des Roumains.
« Que faites-vous pour Noël ? »
« Oh, rien de spécial. Nous n'avons pas beaucoup d'argent, et tout coûte tellement cher. Nous ne pouvons guère nous offrir d'extra. Et quand notre salaire nous sera-t-il versé ? C'est le mystère chaque mois. La seule chose qui soit sûre ici, c'est qu'on est toujours payé en retard ! »
Nous lui faisons une proposition pour l'aider à passer des fêtes agréables : celle de lui louer sa Dacia, un peu moins cher qu'à l'agence. Nous sommes gagnants et pour lui, cela représentera un apport d'argent appréciable. Mais tout de suite, Emil coupe court car sa Dacia affiche l'âge vénérable de trente-deux ans, et c'est une personne âgée fort capricieuse qui n'obéit qu'à son propriétaire qui sait comment la prendre. Il ne s'en sert qu'en ville et pour aller au village, à une dizaine de kilomètres d'ici, tous lieux d'où il pourra avoir recours à un bus si la Dacia refuse soudain d'avancer comme cela lui arrive régulièrement.
Il y a déjà quelques années, il avait réussi l'exploit de se rendre à Oradea, à quelque deux cents kilomètres. Sur le chemin du retour, la Dacia s'était rebellée d'avoir été soumise à si rude épreuve et avait crevé par deux fois. Emil avait alors arrêté un autre automobiliste revenant vers Baia Mare, et avait passé avec lui un contrat de confiance : l'autre lui prêtait sa roue de secours à condition qu'Emil

s'engage à le suivre pas à pas, ou plutôt roue dans roue, jusqu'à leur destination. Si lui-même crevait, Emil devait lui rendre immédiatement sa roue de secours et serait alors abandonné à son triste sort. Heureusement, les deux voitures rentrèrent à Baia Mare sans nouvelle crevaison. Mais cela se passait il y a déjà bien longtemps, et Emil n'imagine pas sa Dacia capable de faire la route jusqu'à Sighet à une soixantaine de kilomètres de là.

Le bus pour Sighet nous emmène à travers la forêt enneigée, et Vincent scrute avec attention le paysage, au cas où il apercevrait des loups ! Mais au fur et à mesure que nous redescendons vers la vallée de la Mara, la neige disparaît peu à peu pour faire place à un paysage grisâtre. A l'arrivée en ville, il fait nuit et nous débarquons dans le froid sur un trottoir boueux, encombrés que nous sommes de nos nombreux et lourds bagages ; Sarah, mal réveillée, grogne, pleure et refuse de faire un pas. Il nous faut donc la porter jusqu'à l'hôtel central de la ville, l'hôtel Tisa, où l'accueil est à l'image du temps : glacial.

Si la pizzeria voisine où nous dînons, porte le joli nom de « Bijoux », sa décoration n'ouvre guère l'appétit. Un mur est orné de posters des Beatles, de Mickael Jackson et autres stars de la musique, mais l'autre affiche une impressionnante galerie de tableaux représentant tous des enfants en pleurs. Petites filles aux grands yeux mélancoliques, Poulbots aux joues creusées de larmes, tous les visages sont plus tristes les uns que les autres. Un tel décor ne stimule guère l'appétit et ne peut que donner envie de quitter au plus vite cette sinistre galerie.

Le lendemain, il nous suffit de traverser la place centrale de Sighet pour nous rendre à l'agence de Zoltán S. qui nous a promis hier par téléphone une voiture à 55 € par semaine. Nous découvrons vite que Zoltán n'a pas du tout l'habitude de louer des voitures. Il a simplement trouvé quelques amis prêts à se séparer de leur véhicule pendant trois semaines pour encaisser des devises.

La première personne qui se présente est l'heureux propriétaire d'une Golf Volkswagen. Mais l'homme est méfiant : où allons-nous emmener sa voiture ? Combien de kilomètres allons-nous parcourir ? Nous le rassurons : nous conduisons lentement car nous faisons beaucoup de photos et devons donc observer le paysage ; avec nos deux enfants, nous ne sommes pas des fous du volant ; et enfin, nous

resterons dans le Maramureş, entre Sighet, Călineşti et Poienile Izei ; il ne doit pas avoir peur, nous n'allons pas faire le tour de la Roumanie avec sa Golf. Oui, mais justement, argumente t-il, dans le Maramureş les routes sont mauvaises, non asphaltées, et cela risque d'abîmer son véhicule. Tout cela pour en arriver à sa demande principale : la caution. Bien sûr, nous lui verserons une caution : 200 € nous semble raisonnable. Ah mais non, lui veut une caution de 6 000 € ! Soit il veut faire un réveillon du tonnerre avec cette petite fortune, soit il ne veut pas vraiment louer sa voiture. La deuxième hypothèse est la bonne et bientôt, il quitte l'agence.
Zoltán nous emmène alors vers son deuxième loueur potentiel. L'homme tient un mini-bar dans le marché. L'échoppe est minuscule avec ses quinze mètres carrés, quatre tables et quelques tabourets, mais elle lui a permis d'acheter une Dacia qui ne semble pas en trop mauvais état, démarre au quart de tour et le moteur a même une assez bonne reprise. Bien sûr, il n'y a pas de frein à main, les essuie-glace doivent être utilisés avec parcimonie de peur qu'ils ne cassent et le rétroviseur extérieur est inutilisable, mais ce ne sont là que quelques détails sans importance. La voiture ne sera disponible que demain car le cafetier en a besoin aujourd'hui pour aller au village tuer un cochon. L'affaire est entendue dans le bar enfumé : 55€/semaine, 300 € de caution, voiture disponible demain matin à 8 h. Il ne reste plus qu'à signer le contrat à l'agence. Et c'est là que le bât blesse. Il aurait été trop beau de conclure une affaire aussi rapidement ! Car le contrat stipule qu'en cas de problème mécanique, les réparations seront entièrement à notre charge. Donc si le moteur cède, il ne nous restera plus qu'à lui acheter une Dacia neuve. Arrêtons là l'aventure. En fait, Zoltán n'a jamais traité ce genre d'affaires, et ce n'est pas aussi simple que cela lui paraissait.
Il nous reste peut-être une solution. Un nouvel établissement a récemment ouvert ses portes en ville, un motel, qui doit pratiquer la location de voitures. Zoltán m'y emmène à bord de son Opel flambant neuve, et depuis son mobile, téléphone au motel pour avoir le prix : 20 $ par jour répond l'employé sans hésiter. Le patron nous reçoit ; petit, rond et chauve, il transpire le nouveau riche avec son sourire mielleux et son étalage de bijoux : collier et lourde gourmette en or, énorme pierre noire sur ses doigts boudinés. Zoltán me présente comme Française, et le tarif passe à… 30 $ par jour. Je m'insurge :
« Mais il y a dix minutes, c'était 20 $! »

Le patron ne comprend pas : « Comment savez-vous cela ? »
Je ne parle pas très bien roumain, mais il ne faut pas être grand clerc pour comprendre que l'employé se fait passer un savon pour avoir ainsi donné le prix au téléphone sans s'enquérir de la nationalité du client. Le nouvel homme d'affaires se tire de ce mauvais pas en arguant que le tarif de 20 $ correspond à une location d'un mois. La ficelle est un peu grosse !
«Mais à Baia Mare, une voiture se loue 15 $. Vous devriez pratiquer des tarifs plus raisonnables. »
« 15 $? Mais pour quelle voiture ? »
« Une Dacia »
« Ah, voilà, moi je ne loue pas de Dacia ; c'est juste bon pour la poubelle, les Dacia. Moi, Madame, je loue des vraies voitures, des Daewoo ! » dit-il en se rengorgeant.
Il baisse finalement son prix à 20 $; en fait, il ne baisse pas, il revient seulement au vrai tarif. Mais quand nous revenons une demi-heure plus tard pour conclure l'affaire, la voiture a été, paraît-il, réservée entre-temps par Internet.

Il ne nous reste plus que la perspective de retourner à Baia Mare pour trouver une voiture. Un coup de téléphone à l'agence Mara nous informe que la Dacia sera disponible à 8 h 30 demain matin. Vite, un taxi pour nous rendre à la gare routière. Le chauffeur a le chic de nous arrêter au beau milieu d'une de ces flaques de boue qui ceinturent la gare ; il faut dire qu'il est difficile de les éviter tant elles sont omniprésentes dans toutes les rues défoncées. Pas un endroit sec où poser les bagages qui se retrouvent couverts de boue noirâtre et grasse.
Il nous reste le temps de déjeuner dans la salle d'attente de la gare, chauffée par un gros poêle en faïence. Déjeuner fait -dans l'ordre- d'une banane, d'une tartine de Vache qui rit et d'une pomme.
On n'a guère l'habitude de voir des voyageurs étrangers en cette saison et nous sommes l'objet de l'attention générale des passagers qui attendent leur bus : des lycéennes, quelques vieilles villageoises en habit noir égayé du traditionnel tablier à rayures, une jeune femme portant une veste « Chicago Bulls » et tenant dans ses bras le volumineux paquet de son bébé enveloppé tout entier dans une épaisse couverture. Son garçon, âgé de 3 ou 4 ans, étriqué dans son blouson, vient nous regarder manger et accepte avec avidité la pomme que nous lui tendons. Avec tous ces yeux braqués sur nous, le déjeuner est vite

expédié et Vincent et Sarah reprennent leurs jeux. Ils s'amusent à faire la course, à se poursuivre, à se bagarrer, rient et crient sous les yeux amusés des spectateurs silencieux. Nos enfants vivent dans leur monde à eux, un monde de jeux, de rires et de complicité, loin de nos soucis pour trouver une voiture. Ils n'ont pas passé une matinée bien agréable, nous suivant dans nos démarches, mais cela n'a pas altéré leur bonne humeur et en les regardant, nous oublions quelque peu nos soucis.

Traversant les villages, le bus nous ramène à notre point de départ d'hier, Baia Mare. Il ne nous reste plus qu'à nous abriter pour la nuit.
« Hôtel Bucureşti » demandons-nous au taxi.
« Bucureşti ? Non, ce n'est pas un bon hôtel, pas confortable. Hôtel Carpati, c'est mieux. »
Nous ne doutons pas que Carpati soit plus confortable, à 60 $ la nuit, mais Bucureşti nous conviendra très bien. Nous insistons pour Bucureşti, lui insiste pour Carpati. Heureusement, nous connaissons un peu la ville, et quand nous le voyons tourner à gauche au lieu de filer le boulevard, Bruno se fâche :
« C'est à l'hôtel Bucureşti que nous allons, et pas ailleurs. Compris ? »
Le chauffeur a senti au ton de la voix que cette fois, il valait mieux ne pas insister. Il fait demi-tour sans mot dire, certainement déçu de ne pas toucher la commission qu'il aurait reçue de l'hôtel Carpati.
La chambre est petite mais propre et il y fait chaud, trop chaud même pour bien dormir. Cependant, comme souvent, quelques détails dénotent le laisser-aller ambiant : l'interrupteur électrique est fixé à 1,80 m (malheur aux petits !) ; la porte du placard de l'entrée ne ferme pas, il faut faire une espèce de gymnastique pour la repousser et la tenir fermée, le temps d'ouvrir la porte d'entrée. La lumière pâlotte ne permet guère d'écrire ou de lire, si bien que pour ce soir, Bruno aménage son coin bureau avec table et tabouret, dans le bac à douche où la lumière est plus généreuse. Dans les toilettes, pas trace de papier, pas de lumière et la vitre donnant sur l'extérieur est cassée. Le chauffeur de taxi nous avait bien prévenus : «Hôtel Bucureşti, pas confortable» !

Le matin, à 8 h 30, la Dacia est sur le trottoir devant l'agence. Les choses devraient donc aller bon train. Le contrat, en bonne et due forme, est rapidement signé et il ne reste plus qu'à vérifier l'état de la voiture. C'est là que la belle machine s'enraye quand Bruno demande où est la roue de secours. Dans le coffre bien sûr, mais dans quel état ! Un pneu dit lisse en France fait figure de roue neuve à côté de cette antiquité, totalement inutilisable. En la voyant, Bruno ne peut s'empêcher d'éclater de rire. Car des pneumatiques usagés, il en a déjà vu de par le monde, dans des pays où les critères de sécurité n'ont rien à voir avec ceux de la France, mais usé jusqu'à la corde comme celui-là, il n'en a jamais vu. Victor, le préposé-mécanicien de l'agence, ne comprend pas ce qui provoque l'hilarité de Bruno et insiste que cette roue de secours est bien gonflée correctement. Bruno ayant repris son sérieux, demande à avoir une autre roue. On la lui apporte de suite, mais elle est… crevée. Dans l'agence, personne ne semble savoir que faire dans un cas pareil, et c'est le client qui prend la directive des opérations, entraînant le mécanicien dans un magasin voisin pour acheter un pneu neuf.

Après avoir constaté que les serrures des portières ont besoin d'huile pour qu'on puisse les fermer et qu'une lampe de clignotant est grillée, Bruno arrête là son inspection sinon nous n'allons plus oser prendre cette voiture.

Avant de quitter Baia Mare, il nous semble plus prudent de réserver dès maintenant notre retour en train jusqu'à Bucarest pour le 2 janvier au soir, qui sera sans doute une période de voyage très chargée avec la fin des vacances scolaires. En allant à la gare, nous constatons une fois de plus combien la ville est laide et triste : immeubles grisâtres, rues défoncées et boueuses, abords négligés. Sous le ciel bas et gris, il n'apparaît pas un seul élément de beauté, quelque chose qui soit agréable à l'œil et réjouisse le cœur. Dans le hall de gare, quelques personnes font la queue devant un guichet fermé. Il ouvrira, paraît-il, dans une demi-heure. Attente pour s'entendre dire que les réservations de train ne se font pas ici, mais dans une agence en ville. Retour dans le centre pour apprendre qu'un billet pour le 2 janvier ne peut s'acheter qu'à partir du 24 décembre.

Heureusement, nous pouvons compter sur la filière espérantiste ; nous confions l'argent à Emil qui achètera nos billets en temps voulu. Habitué aux antiques Dacia, il nous prodigue un conseil fort utile : comment protéger du froid le radiateur de la voiture, avec un bout de carton, et il réalise lui-même l'installation. Au royaume de la débrouille, les gens d'expérience sont d'une inestimable valeur pour les novices.

Ce n'est qu'en fin d'après-midi que nous arrivons au village de Sârbi. Le temps de garer la voiture dans le chemin, et déjà on nous a vus : Maria descend de la maison en courant, bientôt suivie de Vasile, dit Mafioto, qui nous embrasse avec effusion : « Mon ami Bruno ! » L'émotion, cachée derrière des rires, est réelle de part et d'autre. Nous voici bientôt installés dans la cuisine de la grand-mère où règne une douce chaleur autour de la cuisinière à bois. Déjà, Maria prépare la table pour nous servir des assiettes de purée. Comme nous nous en étions ouverts par courrier, nous souhaiterions prendre pension chez eux pendant quelques semaines. Ce qui ne pose aucun problème car la maison compte deux pièces chauffées : la famille en prendra une, et nous occuperons l'autre. L'affaire est donc conclue pour le plus grand bénéfice des deux parties : nous allons vivre au cœur du village, dans une famille, et pour eux, ce sera un important apport d'argent.
Avant de nous coucher, nous bourrons la cuisinière de bois pour qu'elle tienne le plus longtemps possible dans la nuit. Nos lits sont faits avec une épaisse toile en guise de drap de dessous, et une de ces lourdes couvertures de laine tissées à la maison. Nous remplaçons le drap de dessus par un de nos duvets car Vincent refuse tout net d'avoir directement sur lui cette couverture à longs poils « qui pique ».

12 - UN VILLAGE AU CREUX DE L'HIVER

« A la Saint Ignace, il faut tuer le cochon ». Avec quelques jours d'avance sur le calendrier traditionnel, Vasile effectue aujourd'hui le sacrifice rituel. Tout au long de la semaine, dans les petits matins blêmes résonneront les cris déchirants des porcs qu'on égorge ; car il ne saurait y avoir de fête sans cochonnailles.
La bête, pressentant quelque chose d'anormal, n'a nulle envie de sortir de l'écurie où on l'engraisse depuis plusieurs mois. Il faut bien quatre ou cinq hommes pour la pousser, la tirer par la queue ou les oreilles jusque dans le jardin, là où la neige immaculée lui servira de linceul. Le paysan commis au rôle de saigneur a affûté la lame d'un long couteau effilé et tranche la gorge d'un coup de main expert. Le tapis blanc se teinte d'un rouge sombre. Derniers couinements, ultimes spasmes. C'est fini. Le condamné a à peine rendu l'âme que Maria arrive avec une bouteille et le petit verre passe de main en main pour célébrer le sacrifice par un cul-sec d'eau-de-vie de prune. « La mulţan ! »[1] Déjà le boucher s'en va officier quelques maisons plus loin.

Le vieux paysan qui va maintenant s'occuper de la préparation, enveloppe le porc avec de la paille à laquelle il met le feu pour griller les poils. Puis longuement, il racle la couenne, la récure, la brosse, l'asperge d'eau chaude. Une fois le cochon propre comme un sou neuf, le charcutier commence le travail de découpe de l'animal

[1] La mulţan : A votre santé ! Littéralement, souhait de longue vie, "beaucoup d'années" à vivre.

allongé sur une solide planche de bois. Les lourds flancs de graisse sont aussitôt salés et soigneusement rangés… sous notre lit. La viande, la graisse blanche et molle qui fera le saindoux, les abats, tout est précieusement récupéré, et les oreilles grillées, mets de choix, sont offertes aux hôtes étrangers que nous sommes. Comme nous déclinons la proposition, ce sont Vasile et Maria qui s'en régalent, eux qui, déjà plusieurs fois ce matin, nous ont dit avec des yeux gourmands et des mines impatientes, que dès midi nous pourrons goûter le premier repas de charcuteries.

Avant la fête, l'église ordonne le jeûne pendant sept semaines, les lundi, mercredi et vendredi avec abstinence de viande et d'œufs. On a sacrifié le goret le samedi ! C'est la fête autour de la table du déjeuner abondamment garnie de mămăliga, la bouillie de maïs, et les commentaires vont bon train sur la délicieuse qualité de la viande et du lard.

L'après-midi entier ne sera pas trop long pour broyer la viande au moulin, nettoyer les boyaux, préparer les saucisses. A plusieurs reprises, la famille nous a invités avec insistance à goûter les rognons ou le mélange cœur-foie-riz qui va fourrer certaines des saucisses. Il faut bien avouer que ces mets de choix ne nous tentent guère, au grand désappointement de nos hôtes qui ne comprennent pas que l'on puisse refuser de tels délices. Si bien que lorsque Vasile nous propose une pomme -qui, elle, nous fait bien envie- nous nous sentons obligés de refuser, prétextant comme tout à l'heure, que nous n'avons pas faim.

Il n'est pas toujours facile de trouver la juste attitude à tenir face à cette offre de nourriture. Il est bien évident que la connaissance de la gastronomie locale fait partie des joies du voyage et qu'aller à l'autre bout du monde pour se voir servir ce qu'on appelle "la nourriture internationale" dans les grandes chaînes d'hôtels, ne présente absolument aucun intérêt. Goûter aux recettes locales fait entrer dans la réalité d'un pays, au même titre que la découverte des monuments ou des marchés. Jamais au cours de nos voyages de par le monde, nous n'avons refusé de goûter une spécialité locale, sauterelles, chauves-souris ou chien.

Dans presque toutes les cultures, se retrouver autour de la table est un moment de grande convivialité et accepter le repas que l'autre vous offre, c'est entrer en relation avec lui, se sensibiliser à ses goûts pour

jeter un pont par-delà nos différences. Le repas est alors communion autour de cet élément sacré qu'est la nourriture.
L'invité se doit d'accueillir ce don avec gratitude, que le menu soit une merveille culinaire ou un affreux brouet, en se rappelant que le pire pour lui est peut-être le meilleur pour son hôte. Ainsi quand dans l'altiplano bolivien, Natividad Cruz nous proposait comme mets de choix, de la tunta, des pommes de terre gelées à l'odeur et au goût incontestables de pourriture bien avancée, nous ne pouvions que la remercier pour le cadeau qui nous était offert. Et nous rappeler que l'odeur de certains de nos fromages français ferait fuir de dégoût bien des Asiatiques.
Encore faut-il savoir que si l'esprit peut s'adapter à tout au nom de la rencontre interculturelle, l'estomac dresse quelquefois des barrières difficiles à franchir. Nous avons à notre actif quelques expériences malheureuses de ce genre ; ainsi une invitation autour d'un plantureux banquet chinois composé uniquement de viandes, valut cinq jours de diète forcée aux végétariens que nous sommes. Ici dans le Maramureş, surtout en cette période de fête, nous savons bien qu'il nous faudra largement déroger à notre règle alimentaire habituelle pour ne pas froisser nos hôtes. Mais nous jugeons inutile de forcer la dose de viande dès les premiers jours.

Vincent et Sarah dormaient encore d'un profond sommeil ce matin quand le cochon est passé de vie à trépas, et ses cris perçants ne les ont pas tirés du pays des songes. Si Sarah assiste ensuite à la découpe sans état d'âme, Vincent, lui, ne peut supporter le spectacle. Nous avons beau lui expliquer que l'animal ne souffre plus, qu'il ne ressent rien, cela en est trop pour notre garçon qui a les larmes aux yeux. Il se réfugie à la maison auprès de la cuisinière, tremblant de froid et de dégoût, déprimé. S'ensuit alors une longue discussion sur la souffrance des animaux et le fait de manger leur chair. Il est vrai que Vincent préfère le végétarisme, n'ayant pas un goût très prononcé pour la viande. Mais il vient de prendre conscience que la tranche de jambon qu'il avale avec appétit à la cantine, ne pouvait être dans son assiette que parce qu'un animal avait été tué. Vincent poursuit son raisonnement :
« Vous, vous tuez des poissons, puisque à la maison, nous en mangeons. »

« C'est vrai ; c'est sans doute un peu compliqué à expliquer, mais nous pensons que les poissons n'ont pas le même état de conscience que les autres animaux. »
« Mais c'est pareil un cochon ou un poisson, ils ont envie de vivre, comme nous. Ils n'aiment pas mourir ! »
Comment réfuter une telle vérité ?
« Tu as raison, mais de tout temps, les hommes ont tué des animaux pour les manger. Et dans la nature, c'est la même loi : le lion tue la gazelle, le gros poisson mange le petit. »
A midi, lorsque Vincent refuse la viande qui lui est proposée, nous n'insistons pas.

Depuis quarante-huit heures que nous sommes à Sârbi, la nouvelle de notre arrivée a dû faire le tour du pays, et il nous faut aller rendre visite sans tarder à nos amis de l'été dernier pour ne pas les froisser. D'abord, à quelques centaines de mètres de là, de l'autre côté de la rivière, chez la famille Faur. Dès notre entrée dans la maison, Coucou sort une carafe d'eau-de-vie et comme chez eux aussi le cochon vient d'être sacrifié, on nous sert deux énormes saucisses. Les petits verres s'enchaînent dans une joyeuse ambiance, et nous échangeons quelques nouvelles depuis l'été.
Puis nous filons à Călineşti, chez la famille Rad.
« Mama, les Français ! » s'exclame, surprise et joyeuse, Ileana qui nous aperçoit au portail.
Embrassades, rires, et déjà les assiettes de soupe sont sur la table -après les saucisses avalées il y a deux heures, en guise d'apéritif !- Impossible de refuser. Serrée dans la petite cuisine, c'est avec un bonheur évident que toute la famille nous regarde manger. Marieka nous a reconnus, elle aussi, et elle bat des mains pour exprimer sa joie. La petite Mariana refait connaissance avec Vincent et Sarah par un jeu de chat perché.

Dans une semaine, Noël sera là. Il est grand temps de commencer les préparatifs pour la fête. Vasile et Maria profitent de notre présence pour aller faire leurs courses à Sighet en voiture. Dans le marché derrière la place centrale, les commerçants frigorifiés sont recroquevillés derrière leurs étalages qui se recouvrent peu à peu de neige, quand un toit de tôle ne les met pas à l'abri. L'activité bat son plein entre saucissons, pommes de terre et boites de conserve. Maria remplit ses cabas de ces provisions réservées aux jours de fête : riz, sucre, huile, oeufs, cacao, limonade, gâteaux secs.

Je profite de ce passage en ville pour chercher des chaussures convenables car je viens de m'apercevoir que mes après-ski prennent l'eau. Les magasins du centre-ville proposent tous les mêmes modèles de chaussures, uniformément noires, et les vendeuses ne se dérangent qu'à regret pour vous montrer une paire disposée sur les étagères derrière le comptoir. Pas un mot pour vanter la marchandise ou entrer en relation avec le client. Après avoir examiné la chaussure, vous la redonnez à l'employée ; elle la replace sur l'étagère et retourne s'asseoir près du poêle, toujours sans un mot. Histoire sans paroles ! Ici au moins, le fait de ne pas connaître la langue locale n'est pas un handicap.
Ces recherches ne m'ayant pas satisfaite, Maria m'entraîne loin de ce qu'elle considère comme les magasins de luxe, vers le marché aux vêtements et chaussures, dans un autre quartier de la ville. S'habiller et se chausser ici relève de l'épopée car les étals s'alignent le long d'allées de terre où l'on patauge dans une boue noirâtre ou dans les flaques. Quand une ornière remplie d'eau barre entièrement le passage, il ne reste plus qu'à se lancer en traversant le plus rapidement possible. Pour essayer une chaussure, le vendeur vous tend un bout de papier journal ou de carton pour poser le pied à terre. A vrai dire, on ne s'éternise pas en essayage car la neige, le froid et le manque de miroir font que vous trouvez vite chaussure à votre pied sans trop vous interroger sur l'esthétique ou le confort. Et comme il n'est pas question de faire quelques pas pour voir si l'objet sied à votre démarche, les achats sont vite faits.
C'est en essayant des bottes fourrées que je rencontre Marioara, elle aussi à la recherche de chaussures. Elle nous avait accueillis avec nos ânes l'été dernier lors de notre passage dans son village de Glod. Nous échangeons quelques nouvelles : elle est maintenant étudiante en management à Baia Mare, heureuse d'avoir quitté le village, même si elle n'a pu réaliser son rêve de partir dans une grande ville telle Cluj, comme elle l'avait rêvé, ses parents s'étant opposés à ce qu'elle s'en aille si loin de la maison. Elle est revenue passer les vacances de Noël au village, et bien sûr, elle viendra à la fête à Sighet, lundi prochain :
« Est-ce que tu danseras avec le groupe de Glod ? »
Elle éclate d'un rire moqueur :

« Ah non, moi je suis une fille moderne, je ne porte pas le costume traditionnel ! »

De retour à Sârbi, nous déjeunons d'une soupe de haricots secs et de morceaux de lard grillé, et nous repartons aussitôt pour Poienile Izei où nous voulons rendre visite à Anişoara. Il neige de plus en plus fort. La route de Călineşti fréquentée par quelques voitures reste carrossable mais personne ne s'est hasardé en direction de Văleni et dès la première côte importante, la Dacia patine. Impossible de monter. Sur cette même route, cet été, nos pieds s'enfonçaient non dans la neige, mais dans le goudron qui fondait sous une température de 40° ! Nous ne passerons pas.
Le retour vers Călineşti s'impose, et nous en profitons pour rendre visite à la famille Tamaş. C'est la grand-mère qui, ayant entendu une voiture, vient ouvrir le portail et pousse un cri de surprise en nous voyant. Déjà, elle serre les enfants sur son imposante poitrine et nous embrasse chaleureusement. Sarah, elle aussi, a reconnu ces lieux souvent fréquentés l'été dernier et sa première question est pour le chien:
« Où il est, Bobby ? »
Elle n'a de cesse d'aller le voir dans la grange et passe le reste de l'après-midi à jouer avec lui, même si elle réfrène quelques frayeurs quand le chiot qui a pris quelques kilos depuis six mois, lui saute dessus avec enthousiasme.
Il est 16 h, et à peine sommes-nous installés dans la cuisine que la mère apporte la marmite de soupe qu'elle met à chauffer sur la cuisinière. Quelle que soit l'heure à laquelle il arrive, l'hôte se doit de manger. Comme nous expliquons que nous venons de déjeuner et que nous ne pourrons vraiment pas manger une autre soupe maintenant, c'est la bouteille d'eau-de-vie qui arrive sur la table, accompagnée de beignets et de pommes que nous dégustons autour du gros poêle en faïence qui diffuse une douce chaleur. C'est dans cette pièce que toute la famille se serre pendant l'hiver, délaissant la grande maison à étage qui ne sert que l'été.

Si nous voulons circuler maintenant que la neige est tombée en abondance, il nous faut nous équiper, ou plutôt chausser la Dacia. Le père d'Ileana, mécanicien, doit pouvoir nous trouver des chaînes. Oui, il connaît un voisin qui en a et ne s'en sert plus. Pas de problème, on

va lui demander. Mais les choses ne s'arrangent jamais aussi vite que cela en Roumanie. Car il y a bien les chaînes mais sont-elles utilisables ? Il y a des années qu'elles n'ont pas servi, elles sont complètement usées et beaucoup de maillons sont cassés. Mais là non plus, ce n'est pas un problème : le forgeron va réparer cela sans aucune difficulté !
Les Roumains nous surprennent toujours par leur optimisme et leur confiance, voyant toujours des solutions là où nous n'apercevons que des problèmes. Sans doute ont-ils cultivé ce trait de caractère pendant les trop longues années noires du communisme, ce qui leur a permis de survivre et ne pas perdre espoir.

Le paysage s'est transformé par la magie de la nuit. La neige, trop molle auparavant pour faire des boules de neige, est maintenant gelée et la montagne tout entière s'est drapée de soleil et de glace. Sur le ciel d'azur, se découpe le fin clocher de l'église portant vers le Très-Haut la foi des hommes. On entend résonner dans le lointain les cris des enfants qui ont sorti les luges des greniers. Ici, un gamin solitaire se laisse emporter par la griserie de la vitesse, là c'est tout un groupe, garçons et filles mêlés, rires éclatants, qui dévale la rue en pente en d'ahurissants concours de vitesse.
Les villages du Maramureş sont encore plus jolis sous la neige. Tout est recouvert d'un immaculé manteau blanc qui balaie tout au regard, y compris la laideur de la quotidienneté qui ne manque pas de s'afficher en de nombreux endroits : disparus les vilains toits de tôle rouillée, les amas de détritus au bord de la rivière, les vieux outils abandonnés dans les cours. Ne restent visibles que les barrières de bois ou de branchages, les hauts portails de bois clair qui brillent au soleil, et les tas de bûches soigneusement amassées sous les auvents pour combattre la froidure de l'interminable hiver. Des cheminées, s'échappent des filets de fumée, montant droit vers le ciel.

Il n'y a guère que de très rares voitures pour emprunter la mauvaise piste de terre qui relie le village aux bourgs plus importants de Călineşti et de Budeşti. Coincé dans son étroite vallée, au bord de la petite rivière Cosau, Sârbi s'est endormi sous son manteau neigeux. Extraordinaire impression de bout du monde, de quiétude, pour nous qui venons d'un monde pressé, stressé, toujours agité. Tout s'est apaisé, se laissant anéantir par le froid ; seuls les canards continuent à

vivre leur vie sur la rivière en partie gelée, slalomant entre les blocs de glace.
De temps à autre, passe sur le chemin une charrette lourdement chargée de foin. Les meules bâties cet été dans les prés, y sont restées, faute de place pour stocker le fourrage à la ferme ; les hommes affrontent le vent du nord qui mord au visage pour aller chercher ces réserves au fur et à mesure des besoins. Ils ont également décroché les traîneaux des murs des granges pour transporter dans les champs le fumier qui engraissera la terre au printemps.
Pour les paysans, les courtes journées réduisent le temps de travail, quand le soleil disparaît derrière le Mont Gutâi vers 3 ou 4 h de l'après-midi. Ils s'occupent alors à la maison, à couper du bois ou bricoler dans l'étable quand ils ne vont pas rendre visite aux voisins pour trinquer d'un verre d'alcool de prune. Les femmes, elles, ont remisé au grenier leurs métiers à tisser qui vont se taire pendant toute la trêve de Noël, trop occupées qu'elles seront à la préparation de la fête et aux visites.

Pendant tout l'hiver, le coin du feu redevient le cœur de la maison pour échapper au grand froid et entretenir les relations. Pour occuper les longues veillées, chacun a son ouvrage : Maria brode sur des coussins des fleurs multicolores, la grand-mère file la laine, Ioana tricote d'épaisses chaussettes et Vasile tresse de fines cordelettes de paille qui serviront à faire les chapeaux typiques du Maramureş. C'est un travail de sous-traitance qu'il exécute pour une entreprise ; de quoi s'occuper pendant l'hiver et améliorer un peu l'ordinaire de la famille. Parfois, on joue à colin-maillard dans l'étroite cuisine, se perchant sur les lits ou se cachant sous la table. L'occasion de bonnes parties de fou-rires. A l'exception des temps de fêtes, les veillées entre voisins ont disparu, dispersées au vent de la modernité et tuées par la télévision.

Voilà qui nous ramène à la réalité du monde extérieur : la télévision, boite omniprésente, intrus qui s'impose sans discrétion mais qui est aussi le seul moyen d'ouverture sur le monde extérieur pour les villageois. Mais que Vasile a t-il retenu des images de France, d'Europe de l'Ouest qu'il n'a pas manqué d'y voir ? Que ce sont des pays riches, que tout le monde y dispose de tout, vit une vie facile et consomme à loisir. Mais il n'a pas idée du prix à payer en terme de

stress, de course après le temps, d'égarement des esprits quand l'appât du gain et l'économie sont des valeurs cardinales, quand seule la consommation, devenue le centre et le sens de la vie, doit nous apporter le bonheur. Un monde pressé, suractivé, de rentabilité et de performances. Tous contre tous, et que le meilleur gagne ! Comment Vasile qui ne connaît que le Maramureş, pourrait-il imaginer cela, si loin des valeurs du village où priment la communauté, la famille et la foi ? Pourtant il a sûrement perçu quelque chose quand il nous dit dans son français très approximatif :
« Ici, on travaille beaucoup mais on fait beaucoup la fête. A la ville, toujours faire attention. Ici, pas besoin de se presser. »
Rivés devant la boite magique qui attire tel un aimant, les villageois absorbent les images d'un autre monde, apportant son cortège d'envies et d'illusions. De frustrations aussi car ils ne pourront jamais acquérir tout ce que les autres possèdent et qui leur est présenté comme la norme. Nous nous sommes toujours étonnés de visionner dans une de ces petites maisons de bois, un spectacle de télévision avec stars, vedettes et argent coulant à flot dans une vie facile. Contraste saisissant entre ces deux mondes aux valeurs antinomiques ; l'un reposant sur la jouissance immédiate, la facilité, le matérialisme total et l'autre ancré dans ses traditions, monde de lenteur, de foi et d'éternité, où la vie ne se gagne qu'au prix d'un dur labeur. Comment les paysans peuvent-ils absorber ce choc déstabilisant ?
Que dire aussi de "Sunset Beach" et autres feuilletons américains achetés à bas prix par la télévision roumaine, trop pauvre pour produire ses émissions ? Caricature de la vie américaine dans ce qu'elle a de plus ordurier. Ce ne sont que couples qui se déchirent, adultères, chantages, pouvoir de l'argent, tout cela vécu dans des familles disposant inévitablement d'immenses villas avec piscines et ne passant guère de temps au travail. Jamais de noble sentiment, rien qui puisse élever l'âme et l'esprit. Et nous en sommes au 852e épisode, la série étant diffusée chaque soir depuis plus de trois ans ! Les valeurs traditionnelles sont bouleversées par ces films importés, modèle proposé à l'échelle planétaire, télévision rouleau compresseur, destructeur de cultures, ne présentant de la modernité que les plus mauvais aspects.

Ce matin au réveil, il fait plus froid qu'à l'habitude dans notre chambre, et les épaisses couvertures de laine ne sont pas de trop.

Vasile guette notre réveil pour venir allumer notre feu et nous proposer de l'accompagner aux champs où il va aller chercher du foin. Comme il ne possède pas de cheval, un voisin viendra tout à l'heure avec sa charrette pour lui rendre ce service. En échange, Vasile lui rendra des journées de travail.
Bien emmitouflés, nous embarquons dans la carriole et les deux chevaux, décorés de leurs pompons rouges, partent vaillamment à l'assaut de la montée. Le chemin est mauvais, avec de terribles fondrières et de gros blocs pierreux. Enfonçant dans la neige jusqu'aux genoux, les chevaux peinent à monter ce chemin creux que nous avions trouvé si joli cet été. Pour gravir les fortes pentes à travers champs, le charretier encourage ses bêtes de la voix et du fouet. La charrette gémit dans les ornières, brinquebale terriblement et il faut se tenir solidement aux montants pour ne pas tomber. Puis Sârbi disparaît de notre vue et nous atteignons la route d'Ocna. Vincent profite de ce passage plus facile pour s'installer sur la luge derrière la carriole, et se laisser tirer par l'attelage. Puis nous redescendons de l'autre côté, à flanc de montagne dans les champs de neige, passant non sans secousses, de terrasses en terrasses. Un long trajet nous amène au champ où Vasile a stocké quatre meules de foin l'été dernier, et l'une d'elles va être chargée sur la charrette.
Des chiens de berger à l'épaisse fourrure accourent vers nous en aboyant, menaçants, bientôt suivis d'un vieil homme tout enveloppé dans une épaisse pelisse. C'est un berger qui vit dans une cabane un peu plus loin, près de ses moutons. Ayant entendu la charrette, il est accouru pour rompre sa solitude d'un brin de causette. Bruno s'est un peu éloigné pour découvrir l'autre versant de la vallée, mais à son retour, les chiens n'apprécient pas cet intrus et s'élancent vers lui, grondant, montrant les crocs, prêts à mordre. Ils attaquent chacun de leur côté, ne laissant à Bruno aucun échappatoire. Le berger n'a que le temps d'intervenir pour éviter que deux chiens roumains ne goûtent ce jour-là à la chair d'un Français !
Sarah, elle, ne semble guère apprécier la beauté du paysage et ne pense qu'à ses pieds glacés. Quelques graines de tournesol trouvées au fond de nos poches et une petite chanson « Tape des pieds, tape des mains, Petit Ours Brun ! » arrangent quelque peu la situation, le temps d'arrimer solidement la charretée de foin.
De retour sur la route, véritable patinoire, les enfants et moi-même grimpons sur le chargement, excellent point d'observation de toute la

campagne environnante. Il n'est pas question de redescendre vers Sârbi par le chemin creux, la charrette s'y renverserait à coup sûr. Il faut donc faire le tour par la route, par Ocna et Călineşti, soit une bonne heure et demie de marche pendant laquelle le charretier va guider prudemment ses bêtes ferrées à neige sur le chemin verglacé. Ce n'est qu'après Călineşti, quand le sentier suit la vallée, que l'homme prend un peu de repos et s'assoit dans le foin. Il adresse un salut à tous ceux qu'il croise et échange quelques mots avec eux, de ces mots du quotidien qui font qu'on se renseigne les uns sur les autres, qu'on sait tout du voisin, qu'on fait partie de la même famille.
« D'où viens-tu ? A qui est ce foin ? »
Il répond que c'est pour « le Mafioto » et y va d'un petit commentaire sur le temps.

Vincent avale rapidement une soupe de légumes et une crêpe fourrée au fromage pour aller rejoindre ses amis de l'été dernier. Mafioto a ressorti pour lui la luge remisée depuis bien des hivers et il disparaît pendant des journées entières avec son copain Vasile, se lançant dans d'interminables glissades, jouant aux petites voitures avec un garage-igloo construit dans la neige ou se taillant une fronde dans une branche d'arbre. Quand leur énergie s'épuise, ils viennent passer quelque temps au chaud devant la télévision, avant de repartir de plus belle. Sarah peine à les suivre dans ces activités, et si la luge conduite par son grand frère lui procure de grisantes frayeurs, elle revient assez vite se réfugier auprès de la cuisinière, se plaignant d'avoir les pieds gelés.

Dans quelques jours, ce sera Noël. L'été dernier, les villageois avaient évoqué pour nous ces rites et traditions, avec du bonheur dans la voix et les yeux. Nous avons donc envie d'assister à Viflaim, une sorte de théâtre religieux. Il n'a pas lieu à Sârbi cette année, mais peut-être au village voisin de Văleni. Embarquant Coucou qui ne savait trop quoi faire de sa soirée, Bruno et Vasile partent se renseigner sur place auprès de l'instituteur. Celui-ci les reçoit fort aimablement, sortant de suite les verres de ţuica, l'eau-de-vie locale. Il cherche tout au fond de sa mémoire des réminiscences du français appris à l'école ; son épouse, enseignante de mathématiques, essaie, quant à elle, de ressortir ses souvenirs d'anglais. Tous parlent en même temps, dans une confusion totale où se mélangent le roumain, l'anglais et le

français, chacun essayant de s'expliquer à sa manière. L'invité ne semblant guère comprendre, on hausse le ton, comme si l'étranger en question souffrait de surdité.
Sans doute le breuvage généreusement ingurgité est-il pour quelque chose dans cette effervescence. Car il a été servi avec abondance dans de grands verres, tel un vulgaire jus de fruit. Mais ce jus de prune là titre 60° minimum ! Et ce breuvage local, Bruno le connaît trop bien, feu dans la gorge, larmes dans les yeux, et puis mal à la tête. Pourquoi donc appelle t-on cela "l'eau-de-vie" ? Ne mériterait-elle pas mieux le nom "d'eau-de-mort", en regard des ravages qu'elle cause ? Mais ici au Maramureş, il n'est pas question de disserter sur la sémantique. Discussion sacrilège. Il faut boire. Et on insiste et insiste encore pour que l'hôte communie à l'ambiance générale. Nos expériences de voyage nous ont montré que sous toutes les latitudes, les hommes qui ne peuvent se comprendre par le langage, trouvent un autre moyen de communiquer, par la nourriture. Ici, c'est le langage ţuica qui est de rigueur. Peu importe que vous ne saisissiez pas les nuances des conjugaisons roumaines, si vous savez lever le coude, tout s'arrange.

Les informations à propos de Viflaim n'étant pas des plus claires, l'instituteur décide enfin d'avoir recours à un interprète, un de ses amis qui habite à Călineşti. Pour repartir en voiture, Bruno se voit obligé de reculer ; or, depuis quelques jours, notre Dacia qui s'était montrée tout à fait coopérative jusqu'à présent, s'est mise en grève de marche arrière. Nous ne lui en voulons pas trop, nous félicitant qu'elle veuille bien aller de l'avant. Nos amis roumains s'étaient montrés philosophes, haussant les épaules devant ce problème qu'ils étaient impuissants à résoudre :
« Dacia is Dacia » avait dit Mafioto
et Coucou de renchérir :
« Dacia, pas Mercedes ! »
Mais pour notre hôte de ce soir, passer une marche arrière sur une Dacia n'est pas un problème. Il tape d'un coup sec sur le levier de vitesse afin de l'enfoncer, puis d'un mouvement tout aussi énergique, le pousse vers la gauche. Voilà, la marche arrière est enclenchée. Il suffisait de savoir s'y prendre.
A Călineşti, les explications sur Viflaim deviennent tout à fait claires grâce au français parfait parlé par Carolina qui étudie notre langue à l'université. Quel délassement de pouvoir enfin se comprendre ! Etre

confronté constamment au problème de langue, crée tellement de frustrations et de tensions.

5 999 langues de trop ?

De plus en plus de personnes sont désormais concernées par cette difficulté du fait que les contacts internationaux se multiplient, qu'il s'agisse de relations de travail, de tourisme ou de jumelage de villes, ou bien dans le cadre des relations européennes. Car si les questions économiques et la monnaie de l'Europe font la une des médias, on aborde rarement le problème des langues, pourtant crucial dans cette Tour de Babel qu'est l'Union Européenne. Difficultés de compréhension dans les instances de Bruxelles ou de Strasbourg, coût astronomique des services linguistiques, gaspillage : problèmes qui ne feront que s'accentuer au fur et à mesure qu'adhéreront de nouveaux pays et que se multipliera le nombre de langues. A nous, citoyens ordinaires, personne ne nous a jamais expliqué comment un Grec peut communiquer avec un Finlandais, et un Portugais avec un Autrichien et bientôt un Polonais ou un Hongrois, alors qu'on nous a tant vanté la libre circulation des hommes et des marchandises.

Certains rétorqueront qu'il y a l'anglais. Sans doute est-ce la langue qui s'impose dans la communication internationale en raison de la puissance hégémonique des Etats-Unis. Mais pour les espérantophones -et bien d'autres-, c'est là que le bât blesse. Car l'anglais est avant tout langue nationale et son utilisation comme langue internationale favorise grandement les locuteurs dont c'est la langue maternelle, tout en imposant au monde entier la culture qu'elle véhicule. Il est bien connu que les locuteurs s'exprimant dans leur langue maternelle sont plus éloquents et plus adroits à la tribune des organismes internationaux ou lors de négociations que ceux énonçant leurs idées dans une langue étrangère, aussi bien maîtrisée soit-elle. Les premiers peuvent ainsi imposer leur point de vue et leur modèle de société.

Peu d'anglophones de naissance se donnent la peine d'apprendre des langues étrangères puisque le monde entier se doit de parler anglais, pensent-ils sûrs d'eux-mêmes et de leur domination. « Il y a 6 000 langues parlées dans le monde, 5 999 de trop, l'anglais suffira » a déclaré récemment un sénateur étasunien. Il ne faisait que reprendre un conseil dispensé il y a quelques années par un célèbre cabinet de consultants : « Il y va de l'intérêt économique et politique des Etats-Unis de veiller à ce que, si le monde adopte une langue commune, ce soit l'anglais... » Un monopole linguistique lourd de conséquences, à l'avantage des 8 % de la population mondiale parlant anglais comme langue maternelle. Cet impérialisme méprisant les différences linguistiques et donc culturelles, impose une manière unique de voir le monde et de décider de son sort.

A l'inverse, la langue internationale espéranto présente l'avantage d'être neutre puisqu'elle n'appartient à aucun pays en particulier, mais plutôt à l'humanité toute entière. Langue-pont idéale pour créer un trait d'union entre les différents peuples, elle ne véhicule aucun hégémonisme, et chacun doit faire l'effort de l'apprendre. Togolais ou Américain, Japonais ou Français, tous se retrouvent sur un pied d'égalité pour communiquer. Chacun fait un pas vers l'autre pour une meilleure compréhension, pour une relation d'égal à égal.

En rentrant à Sârbi sur la route verglacée, Bruno n'a qu'une pensée après cette soirée éprouvante :
« Depuis bientôt deux décennies que nous parcourons le monde, nous sommes fatigués d'entendre partout répéter : avec l'anglais, on se débrouille partout. Sans doute, « se débrouille t-on » dans les aéroports, les hôtels, pour un petit renseignement dans la rue, mais la communication, c'est bien autre chose. Cette soirée montre une fois de

plus que les systèmes scolaires sont incapables de répondre aux exigences d'une vraie communication. Combien de personnes ayant consacré un temps, une énergie et un argent considérables pour apprendre la langue dominante, ne sont que des bredouilleurs d'anglais ? Quand donc nous déciderons-nous à résoudre ces problèmes de communication entre étrangers en apprenant tous l'espéranto en tant que deuxième langue ? [1]
Ce qui ne nous empêchera aucunement d'apprendre ensuite n'importe quelle langue si on en a l'envie et le temps, du swahili à l'allemand, du chinois à l'italien, de l'anglais au hindi…Mais de grâce, ne nous laissons pas submergés par le tout-anglais et le modèle de civilisation qui va avec.
L'espéranto est d'ailleurs un merveilleux tremplin pour l'apprentissage d'autres idiomes. Les espérantophones en sont la preuve, eux qui parlent souvent plusieurs langues. »

---

[1] voir bibliographie et adresses pour l'espéranto en fin d'ouvrage, page 223

13 - DIABLES ET ANGES POUR LA NATIVITÉ

Dans les ruisseaux glacés, les tapis sont lavés, dans les maisons, les femmes rangent et astiquent de fond en comble pour accueillir Noël. Tout au long de la semaine, Maria a nettoyé rideaux, assiettes décoratives et fines toiles brodées ; chaque jour, elle a passé de longues heures à la cuisine, préparant pâtes et garnitures, battant au fouet des bassines d'œufs en neige, pour confectionner quantité de gâteaux à la crème ou aux noix et des petits friands de pâte feuilletée fourrée de fruits ou de confitures. C'est la grand-mère qui s'est chargée des sarmalés, garnissant des feuilles de choux avec une farce faite de viande de porc, de riz, d'oignons et de paprika. En cette veille de fête, toutes les provisions sont entreposées dans la chambre, glaciale. En ces maisons, pas besoin de réfrigérateur ! L'entrée pourrait même servir de congélateur, comme le prouvent les casseroles de bouillon qui y sont stockées, et qui sont recouvertes d'une couche de glace.

Dans l'après-midi, Maria met une dernière touche au rangement de la maison, lave le parquet, sort une nappe brodée pour la table, et des taies de satin pour les oreillers empilés sur les lits. Devant le miroir de la chambre d'hôtes, Ioana se fait belle ; coquette, elle hésite entre ses jupes fleuries et choisit finalement la verte, avec un pull rouge, avant d'arranger ses cheveux en chignon sous le fichu.

Vite, il nous faut nous aussi nous préparer pour la fête et toute la famille passe à la toilette. Il y a deux jours, je me suis décidée à faire la lessive car chacun de nous n'a que deux tenues. N'osant aller laver à la rivière gelée comme le font les femmes du pays, j'ai fait chauffer sur la cuisinière un faitout rempli d'eau, puis j'ai lavé, brossé, frotté le linge dans une bassine posée sur un tabouret dans la chambre. Pour rincer, j'ai préféré me rendre près du puits pour disposer de l'eau à volonté. Le seau est recouvert d'une épaisse couche de glace et l'anse de métal, gelée, brûle les doigts. Le linge étendu sur le fil dans le jardin ne tarde pas à geler, raide comme une planche, et c'est seulement le soir, qu'étendu au-dessus de la cuisinière, il sèche quelque peu.

Avant de se vêtir d'habits propres, il convient de faire un brin de toilette et une grande bassine pleine d'eau chaude sert à toute la famille pour se laver les cheveux et ensuite les pieds. Vêtus de propre et reluisants comme des sous neufs, nous sommes fin prêts pour entrer dans la fête.

Voici enfin venu Noël, la trêve. Noël qui ouvre le cycle des Douze Jours ; douze jours de fêtes et de rites. Tout s'apaise dans le village pour pénétrer dans cette période magique entre le 24 décembre et le 6 janvier, qui marque le passage d'une année à l'autre et fait basculer le balancier du temps. Tout est prêt pour célébrer le grand mystère de la Nativité. Temps suspendu. Il ne reste plus qu'à attendre. Attendre que s'installe la nuit, nuit de Noël, nuit glaciale qui sera réchauffée par les chants, les verres d'eau-de-vie et les lumières qui vont briller toute la nuit dans les maisons du village.

La pièce commune a mis ses habits de fête pour accueillir les chanteurs de colinde, les chants de Noël. Cantiques, chants de grâce et de bénédiction qui apporteront le bonheur au foyer de celui qui sait les écouter et les récompenser. La colindă est une très ancienne tradition païenne, qui se célébrait chez les Romains au solstice d'hiver comme un rituel de fertilité, et qui a été ensuite reprise par l'Eglise.

Les groupes vont se succéder par ordre d'âge croissant pour porter à tous la bonne nouvelle. D'abord les tout-petits accompagnés d'un parent. Ce sont trois fillettes de 5 ou 6 ans qui ouvrent les festivités, avec leurs petites voix pures et claires. Elles restent dans l'entrée. Dans la maison, tout le monde se tait pour les écouter avec recueillement, regardant par le carreau ces visages de chérubins aux joues colorées par le froid piquant. Le chant fini, on les invite à entrer. Les petites s'assoient sur le banc et restent là, répondant poliment aux questions des adultes, sages comme des images. Si elles refusent les gâteaux qui leur sont offerts, elles acceptent sans réserve le billet de 2 000 Lei que Maria glisse dans la main de chacune.

Bientôt, voici un autre groupe composé cette fois-ci de quatre petits garçons.
« C'est un bon signe quand les premiers enfants qui se présentent, sont des garçons, explique Vasile, un signe de chance pour la maison. »
« Mais il y a déjà eu un premier groupe de filles » lui objectons-nous.
« Ah non, cela ne compte pas, il s'agissait de mes nièces » réplique Vasile.
Ioana est maintenant partie avec son amie Ileana et deux garçons. Ce sont ces derniers qui ont organisé leur groupe de colindători et qui, quelques jours auparavant, étaient venus demander aux parents la permission d'emmener Ioana pour les colinde. Permission accordée. Ils vont maintenant passer dans les maisons pour regrouper les seize membres de leur groupe, et tout au long de la nuit, ils iront dans chacune des seize maisons pour manger, chanter et danser.
Dans la maison chaude, l'attente se prolonge autour de la cuisinière, interrompue par l'arrivée des groupes d'enfants qui se succèdent, chacun entonnant sa petite chanson. Des voix plus ou moins aiguës, plus ou moins justes, mais toujours si touchantes. Maria, la voisine, vient faire un brin de causette. On attend, tranquille, sans hâte, que Noël s'installe. Voilà le groupe auquel s'est joint Vincent. Veste de bure, chapka de fourrure, c'est un vrai petit gars du Maramureş qui, à force d'entendre les autres répéter le même refrain, a capté quelques paroles qu'il chante de bon cœur.
« Maman, tu verrais tout ce que j'ai dans ma poche ! Les gens nous donnent plein d'argent. »
Ayant reçu leur récompense, ils repartent bientôt dans la nuit vers d'autres maisons.

Puis la cloche de la petite église se met à sonner, invitant les fidèles à venir célébrer l'arrivée de Jésus. Ils ne sont pas nombreux les paroissiens qui grimpent le chemin à travers le cimetière dont les croix disparaissent sous l'épaisse couche de neige. On nous avait prévenus :
«Il n'y a que les vieux qui vont à cet office. »[1]
En effet, il n'y a là qu'une vingtaine de personnes âgées, hommes et femmes, tous vêtus de leur épaisse veste de bure, les jambes molletonnées de grosses pièces de laine feutrée que fixent des lacets

[1] Cette situation semble particulière à Sârbi, la messe de minuit étant très suivie dans les autres villages.

noirs tenus sur les opinci, les chaussures à pointe. Les femmes ont revêtu leurs tabliers de fête, rayés noir et rouge.
« Este frig, este frig ! » murmure t'on.
Cette nuit-là, le thermomètre affiche –20° et l'église est glaciale, d'autant que les portes restent grandes-ouvertes. Le pope a l'air gelé et dès qu'il le peut, il cache ses mains rougies de froid sous sa chasuble dorée et souffle dans ses mains quand il est obligé de tenir longtemps le livre ouvert. Pendant qu'un vieil homme allume les cierges, le chantre psalmodie les couplets et les vieilles femmes égrènent leurs prières en remuant doucement les lèvres. On dirait bien que le pope, officiant devant cette maigre assemblée frigorifiée, a hâte d'en finir et les litanies sont chantées sur un rythme accéléré.
Sarah s'est endormie et j'essaie de la tenir au chaud en la serrant contre moi. Les minutes s'égrènent lentement, comme si le mécanisme de l'horloge, verrue moderne et dorée trônant au-dessus de l'autel parmi les icônes et étoles brodées, était lui aussi ralenti par le froid. Pourtant, la diligence du pope est telle que l'office est terminé en une heure très précisément, fin marquée par une colindă et par l'invitation du pope à venir chez lui.
En rentrant à la maison, nous ne rêvons que d'une chose : nous mettre les pieds au chaud dans le four de la cuisinière, pour emmagasiner un peu de chaleur avant de repartir dans le froid.

En cette nuit de Noël, la plus belle nuit de l'année, les maisons restent ouvertes, pour que chacun puisse y entrer et s'y restaurer. En souvenir peut-être de la Vierge Marie cherchant un logis où enfanter. Il est bien entendu que nous allons faire les colinde avec le groupe de Vasile et Maria. Il faut plus d'une heure pour regrouper tout le monde, une vingtaine de personnes, et ce n'est que vers 1 h du matin que la petite troupe se met en route pour commencer la tournée qui va nous mener chez chacune des personnes constituant le groupe. Règle de la réciprocité. La nuit ne sera pas assez longue pour combler ce besoin de convivialité. A chaque maison, se répète le même scénario : d'abord une colindă chantée dehors devant la porte, accompagnée au violon et à la guitare. Ce sont surtout les voix des femmes qui se détachent dans l'air pur et froid de la nuit.
« Entrez, entrez» invite ensuite le maître de maison.
Chacun trouve sa place dans la cuisine, sur les lits, sur les tabourets ou sur les genoux du voisin. La grand-mère qui somnolait au coin de la

cuisinière en attendant les visiteurs, se range en souriant pour faire place au groupe joyeux et bruyant. Les enfants, réveillés en sursaut, se redressent dans leur lit et regardent avec étonnement, sans rien dire, cette joyeuse troupe qui débarque dans leur sommeil. Mais c'est Crăciun, Noël, tout est possible.

Une fois tout le monde casé, le maître et la maîtresse de maison s'activent pour servir les invités. Lui fait circuler la bouteille d'eau-de-vie, avec un verre unique qui passe de bouche en bouche. Ici, on se connaît tous. A force d'être là, dans cette vallée, de n'en jamais sortir, on finit par faire une seule et même famille. Mais s'il vient des gens de la ville, alors on donne un verre à chacun, par respect disent-ils. Sans doute devons-nous nous sentir honorés d'avoir bu au verre commun. « La mulţan ! » Elle, c'est de la liqueur très sucrée qu'elle offre aux femmes, moins dangereuse que le tord-boyaux des hommes. Et ils passent et repassent les plateaux garnis de montagnes de gâteaux, de boulettes de viande, de sarmalés, de cornichons doux. Chaque maîtresse de maison y joue son honneur. Conversations et plaisanteries vont bon train ; on se rappelle les évènements qui dans l'année, ont marqué la vie au village :

« Vous vous souvenez de Ion qui cherchait partout son cochon.... »

A l'abri dans leurs montagnes, les paysans ne sont pourtant point ignares de la modernité et discutent ce soir des avantages et inconvénients des téléphones portables. Mais le violoniste fait vite taire les discussions en sortant son instrument ; son collègue prend la guitare, et bientôt l'assemblée reprend les chants en chœur, avec force, martelant le parquet pour mieux marquer le rythme. Les verres d'eau-de-vie qui s'accumulent donnent de la voix à quelques hommes bien enjoués.

Quelques maisons plus loin, on se dégourdit les jambes en dansant. D'abord les hommes qui, se tenant par les épaules, tournent en chantant, puissants et solidaires. Puis les couples tournoient dans des invârtiţa endiablées.

« Bon, allez, on y va. A qui le tour ? »

« Venez chez nous maintenant. »

« Non, on ferait mieux d'aller chez Ion et Maria, puis on filera chez Vasile et Ileana. »

« Mais non, ce serait plus pratique d'aller d'abord chez Gheorghe. »

Les discussions se poursuivent dans la bonne humeur, pour décider de l'itinéraire à suivre. En chemin, on croise d'autres groupes joyeux. Les

femmes se prennent par le bras et forment en riant une chaîne pour ne pas tomber sur la route verglacée.
Et toujours circulent la ţuica et les gâteaux. Comme la nuit s'avance, la maîtresse de maison propose aussi du café, un plaisir rare. Et rien de tel pour se maintenir en forme que de se frotter énergiquement le visage avec de la neige de temps à autre. De quoi tenir encore longtemps pour enchaîner visites, festins, chants et danses de maison en maison, jusqu'à l'épuisement. Maria et Vasile ne rentreront à la maison qu'à 14 h le lendemain après-midi !

Nous nous montrons beaucoup plus raisonnables et rentrons nous coucher dès 6 h du matin pour retrouver nos enfants laissés à la garde de la grand-mère, et pour nous relever trois heures plus tard. Au village de Văleni, l'office a commencé dès 10 h. Dans la nouvelle construction en béton pleine à craquer, un immense sapin venu de la forêt toute proche a été décoré de guirlandes et lumières, s'élançant haut vers la voûte peinte de bleu. Devant l'autel, sont agenouillés d'étranges paroissiens. Certains sont vêtus de costumes militaires et coiffés de tiares, éblouissantes de perles multicolores ; ce sont Hérode et ses légionnaires. Les Rois Mages, eux, portent de longs voiles sur des chapeaux chamarrés d'or.
A l'extérieur, attendent ceux qui sont interdits d'église, bannis : Juifs et diables. Ces derniers, les Drac, couverts de fourrures des pieds à la tête, avec des cornes de bélier sur le crâne, portent des baudriers de grosses cloches qu'ils font sonner bruyamment en courant et sautant énergiquement. Un fouet à la main, ils pourchassent les filles en leur faisant des propositions galantes. Les Juifs, eux, sont tous bossus, vêtus d'oripeaux déguenillés et portent de longues barbes jaunâtres pendant sous des masques hideux et grimaçants. Aux éléments chrétiens, se mêlent autant de figures issues des vieilles croyances ancestrales et des rites païens, marquant à leur manière le passage du solstice d'hiver, de la nuit vers le jour, du passé vers l'avenir.

A l'issue de l'office, la foule compacte se dirige vers la salle des fêtes où va avoir lieu Viflaim, Bethléem. A l'origine, c'était un spectacle ambulant, donné de quartier en quartier, en grande cérémonie. Aujourd'hui, c'est la bousculade pour entrer dans la salle, pagaille entretenue par les diables qui poussent tout le monde, encaissent les 10 000 Lei d'entrée et adressent aux jeunes filles des gestes égrillards

sans équivoque. Enfin tout le monde est casé, serré les uns contre les autres dans la bonne humeur.
Le rideau se lève ; ils sont tous là : la douce Marie, les anges avec leur chemise brodée, les bergers dans leur costume du Maramureş ; Hérode et ses légionnaires, les Mages, et dans un coin, les "méchants", Juifs, diables et Dame la Mort cachée derrière sa haute cagoule noire, armée de sa faux et annonçant haut et clair sa devise sur sa poitrine : « Je vous aurai tous ! ». Ce sont les jeunes hommes du village qui aujourd'hui se font acteurs. En rang d'oignon sur la scène, ils entonnent une colindă, après avoir demandé l'aide du public :
« Vous comprenez, nous avons déjà chanté toute la nuit, alors nous sommes un peu enroués. Chantez donc avec nous ! »
Pendant une heure, ils jouent, en vers, l'histoire de la naissance de Jésus, depuis l'Annonciation faite à Marie jusqu'au départ des Rois Mages. La pièce prend quelques libertés avec l'histoire contée par les Evangiles et le message d'origine s'en trouve singulièrement transformé en farce. Le charpentier de Nazareth se voit tout d'abord refusé par Marie, qui accepte ensuite le mariage puisque c'est la volonté de Dieu, mais à condition que l'union reste non consommée. Le pauvre Joseph est mis au supplice. Sur la route vers Bethléem, le couple demande l'hospitalité aux Juifs qui ont orné leurs chapeaux de billets de banque :
« Comment, toi, pauvre homme, oses-tu demander à dormir chez nous ? Nous, nous sommes de vrais croyants, et c'est pour cela que nous sommes riches. Si tu es pauvre, c'est que tu es un mauvais croyant. »
Résurgence dérisoire d'un antisémitisme remontant au Moyen-Age. S'il ne reste plus que quelques Juifs dans la petite ville de Sighet, leur communauté fut nombreuse jusqu'avant la Deuxième Guerre mondiale. Sans doute étaient-ils mal perçus par la population paysanne, car riches commerçants pour beaucoup, ils abusaient des pauvres gens. Et leur image s'est trouvée confondue avec ceux qui arrêtèrent Jésus. Il paraît qu'avant guerre, les paysans lançaient des pierres contre les maisons des Juifs, le jeudi saint. Un prêtre consulté à ce sujet reconnaît son impuissance à faire changer la tradition de Viflaim en ce qui concerne les personnages des Juifs.
Les bergers offrent aussi un spectacle cocasse, se disputant grossièrement, quand l'un d'eux ayant reçu en songe le message de suivre l'étoile, a réveillé ses copains qui n'ont aucune envie de se

lever en pleine nuit. Dame la Mort entre en scène, aidée de ses acolytes, les diables, pour châtier Hérode du massacre des Saints Innocents.
Le récit est ponctué d'interventions des Juifs et des diables cornus, s'alliant pour de grotesques pitreries qui font éclater de rire la salle toute entière. Les diables menacent même de descendre de la scène et la foule, mi-apeurée, mi-amusée, recule d'un seul mouvement, risquant de nous mettre tous par terre. C'est que les alliés de Lucifer sont fort en colère aujourd'hui, n'ayant pas réussi à empêcher la naissance du Sauveur.
Lutte entre le Bien et le Mal : le théâtre populaire propose ainsi une leçon religieuse et morale. Et si un des Drac a décoré son chapeau d'un très réaliste pénis en plastique, les ethnologues y voient non un sens pornographique, mais un rappel de leurs devoirs moraux aux garçons célibataires : vous avez des attributs sexuels et vous devez vous en servir pour vous marier et fonder une famille.

La fête continue en extérieur quand les acteurs vont se percher sur une hauteur dans le village. A leurs pieds, la foule écoute, attentive, le long texte en vers qu'ils ont composé, qui écorche et se rit des travers des habitants. Une satire des évènements de l'année écoulée, un grand guignol qui passionne et réjouit les villageois.

Le lendemain, le 26 décembre, est une journée un peu plus calme. La population se rend en masse à l'église le matin, et à la salle des fêtes l'après-midi pour regarder danser garçons et filles. Là, sous la surveillance des parents, se succèdent danses traditionnelles et musique "moderne". Ce ne sont plus les musiciens du village, pourtant nombreux et virtuoses, qui animent la danse, mais un vulgaire magnétophone qui amène avec lui la déferlante musique occidentale. Combien de temps faudra t-il pour que les musiciens-paysans devenus inutiles n'aient plus d'autre choix que de raccrocher leur violon ? Sur les airs disco, les jeunes villageois dansent sagement. Mais deux filles venues de la ville, en visite dans leur famille, se détachent du groupe. Celles-là ne portent pas la jupe à fleurs comme leurs cousines mais sont serrées dans des jeans et des pulls moulants, et se trémoussent comme elles l'ont si souvent vu faire dans les shows télévisés, jouant en toute liberté de leurs hanches et de leur poitrine. Un spectacle quelque peu choquant dans le contexte villageois de pudeur et de retenue. Les hommes les observent avec étonnement et rient pour cacher leur gêne.

La soirée est encore longue pour nous puisque Vasile nous emmène passer la veillée chez ses amis, Gheorghe et Anuţa, où nous rejoignons tout leur groupe de colindători. Au retour vers minuit, la neige tombe, légère et douce. Le froid pique les joues mais la nuit est assez claire pour que l'on marche sans lampe dans le chemin. Magie de l'instant, d'un retour de veillée. Le village s'est endormi sous son manteau neigeux. Il n'y a guère que quelques aboiements de chiens qui se répondent dans le lointain, pour déranger un court instant la quiétude de cette nuit. Pas de vent, rien que le silence, à peine troublé par le bruit feutré de nos pas dans la neige fraîche. Le temps semble suspendu. Un moment de bonheur, à savourer.

Mais Noël n'est pas encore terminé ; il reste le troisième jour, le 27 décembre. Alors que la cloche sonne à l'église pour y inviter les fidèles encore une fois, nous partons pour la ville de Sighet où vont avoir lieu les fêtes d'hiver, rassemblant des foules considérables venues de toutes les régions environnantes. Une fête créée sous le communisme, quand le pouvoir tentait d'éradiquer les vieilles coutumes paysannes pour les remplacer par de grands rassemblements célébrant la nation et le régime. Voulant transformer les traditions religieuses en fêtes païennes, les communistes avaient notamment encouragé la création de colinde laïques.
Les groupes venus de Moldavie, de l'Oaş, de Lapuş, vont défiler des heures durant dans la neige, chanter et danser, accompagnés de leurs personnages de Viflaim. Les diables qui parcourent les rues de la ville, font assaut de décorations plus ou moins baroques, et Dame la Mort porte un chapeau recouvert de photos de pin-up fort déshabillées. Dans la parade, les chevaux pomponnés et décorés sont aussi de la fête, portant cavaliers ou tirant des charrettes où ont pris place des villageois en costume traditionnel. Le défilé est clos par une fanfare militaire, et quelques plaisantins s'amusent avec leurs boules de neige à bombarder le joueur d'hélicon, visant le large orifice de l'instrument. Ce qui ne manque pas de provoquer l'ire du musicien dont la mitraillette à notes se remplit de neige.
Dans le public, ce sont les bonnets « Chicago Bulls » et les blousons « Adidas » qui marquent l'appartenance à ces nouvelles communautés

que sont les empires commerciaux. La fête est ponctuée de pétards qui éclatent de partout et du rire des enfants qui se poursuivent en de longues glissades sur la place enneigée.

En ces temps de repli frileux, on ne s'aventure guère plus loin que le marché d'Ocna, le gros bourg qui domine la vallée. Pour les fêtes, tous ont de nombreux achats à faire et ce jeudi-là, la route verglacée est encombrée de paysans qui arrivent de partout en famille, à pied ou en traîneaux. On a sorti les habits d'hiver, les grosses vestes de bure blanche galonnées de noir, et les personnes âgées ont chaussé leurs opinci. Dans les charrettes, arrivent des cochons dans leur cage de bois, des petits veaux protégés du froid sous une couverture, et, marchant derrière, une vache ou un buffle, étonnante tache noire exotique dans ce paysage de neige.
Mais si les commerçants vendant alimentation et vêtements font des affaires, le marché aux animaux manque d'animation. Les petits cochons restent frileusement au fond de leurs caisses, enveloppés de paille, et les buffles attendent placidement qu'on veuille bien s'intéresser à eux. Les hommes se regroupent autour de la buvette pour se réchauffer avec un verre d'eau-de-vie, l'anti-gel local en quelque sorte.
Seuls deux Tsiganes animent l'air glacial d'un peu de bruit et de couleur quand ils font la démonstration des capacités de leurs chevaux. S'enfonçant dans la neige jusqu'au poitrail, ceux-ci arrivent à tirer la charrette aux freins serrés, bandant leurs muscles sous les coups de fouet du gitan qui les exhorte de la voix et les fait tourner dans le champ voisin. Mais le maquignon a beau presser le paysan qui s'était intéressé à ses bêtes, de toper dans la main, l'affaire ne se fera pas. En ces temps de Noël, on pense à autre chose qu'à dépenser des millions de Lei pour un cheval.

Au marché, nous retrouvons avec plaisir Ileana qui insiste pour que nous venions passer quelques jours chez elle. Ce n'est qu'à la fin de notre séjour que nous cédons à ses invitations répétées et quittons la famille Pop pour déménager à Călineşti, quelques kilomètres plus loin. Pourquoi tant d'insistance ? Sans doute l'aspect financier joue t-il un rôle puisque nous payons une pension à la famille qui nous accueille. Mais pas seulement. Nous sentons Ileana avide de contacts, heureuse de pouvoir pratiquer son français, et à la recherche de

discussions autres que celles du village. Elle a soif d'ouverture sur le monde. Ceci se conjugue naturellement avec le sens traditionnel de l'hospitalité si développé ici. Et puis, il y a sans doute un peu de fierté par rapport aux voisins, à être celui qui, au village, reçoit des étrangers chez lui.
Ces quelques jours passés chez elle sont une véritable fête pour Ileana. Le gros poêle de faïence a été allumé dans la chambre du haut et c'est là que nous nous installons. Les lits, canapés dépliés, ne sont guère confortables pour deux, avec un creux au milieu mais nous avons à notre disposition un impressionnant tas d'épaisses couvertures qui vont avantageusement servir de matelas sur le plancher. Le plus souvent, c'est dans la cuisine que nous nous réfugions au chaud pour bavarder avec Ileana et regarder les enfants partager les jeux de Mariana.

Un soir, nous l'entraînons avec nous à Sârbi pour prendre part à une veillée à laquelle nous sommes invités avec le groupe d'amis de Mafioto. Musique, danses, victuailles et boissons : comme toujours, l'ambiance est fort gaie. Mais nous décidons de rejoindre la maison de bonne heure car les enfants tombent de sommeil. Ileana n'a guère envie de rentrer en notre compagnie car elle s'amuse follement et la soirée est loin d'être terminée.
« Et bien, reste ici ; tu dormiras chez ta cousine et nous reviendrons te chercher demain matin. »
« Mais que va dire ma mère ? Elle va se fâcher. »
« Mais non, nous lui dirons que c'est nous qui t'avons encouragée à rester. Nous devons rentrer car les enfants sont fatigués, mais toi, tu peux continuer à t'amuser. »
L'oncle d'Ileana, présent ce soir-là, l'incite lui aussi à prolonger la fête. Ileana hésite longtemps, craignant le courroux maternel, mais finalement la joie de la fête l'emporte et nous rentrons sans elle. Surprise de sa mère qui avait bouclé le portail, et que nous sommes obligés de réveiller. Nous lui expliquons qu'Ileana va dormir à Sârbi, qu'elle ne doit pas s'inquiéter.
Quand le lendemain matin vers 10 h, nous nous rendons à la cuisine pour le petit-déjeuner, quelle n'est pas notre surprise de trouver Ileana déjà là. Elle nous raconte alors qu'elle s'est couchée vers 4 h mais n'a pas pu fermer l'œil, trop inquiète de la réaction de sa mère. Alors à 8 h ce matin, elle s'est mise en route, dans la neige, pour faire le chemin à pied. Et en arrivant, elle a subi les foudres maternelles, telles qu'elle

les craignait, matérialisées par une gifle magistrale. Ses yeux sont rougis par les pleurs et le manque de sommeil.
A 19 ans, il n'est pas toujours facile pour Ileana de se situer à sa place: entre l'indépendance à laquelle elle aspire, elle qui fait des études d'assistante sociale et vit à la ville toute la semaine, et la famille qu'elle aime mais qui lui pèse parfois par ses traditions et l'obéissance qu'elle exige. Ileana avoue qu'elle aime bien revenir au village l'hiver car, même si elle aide sa mère à la maison, il n'y a pas de travail dans les champs. Ce qu'elle abhorre l'été, quand elle doit accompagner ses parents, faisant d'abord plusieurs kilomètres à pied pour se rendre sur le lieu de travail et qu'ensuite il faut tourner et retourner le foin à la fourche ou biner le maïs sous la chaleur, du lever au coucher du soleil. Et ainsi, de jour en jour, avec le seul espoir que la pluie vienne parfois interrompre le dur labeur.

Si Noël est la plus grande fête de l'année, le réveillon de l'an nouveau n'est pas une coutume ancrée dans la tradition du Maramureş ; on se réserve surtout pour le 6 du mois, pour célébrer le baptême du Christ, sa naissance spirituelle. Le deuxième Noël comme on dit. Le pope procédera à la bénédiction des eaux ; la terre, les bêtes et les hommes seront purifiés et l'ordre nouveau règnera alors sur le monde.
Nous nous préparons donc à une calme soirée de 31 décembre, loin des flonflons et extravagants menus de réveillons qui sont de mise chez nous pour fêter le passage de l'année. Une soirée devant la télévision à regarder le spectacle transmis depuis les studios de Bucarest. A Sârbi, chacun est devant son poste car la semaine dernière, l'ensemble folklorique des enfants du village s'est rendu à la capitale, à six cent cinquante kilomètres de là, pour enregistrer chants et danses pour cette émission. Chacun guette l'instant où vont apparaître ces visages connus, Maria, Ion, Vasile et tous les autres.
Un show comme on peut en voir dans toutes les télévisions du monde en cette nuit de fin d'année, avec strass, paillettes et confettis, loterie pour gagner rien de moins que des voitures, sage public applaudissant sur commande et chanteurs accompagnés de filles très déshabillées se déhanchant en cadence.
Mais, plus étonnant, entre les groupes de pin-up en string, apparaissent des ensembles folkloriques venus des différentes régions de Roumanie, tous vêtus de leurs costumes traditionnels pour présenter leurs chants et leurs danses. Cohabitation qui ne manque pas

de piment quand une star de la chanson roumaine entonne un chant de Noël en compagnie d'une paysanne venue de son village lointain. Dans ce pays où les traditions sont bien vivantes, le folklore n'est pas une chose du passé qu'on ressort de temps à autre mais s'inscrit encore dans la vie quotidienne de nombre de ses habitants. La télévision n'est d'ailleurs pas avare d'émissions "folkloriques" présentant chants, danses et coutumes des différentes régions.
Pendant que nous regardons tranquillement la télévision en dégustant gâteaux et verres d'eau-de-vie, Ioana et quelques amis de son âge fêtent eux aussi le nouvel an dans la pièce attenante. Sage soirée d'adolescents qui ont amené une bouteille de liqueur qu'ils boivent coupée d'eau, et se distraient en dansant. La danse qui semble avoir le plus leur faveur consiste à ce qu'un participant cache une pièce de monnaie dans sa main, choisisse un partenaire parmi les danseurs qui ont formé une ronde, et présente à ce dernier ses deux poings fermés. Le jeu consiste à deviner la main tenant la pièce, et en cas de succès, le couple a le droit de s'embrasser. Baiser que les filles voudraient furtif, présentant leur joue, alors que les garçons cherchent maladroitement les lèvres de leur partenaire rougissante. Charme et naïveté de jeunes adolescents villageois.

Nous avons déjà vécu deux heures de la nouvelle année et les enfants tombent de sommeil. De retour vers Călineşti, nous croisons quelques groupes de joyeux jeunes gens, en tournée de colinde comme pour Noël, l'occasion de faire la fête de maison en maison. Ce soir, pas question de laisser la voiture dans la rue comme nous le faisons habituellement ; les parents d'Ileana s'y sont fermement opposés, nous promettant mille déboires avec tous ces jeunes fortement éméchés qui circulent cette nuit-là et qui ne manqueront pas de commettre des dégradations.
Comme nous ne pouvons rentrer la voiture dans la cour de la famille Rad, c'est un voisin qui doit héberger notre véhicule pour la nuit. Quand nous arrivons devant chez lui, l'homme se précipite pour ouvrir grand le portail ; son haleine et ses gestes de pantin indiquent qu'il a copieusement arrosé la nouvelle année. Dans son excitation, il perd ses chaussons et se retrouve pieds-nus dans la neige, ce dont il ne semble nullement souffrir. Franchir la pente verglacée pour rentrer dans la cour n'est pas une mince affaire et Bruno s'y reprend à quatre fois, prenant de l'élan, poussant la Dacia au maximum alors que les

roues patinent et chassent de tous côtés. La voiture enfin rentrée, notre gardien nous propose d'arroser encore une fois l'an nouveau, mais nous déclinons son offre, surtout en apercevant le visage courroucé de sa femme ; elle ne semble guère apprécier le comportement de son mari, d'autant que, emporté par un élan de générosité, il est allé retirer la couverture du lit où reposait Madame, pour en couvrir le capot de notre voiture !

1er janvier, jour de repos. Mais ce soir, nous sommes de nouveau conviés à une veillée avec les amis de Vasile et Maria. Encore une fois, chants et danses se succèdent toute la nuit, tout en mangeant et buvant abondamment. C'est pour nous l'occasion de faire nos adieux à tout le groupe qui nous a si chaleureusement intégrés en son sein, et nous les remercions de tout cœur. C'est sur une aubade donnée pour nous par les musiciens, que nous leur disons « A l'été prochain ».

Ainsi va la vie au Maramureş, chantant le passage des saisons, vivant de rites et de mythes. Mais l'heure tourne…

Chaque voyage là-bas nous réserve un enchantement renouvelé, fascinés que nous sommes par la vigueur et la beauté d'une culture traditionnelle toujours vivante, éblouis par la chaleur de l'accueil. Nous en revenons avec des souvenirs précis de paysages, d'intérieurs colorés, de portails sculptés, mais aussi et surtout des sensations, des émotions, glanées dans ces villages hors du temps, dans ces fêtes où la communauté exprime toute sa solidarité, toutes ces relations qui depuis des générations les lient entre eux, les lient à ces montagnes, à ces vallées. Avec ces hommes et ces femmes, nous avons partagé le plaisir des jours, les doutes et les incertitudes de l'avenir.

« Quand notre esprit est absorbé par la beauté, ce sont les seuls moments où nous vivons » dit le poète. Sans doute est-ce pour cela que nous sommes devenus des amoureux du Maramureş. Dans la manière d'être des gens, dans leur façon nonchalante de se déplacer, dans leurs costumes, dans la décoration de leurs intérieurs, partout la beauté transparaît. Il nous faut affûter nos sens pour entrer dans un autre rythme, un autre quotidien, dans cette beauté subtile d'un monde encore peu touché par l'utilitarisme de nos sociétés industrialisées qui savent si bien balayer l'essentiel. Les gens du Maramureş nous "parlent" véritablement si nous savons prendre la mesure de leurs pas, revenir à vitesse humaine et nous accorder au rythme rural.

Sans doute nous convient-ils à faire un détour d'existence pour raviver notre propre mémoire et faire nôtres les paroles du poète :

Je crois que l'éternité est née dans le village.
Ici chaque pensée est plus tranquille
Et ton cœur palpite plus rarement,
Comme s'il ne battait plus dans ta poitrine
Mais profondément, quelque part dans la terre.

Avant de quitter le village de Sârbi, Bruno s'éloigne un moment vers le cimetière qui entoure la petite église de bois, juste derrière chez Vasile et Maria. Il y est venu souvent :

« Il m'apparaît essentiel de fréquenter de temps à autre ce lieu de repos afin de me familiariser avec l'ultime destinée de la condition humaine. On juge ainsi toute chose à l'aune de la finalité de nos vies. Dans le calme et la sérénité, on se pose les vraies questions. Que faites-vous du temps qui vous est offert ? C'est ce que nous demandent les générations qui nous ont précédés.
J'y reviens aujourd'hui pour prier et remercier. Remercier les anciens en leur offrant un peu de ma terre, cette terre que j'ai apportée de mon jardin, ensemencée selon les règles de la fertilité durable. Cette terre, c'est une part de moi-même. En échange, Sârbi me fait l'offrande de quelques grammes de son terreau qu'au retour, je déposerai dans mon jardin. J'aurai ainsi chez moi, symboliquement, un petit coin du Maramureş, avec toute son histoire, son identité, son inspiration.
J'aime ce peuple car une fois encore, il a été mon enseignant, il m'a appris tant de choses et son hospitalité mérite qu'on rende grâce. »

Des impressions, des coups de cœur, des chahuts de mémoire et d'émotion… Il est des choses difficiles à exprimer avec des mots. Le flamboiement d'émotions vécues au contact des gens du Maramures est de celles-là. Au-delà des paroles échangées, des repas partagés, du bien-être spontané, il y a l'inexprimable qui relève du langage du cœur. L'accueil, écrivait Jules Verne, est un moment fort du voyage, un instant où le moi du visiteur et le "eux" des hôtes devient un nous qui, même s'il est éphémère, préfigure ce que le voyageur cherche au bout de la route : le nous, l'universel de la condition humaine.

Sans doute est-ce cela notre quête de voyageurs, l'essence même de nos années d'errance et qui se trouve, encore une fois, réalisée au Maramureş.

POUR EN SAVOIR PLUS

SUR LA LANGUE INTERNATIONALE ESPERANTO

Quelques ouvrages :

- L'espéranto – Pierre Janton – Collection Que Sais-je N° 1511- Presses Universitaires de France
- Le défi des langues – Du gâchis au bon sens – Claude Piron – Ed. l'Harmattan – Un site Internet : geocities.com/c_piron
- Communication linguistique – A la recherche d'une dimension mondiale – Claude Piron – Ed. Sat Amikaro (voir adresse ci-dessous)
- L'homme qui a défié Babel – René Centassi et Henri Masson – Ed. l'Harmattan

Des adresses :

- Espéranto-France – 4 bis rue de la Cerisaie – 75004 Paris
  Tel 01 42 78 68 86 – e-mail : esperanto-france@esperanto.org
  http://www.esperanto-france.org

- Sat-Amikaro – 134 Bd Vincent Auriol – 75013 Paris
  Tel 01 44 24 50 48 – e-mail : esperohm@club-internet.fr
  http://www.esperanto-sat.info

DES LIVRES, DES VÉLOS

Sur le tour du monde : **« Et leur vie, c'est la terre - Huit ans de nomadisme autour du monde »**. Si pour une réception rapide, vous souhaitez nous commander directement ces ouvrages, veuillez recopier le bon et le renvoyer à l'adresse ci-dessous, accompagné de votre règlement

---

Je souhaite recevoir

☐ Et leur vie, c'est la terre : ..... exemplaires x 20 € =

☐ Sur les sentiers des Carpates : ..... exemplaires x 20 € =

- remise : 8 % pour 2 ex – 10 % pour 3 ex et plus =

+ port (3 €/1 ex – 4,20 €/ 2 ex – 5,10 €/3 ex) =__________

Total =

Veuillez me les envoyer à l'adresse suivante :

____

____

____

Bruno et Maryvonne Robineau
Le Moulin Boireau – 49270 Landemont – France
Tel-fax : 02 40 98 78 76 – e-mail : bruno.robineau@worldonline.fr

Les petits vélos en fil d'aluminium, fabriqués par Bruno, ont été partout un excellent moyen de contact et ont trouvé mille utilités : vendus dans la rue pour gagner un peu d'argent, échangés contre un bol de nouilles, remis en cadeau aux chauffeurs qui nous prenaient en stop…

Très décoratifs, ils sont constitués d'un seul fil d'aluminium de 95 cm de long, jamais coupé. Hauteur : 7 cm – Longueur : 10 cm.

Pour en commander, il suffit de renvoyer le bon de commande à l'adresse ci-dessus

---

Je souhaite recevoir

……. vélos or ….. vélos vert foncé …. vélos bleu

……. vélos argent ….. vélos violet

et joins un montant de 3 € x …… vélos =

+ port (jusqu'à 10 vélos) = 2,30 €

Total =

TABLE DES MATIERES

Encarts

Ouvrages publiés par les éditions du Vieux Crayon

119 Route de l'Aubraie – 85100 Les Sables d'Olonne
Tel 02 51 90 84 97 -Fax 02 51 90 85 55
E-mail : info@levieuxcrayon.com -Site : www.levieuxcrayon.com

Les voyages de Ferdinand, l'âne globe-trotteur, et son maître Jacques

- **Il est un beau chemin semé d'épines et d'étoiles**

Le chemin de Compostelle, du Puy-en-Velay à Santiago - 23 € en librairie – 26 € par correspondance

- **La traversée de la Grèce**

La traversée des montagnes grecques depuis l'Albanie jusqu'au Péloponèse, en passant par le Mont Athos – 23 € - 26 € par correspondance

- **Le dernier voyage de Filibert**

900 km sur les traces des moines de saint Philibert, de Noirmoutier (Vendée) à Tournus (Bourgogne) – 17 € - 20 € par correspondance

- **Du Mont Saint-Michel à Venise**

2.000 km depuis les sables mouvants du Mont Saint-Michel jusqu'à la place Saint-Marc– 21 € - 24 € par correspondance

- **Ferdinand en Lusitanie**

La traversée du Portugal depuis l'Algarve jusqu'à la frontière de Galice – 18 € - 21 € par correspondance

La Grande Histoire du Mulet – Jacques Clouteau
La réédition du célèbre ouvrage de Adolphe Guénon sur les mulets – 15 € - 18 € par correspondance

Le Canal de Nantes à Brest – Jacques et Lauriane Clouteau
Le guide du randonneur sur les 360 km du chemin de halage du canal de Nantes à Brest – Remis à jour tous les deux ans – 23 € - 26 € par correspondance

Miam-miam-dodo - Le Chemin de Compostelle – Jacques et Lauriane Clouteau
Où manger et dormir sur le GR 65 – remis à jour chaque année – 13 € port compris

Miam-miam-dodo – Le Chemin de Compostelle en Espagne – Christian Champion
Où manger et dormir sur le Camino frances – remis à jour chaque année – 15 € port compris

800 000 foulées pour Compostelle – Béatrice Angèle
Elle a fait le chemin de St Jacques avec sa jument Gladys – 18 € - 21 € par correspondance

Partir à Compostelle –Laurent Denis
Manuel pratique de la marche au long cours – Tous les conseils pour prendre le chemin de St Jacques – 15 € - 18 € par correspondance

L'impression et le façonnage
de cet ouvrage
ont été effectués
à l'Imprimerie LUSSAUD
85200 Fontenay-le-Comte

Dépôt légal 4e trimestre 2002
n° 3511
N° d'impression : 202711